인포데믹 시대의 그리스도인을 위한

미디어 리터러시 수업

인포데믹 시대의 그리스도인을 위한

# 미디어 리터러시 수업

e-mail

documents

name.doc

folder

internet

**Group chat** ○ _ ✕

가짜 뉴스와 혐오 표현이 난무하는 미디어 세상을 그리스도인들은 어떻게 살아가야 할까요?

크리스천 유튜버가 되고 싶은데 어떻게 해야 할까요?

Send

이수인 지음

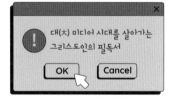

✕

대(大) 미디어 시대를 살아가는 그리스도인의 필독서

OK    Cancel

꿈이있는꿈

# 추천사

　미디어를 정의하고 소개하는 책은 많지만, 이처럼 실용적이고 직관적으로 기독교인에게 설명해 주는 책은 처음 읽었습니다. "기독교인은 미디어를 어떻게 바라봐야 할까요?" 콘텐츠를 제작하는 저에게도 이 책은 많은 고민을 정리할 수 있게 해 주었습니다. 미디어에 관심 있는 분은 물론 미디어 제작에 관심이 있는 분에게도 강력히 추천합니다.

/ 박요셉 PD(유튜브 채널 <워크맨> 연출)

　"두려움은 언제나 무지에서 샘솟는다"라고 어느 시인은 말했습니다. 미디어를 그저 금식의 대상으로 바라보고, 저만치 떨어져 경계하기만 했던 한국교회의 반응은, 어쩌면 무지로 인한 막연한 두려움이 아니었는지 돌아봅니다. 지금껏 누구도 교회 내에서 미디어가 무엇인지, 어떻게 읽고 해석하며 사용해야 하는지 알려 주지 않았으니 말이죠. 그래서 이 책,『미디어 리터러시 수업』이 참 반갑습니다. 현직 유튜버이자 미디어 전문가인 저자의 일대일 과외 수업을 따라가다 보면, 더 이상 미디어가 두려움의 대상이 아닌 하나님이 주신 선물이자 우리의 소명임을 발견하게 될 것입니다.

/ 장민혁(유튜브 채널 <오늘의 신학공부> 대표)

￣ 우리 시대 언어와 소통 방식이 새롭게 바뀌었습니다. 현재 청소년 10명 중 9명, 장년 10명 중 7명 정도가 10명 중 7명 정도가 온라인 동영상 플랫폼을 이용하고 있습니다. 이제 우리에게 중요한 것은 미디어 활용에 있어 '비판적 해석'과 '창조적 소통'의 능력을 키우는 것입니다. 이 책은 그런 고민이 있는 이들에게 아주 유용합니다. 쉽고 쏙쏙 와 닿는 강의를 마치 현장에서 듣는 듯 생생한 느낌입니다. 청년과 다음세대에게 다가가려는 분에게 필독을 권합니다.

/ **이상갑 목사**(산본교회 담임, 청년사역연구소 소장)

￣ 우리가 사는 세상은 시대마다 산업혁명과 함께 변화해 왔습니다. 4차 산업혁명 시대인 지금은 새로운 변화가 일어나고 있고, 특히 코로나 팬데믹으로 인해 그 속도가 더 빨라졌습니다. 이에 세대 간의 미디어 격차를 어떻게 줄일 것인지, 어떻게 이해도를 높일 것인지는 매우 중요한 일이 되었습니다. 교회를 사랑하는 부모와 자녀, 교사와 학생 모두에게 더 좋은 길라잡이가 될 책을 사랑하는 이수인 교수가 쓰게 됨을 더욱 기뻐하며, 많은 분에게 읽히기를 소망합니다.

/ **김찬곤 목사**(안양석수교회 담임, 교갱협 이사장, 총회세계선교회 이사장 역임)

미디어가 없는 인간의 삶이란 없습니다. 따라서 미디어는 기독교적 관점에서 폭넓게 이해되고 기독교인의 삶과 관련하여 다루어질 필요가 있습니다. 이 책은 그런 면에서 매우 유익한 도움을 많이 줄 수 있을 것입니다. 청소년부터 성인에 이르기까지의 기독교인들에게 미디어를 어떻게 바라볼 것인지를 친절하게 알려 주며 또한 바르게 활용할 수 있도록 효과적으로 안내하고 있습니다.

/ 이숙경 교수(아신대학교 교육미디어커뮤니케이션 학부)

나와야 할 책이 적기에 나왔습니다. 4차 산업시대가 되면서 누구나 미디어가 될 수 있는 1인 미디어 시대가 열렸습니다. 올드 미디어(old media) 시대는 공중파의 일방적 메시지가 보편적이었습니다. 하지만 뉴 미디어(new media) 시대가 열리면서 보편적인 메시지는 사라졌습니다. 이제 중요한 것은 '미디어 문해력'입니다. 미디어 문해력이 있어야 미디어를 편식하지 않고, 미디어를 보이는 대로 보지 않게 됩니다. 4차 산업 시대에 다음세대 교육의 핵심 중 하나는 미디어 문해력입니다. 그래야 하나님의 관점에서 미디어를 보고 해석하며 유해한 미디어를 걸러낼 수 있는 안목을 가질 수 있습니다. 그런 의미에서 본 책은 모든 다음세대 사역자, 교사, 부모, 다음세대가 꼭 읽어야 할 책입니다. 이 책이 미디어를 바라보는 여러분의 관점을 변화시킬 것입니다.

/ 주경훈 목사(꿈이있는미래 소장)

『미디어 리터러시 수업』은 미디어 사용에 관한 교과서와 같습니다. 미디어에 대해서 매우 포괄적인 이해를 주고 있고, 누구든지 쉽게 미디어를 활용하며, 미디어 세상으로 들어가게 해 줍니다. 교회 사역자, 다음세대 교사와 부모뿐 아니라 교회 온 성도의 신앙생활 및 사역에 좋은 소스가 될 것입니다.

/ 이정현 목사(청암교회 담임, 개신대학원대학교 겸임교수)

이수인 교수는 마셜 매클루언의 『미디어의 이해』와 조지 오웰의 『1984』를 기독교적으로 합쳐 놓았습니다. 이 책이 독보적인 결과물인 이유입니다. 무엇보다도 가장 탁월한 점은 분석과 대안이 성경과 역사를 근거로 한다는 점입니다. 미디어, 유튜브, 메타버스, 비대면… 미디어를 흑백논리로 바라보는 한국교회에 내리는 하나님의 선물이라고 확신합니다.

/ 박양규 목사(교회교육연구소 대표, 『인문학은 성경을 어떻게 만나는가』 저자)

# 들어가는 말: 만반잘부*

　안녕하세요, 저는 아신대학교에서 기독교교육과 미디어를 가르치고 있는 이수인 교수입니다. 이렇게 책을 통해 여러분을 만나게 되어 정말 반갑습니다.

　여러분 요즘 미디어를 많이 사용하고 있으시지요? 한국언론진흥재단이라는 곳에서 10대 청소년들이 어떤 미디어를 얼마나 사용하고 있는지 연구해 봤는데요, 유튜브(Youtube)와 같은 온라인 동영상 플랫폼을 이용하는 청소년의 비율이 87.4%로 나타났습니다.** 그러니까 청소년 10명 중 9명 정도는 온라인 동영상 플랫폼을 이용하고 있는 겁니다. 어른들은 어떨까요? 역시 한국언론진흥재단에서 2021년 조사한 〈2021 언론 수용자 조사〉에 따르면 대한민국 성인 남녀의 온라인 동영상 플랫폼 이용 비율이 69.7%로 나타났습니다.*** 즉 10명 중 7명은 온라인 동영상 플랫폼을 이용하고 있는 거죠.

　이렇게 청소년뿐만 아니라 어른도 미디어를 많이 사용하고, 다양한 콘텐츠를 소비하고 있어요. 그런데 정작 미디어가 무엇인지, 지혜롭게 미디어를 활용하는 방법이 무엇인지 질문하면 답하기가 쉽지 않을 겁니다. 물리적으로 미디어를 자주 접하기 때문에, 미디어에 대해 잘 안다고 생각하기

---

* 　신조어로 "만나서 반가워 잘 부탁해"라는 뜻입니다. 청소년들이나 청년들은 다 잘 알고 있는 말이겠지만, 혹시라도 선생님, 사역자 그리고 부모님들이 모르실까 봐 뜻을 적어 둡니다.
** 　한국언론진흥재단, 『2019 10대 청소년 미디어 이용 조사』 (서울: 한국언론진흥재단, 2019), 16.
*** 　한국언론진흥재단, 『2021 언론 수용자 조사』 (서울: 한국언론진흥재단, 2021), 56.

쉽지만, 실제로 '아는 것'과 '아는 것 같은 느낌'은 완전히 다릅니다.*

특별히 예수님의 제자로 살아가고 있는 그리스도인이라면 조금 더 고민이 생길 수 있습니다. 마치 숨을 쉬는 것처럼 자연스럽게 SNS와 유튜브 등을 보고 즐기고 있지만, 미디어 속에 등장하는 과격한 표현이나 부적절한 언어를 들으면 이렇게 즐겨도 되나 싶은 생각이 들 거예요. 동시에 그리스도인으로서 미디어를 어떻게 받아들이고, 어떻게 사용해야 할지 고민이 될거고요. 게다가 요즘은 가짜 뉴스, 잘못된 정보도 많잖아요. 뭘 믿어야 할지, 뭘 믿으면 안 되는지 혼란스럽기도 합니다.

왜 이런 문제가 생겼을까요? 교회에서도 그동안 미디어에 대해 제대로 가르쳐 주지 않았기 때문이에요. 기껏해야 "스마트폰에 중독되면 안 돼요", "게임을 너무 많이 하면 안 돼요", "유튜브는 조금만 봐야 해요" 정도의 이야기만 들었을 뿐 미디어를 어떻게 사용해야 하는지, 미디어를 통해 전달되는 메시지들을 어떻게 이해해야 하는지는 거의 배운 적이 없을 겁니다.

이 책은 바로 그런 여러분을 위해 기획되었습니다. 21세기 각종 미디어와 정보 기술의 발전으로 지식과 정보가 폭발하고 있는 사회를 살아가는 여러분이 기독교 세계관으로 미디어를 바르게 이해하고, 사용하고, 더 나아가 미디어 세상의 문화를 바꾸는 사람으로 성장해 나가는 것을 돕기 위

---

* 아는 것과 모르는 것을 제대로 구분할 수 있는 능력을 전문 용어로 '메타인지'(meta-cognition)라고 합니다. 학업에서 좋은 결과를 내는 데 있어 무엇보다 중요한 것으로 최근 주목받고 있어요.

해 이 책을 쓰기 시작했습니다.

그래서 이 책은 책과 친하지 않은 현대인도 쉽게 읽을 수 있는 형식으로 풀었습니다. 다루는 내용은 전문적이지만, 청소년까지도 잘 이해할 수 있도록 최대한 쉽게 설명했고요, 여러분이 조금이라도 더 친근하게 느낄 수 있도록 저와 가상의 독자가 함께 미디어 리터러시를 배워 가는 대화 형식으로 써 보았습니다. 저와 일대일 수업을 한다 생각해 주시면 좋겠습니다. 그리고 영상에 익숙한 요즘 세대가 더 쉽게 내용을 파악할 수 있도록 다양한 사진과 일러스트를 넣었습니다. 부족한 제 글을 이해하시는 데 조금이라도 도움이 되셨으면 좋겠습니다.

이 책은 총 다섯 번의 수업으로 이루어져 있습니다. 첫 번째 수업에서는 우리가 미디어를 배워야 하는 이유, 그리고 미디어와 미디어 리터러시의 정의에 대해 함께 생각해 봅니다. 두 번째 수업부터는 미디어 리터러시의 각 역량인 접근하기(미디어 접근 능력), 읽기(비판적 해석 능력), 쓰기(창의적 표현 능력), 그리고 소통하기(사회적 소통 능력)를 다룹니다. 논리적인 틀 안에서 전개되기 때문에 가급적 순서대로 읽어 나가는 것이 좋지만, 여러분이 관심이 있는 주제가 있다면 먼저 읽어도 상관없습니다.

또한, 각 수업이 마무리될 때마다 함께 토론할 수 있는 토론 질문을 준비했습니다. 교회에서 청년들이 함께 읽고 토론해도 좋고, 교회학교 교사들이 함께 읽고 서로 생각을 나눈다면 좋은 훈련 프로그램이 될 겁니다. 그리고 무엇보다 부모님들이 청소년 자녀들과 함께 책을 읽고 서로의 생각을 나눈다면 살아 있는 미디어 교육이 될 수 있습니다. 저도 제 큰아들을 포함해 홈스쿨링을 하는 중3 학생들과 함께 읽고 토론하며 검증해 봤는데, 재미있는지 모두 적극적으로 잘 참여해 주었습니다. 부디 이 책을 유용하게 사용하셨으면 좋겠습니다.

자 그러면 이제 본격적으로 미디어 세상으로 떠나 봅시다!

Let's dive in!

# CONTENTS

# I . 첫 번째 수업:
## 미디어 리터러시, 누구냐? 넌!

# 1. 내 머릿속의 닻

안녕하세요!

네, 반가워요. 오늘 함께 미디어를 공부하는 첫 시간인데 열심히 배울 준비됐나요?

아, 그게 말이죠. 제가 무슨 생각으로 공부한다고 했는지 모르겠더라고요. 하하하. 미디어 그거 맨날 쓰는 건데, 굳이 배울 것이 있을까요? 그리고 저는 주변 사람들에 비하면 그렇게 많이 사용하는 것도 아니거든요.

오! 지금 알고 질문한 건지 모르겠지만, 정말 중요한 질문을 했어요. 우리가 왜 미디어를 공부해야 하는지 이유를 아는 게 정말 중요해요. 저도 첫시간의 주제로 이것을 다루면 좋겠다고 생각했는데, 마음이 통했네요. 왜미디어에 관해 공부해야 하는지, 알아야 하는지 질문에 답하기 위해서는 먼저 퀴즈를 함께 풀어 보면 좋겠네요. 아주 간단한 퀴즈니까 걱정하지 말고 풀어 봅시다. 자, 문제 나갑니다!

"우리나라는 OECD 37개 회원국 중 하나입니다. 그렇다면 우리나라의 성격차 지수(性格差指數, Gender Gap Index, GGI)는 과연 전 세계에서 몇 위일까요?"

네? 갑자기 퀴즈라고요? 잠깐요, 교수님. 이런 이야기는 없었잖아요. 게다가 성 격차 지수요? 난생처음 들어 보는 말인데요?

아, 그럴 수 있죠. 성 격차 지수는 세계경제포럼(WEF)에서 매년 발표하는 성 격차, 즉 성별 간의 차이를 분야별로 나타내는 지표입니다. 쉽게 이야기해서 한 나라에서 남녀가 평등한지, 불평등한지 계산해서 수치화한 거예요.* 일단 이 정도만 알아도 충분해요. 오늘의 주제가 남녀평등에 대한 건 아니잖아요. 몇 위 정도로 예상하는지 한번 맞혀 보세요.

흠…. 이런 문제는 대체로 부정적인 답을 고르면 맞는 것 같더라고요. OECD 회원국이 37개니까 37위, 즉 꼴찌 아닐까요?

하하. 좋은 시도였습니다. 실제로 제가 학생들에게 퀴즈를 내면 제일 많이 나오는 답이 37위, OECD 37개 회원국 중에 꼴찌가 아니냐는 답변이었어요. 그리고 다음으로 나오는 답은 7위, 14위, 22위, 34위 등 대체로 37위 이내의 답을 다양하게 이야기합니다. 그런데 세계경제포럼(WEF)에서 21년 3월 31일에 발간한 「2021 세계 성 격차 보고서」에 의하면 한국의 성평등 순위는 조사 대상인 156개 나라 중에서 102위였습니다. 우리가 생각한 숫자와 크게 차이가 나지요?

그렇다면 왜 이런 현상이 나타났을까요? 그것은 바로, 제가 문제를 낼 때 OECD 회원국의 숫자인 '37'을 언급했기 때문입니다.

---

* 성 격차 지수를 계산하는 방법에 왜곡된 의견이 들어갈 수 있는 여지가 있어서 비판하는 의견도 많다. 여기에서는 하나의 예로 사용하는 것이니, 큰 의미를 두지 말고 생각하기를 바란다.

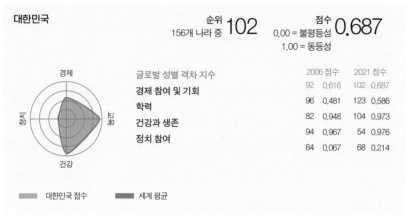

| 대한민국 | 순위 156개 나라 중 **102** | 점수 0.00 = 불평등성 **0.687** 1.00 = 동등성 |
|---|---|---|

| 글로벌 성별 격차 지수 | 2006 점수 | | 2021 점수 | |
|---|---|---|---|---|
| 경제 참여 및 기회 | 92 | 0.616 | 102 | 0.687 |
| 학력 | 96 | 0.481 | 123 | 0.586 |
| 건강과 생존 | 82 | 0.948 | 104 | 0.973 |
| 정치 참여 | 94 | 0.967 | 54 | 0.976 |
| | 84 | 0.067 | 68 | 0.214 |

경제 · 정치 · 건강 · 교육

대한민국 점수　세계 평균

[표1] 출처: 세계경제포럼(WEF)의 '2021 세계 성 격차 보고서'

맞아요. OECD 회원국이 37개국이라고 하시니까 그 안에 답이 있다고 생각했어요.

그렇습니다. 사실 세계에는 OECD 회원국보다 훨씬 더 많은 나라가 있죠. 그런데 문제 속에 37이라는 숫자가 있다 보니, 그 숫자가 머릿속에 들어가 우리 생각의 범위를 좁혀 버린 겁니다. 즉, 문제 속에 나온 37이라는 숫자가 우리의 생각에 영향을 준 것이죠.

이런 현상을 조금 어려운 말로 앵커링 이펙트(anchoring effect)라고 해요. 배를 고정하기 위해 닻(anchor)을 내리듯 사람의 머릿속에 특정 기준이나 이미지를 심는 닻을 내리는 거예요. 생각과 판단의 범위를 고정하는 거죠. 마치 배가 떠내려가지 않도록 닻으로 고정하듯이 말이에요. 이 개념은 행동경제학의 창시자 대니얼 카너먼(Daniel Kahneman)과 아모스 트버스키(Amos Tversky)의 실험을 통해 알려졌어요.

앵커링 이펙트 실험 중 가장 유명한 것은 'UN에 가입한 아프리카 국가

비율'을 맞히는 실험입니다.

이 실험에서 연구자들은 피실험자에게 1부터 100까지의 숫자가 적힌 숫자판을 돌리게 한 뒤, UN에 가입한 아프리카 국가 비율이 어느 정도라고 생각하는지 질문을 던졌습니다. 그 결과, 신기하게도 피실험자들은 UN이나 아프리카와 관계없이 그저 숫자판을 돌려 나온 숫자를 기준으로 'UN에 가입한 아프리카 국가 비율'을 추측하는 모습을 보였습니다.

네? 잘 이해가 안 되는데요. 숫자판과 'UN에 가입한 아프리카 국가 비율'은 아무 상관이 없잖아요!

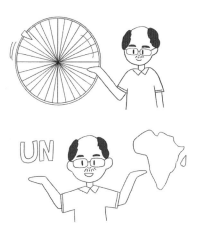

맞습니다. 그런데 그게 영향을 미치더라는 겁니다. 숫자판을 돌려서 20이라는 숫자가 나온 사람은 UN에 가입한 아프리카 국가의 비율을 20% 또는 30%라고 대답했습니다. 그리고 숫자판을 돌려 70이라는 숫자가 나온 사람은 UN에 가입한 아프리카 국가가 70% 혹은 80% 정도라고 답했습니다. 숫자판의 숫자가 아무 상관이 없음에도, 그 숫자를 접하는 순간 머릿속에 들어가 판단에 영향을 미치게 됩니다. 이게 바로 앵커링 이펙트에요.

앵커링 이펙트는 실생활에서도 중요하게 작용합니다. 특히 협상할 때 처음 제시되는 숫자는 협상 과정에 큰 영향을 미쳐요. 한 예를 들어 볼게요. 한 학생이 일주일에 용돈을 얼마 받을 것인지 부모님과 협상하기로 했어요. 학생은 '5만 원 정도 받으면 좋겠어'라고 생각하고 있었죠. 그러면 대부분 부모님께 바로 5만 원을 달라고 제안할 거예요. 그때 바로 5만 원을 제안하는 것보다 더 높은 액수를 제안하면 어떨까요? 부모님은 깜짝 놀라시면서 너무 많다고 말씀하시겠죠? 그러나 중요한 것은, 그 이후 7만 원이 협상 과정의 기준점이 될 거예요. 그러면 부모님은 6만 원을 제안하실 수도 있어

요. 마지막에 5만 원으로 낮춰도 학생에게는 성공적인 협상이에요. 그런데 만약 처음부터 5만 원을 제시했다면, 부모님은 더 낮은 금액을 부르셨을지도 몰라요. 이처럼 다른 사람과 협상할 때, 앵커링 이펙트는 굉장히 중요하게 작용한답니다.

우와, 교수님! 이건 완전 꿀팁이네요. 다른 사람이랑 협상할 일이 생기면 꼭 써먹어 봐야겠습니다. 오늘 교수님과 공부하기를 잘했다는 생각이 팍팍 듭니다!

이 책을 보시는 부모님이나 선생님이 싫어하실 것 같기도 하네요. 아무튼, 오늘의 주제로 다시 돌아옵시다. 앵커링 이펙트가 우리에게 주는 교훈이 무엇이냐면요, 우리의 생각과 판단이 주변 사람들, 여러 가지 다른 의견, 작은 숫자 하나에도 영향을 받는다는 것입니다. 아마 대부분이 자기 나름의 생각과 기준으로 판단한다 생각할 텐데요, 그게 그렇지 않습니다. 우리는 주변의 의견과 접하는 사물, 미디어 등에 항상 영향을 받습니다.

자, 그렇다면 우리는 자주 그리고 오래 사용하는 여러 가지 미디어에서 얼마나 많은 영향을 받고 있을까요? 정말 엄청난 영향을 지금도 받고 있습니다. 그래서 저는 가끔 미디어가 '중력'과도 같다고 생각할 때가 있습니다.

중력이라고요? 교수님 뜬금포도 정도가 있는데, 갑.분.과? 갑자기 여기에서 과학 수업인가요?

하하, 아니에요. 과학 이야기를 깊이 하려는 건 아닌데요, 미디어와 중력은

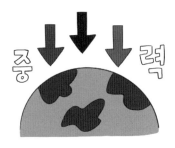

비슷한 점이 정말 많습니다. 그러니까 우리 자신을 포함한 지구상의 모든 사람, 동식물, 물체 등은 다 중력의 지배를 받습니다. 중력은 우리가 그 힘을 잘 알든 모르든, 느끼든 느끼지 못하든 우리에게 작용합니다. 중력에 대해서 잘 모른다고 그 사람에게 중력이 작용하지 않는 것이 아니고, 중력을 외면하거나 무시한다고 해서 중력을 벗어날 수도 없습니다.

미디어도 마찬가지입니다. 오늘날 거의 모든 사람이 미디어의 영향 아래 살아갑니다. 심지어 미디어를 안 쓰는 사람이라고 해도 영향을 받습니다. 즉, "난 미디어를 잘 안 봐. 그러니 상관없어!" 이렇게 생각하며 무시할 수도 없습니다.

맞아요, 교수님. 저도 처음에 공부하기 싫은 마음에 '나는 미디어를 많이 안 하는데, 굳이 미디어를 공부해야 하나?' 이렇게 생각했거든요.

맞습니다. '나는 미디어를 많이 사용 안 하니까 괜찮겠지'라고 생각할 수도 있을 거예요. 그러나 미디어를 사용하지 않는 사람이라도 미디어의 영향을 받고 있어요. 주변에 미디어의 영향을 받은 여러 사람이 있을 거거든요. 그 사람은 분명 당신에게도 영향을 미치고 있어요. 앞서 살펴본 앵커링 이펙트가 바로 그 증거입니다.

　그러므로 21세기 지식 정보 사회를 살아가는 그리스도인이라면, 미디어를 바르게 읽어 내고 비판적으로 해석하며, 더 나아가 바른 미디어를 생산하고 활용할 수 있는 미디어 리터러시(media literacy) 능력이 꼭 필요합니다. 앞으로 총 다섯 번의 수업을 통해 여러분과 '미디어 리터러시'를 공부해 보고자 합니다. 바라기는 사도 바울의 권면처럼 세대와 미디어의 메시지들을 무분별하게 따라가는 것이 아니라 기독교 세계관에 근거한 바른 가치관으로 이 시대를 변화시키는 슬기로운 하나님의 사람들이 되길 축복합니다!

　　너희는 이 세대를 본받지 말고 오직 마음을 새롭게 함으로 변화를 받아 하나님의
　　선하시고 기뻐하시고 온전하신 뜻이 무엇인지 분별하도록 하라(롬 12:2)

# 2. 내가 미디어(Media)라고?!

　그동안 미디어를 많이 사용하고 접하기는 했지만, 미디어가 저에게 주는 영향에 대해서는 생각해 보지 못했었어요. 교수님과 공부하기로 한 것이 탁월한 선택이었던 것 같네요. 그런데 아까 이야기하신 말씀 중에 생소한 단어가 있더라고요. 미디어 리…터……?

　아! 미디어 리터러시(media literacy)를 이야기하는 것 같네요.

　맞아요. 미디어 리터러시! 제 머릿속에 닻(Anchor)이 있는 게 아니라 지우개가 있나 봐요. 그 표현은 좀 생소한데요?

　그럴 수 있습니다. 차근차근 설명해 줄게요. 일단 미디어 리터러시가 두 단어의 합성어라는 것은 알겠죠? 미디어(media)와 리터러시(literacy). 그럼 하나씩 알아봅시다. 먼저 미디어에 대해 알아볼게요. 혹시 생일에 기프티콘으로 케이크나 선물을 받아 본

적 있나요?

네! 물론이죠. 제가 얼마나 인기가 많은데요. 하하하.

확인되지 않은 정보니 믿어도 되는지 모르겠네요. 하지만 그렇다고 치고 설명을 계속할게요.

아니, 교수님. 그렇다고 치다니요. 이건 진짜 팩트입니다, 팩트!

그렇게 흥분할 필요 없어요. 나중에 다 설명하겠지만 항상 의심하고 비판적으로 생각하는 것이 미디어 리터러시의 핵심이거든요. 기프티콘 선물을 안 받아 본 사람은 아마 없을 거예요. 특히 코로나 팬데믹 때문에 직접 만나는 일이 어려워지자 많은 사람이 기프티콘을 통해서 마음을 전달하고는 했습니다. 그런데 혹시 이러한 기프티콘도 미디어라는 사실을 알고 있나요?

네? 기프티콘이 미디어라고요? 교수님 이건 좀 무리수 아닌가요?

일단 설명을 한번 들어 보세요. 대부분 미디어라고 하면 TV나 라디오, 혹은 인터넷이나 유튜브를 생각하는 경우가 많은데요. 사실 미디어라는 것은 더 넓은 개념을 가지고 있습니다. '미디어'란, 서로의 생각과 마음을 주고 받을 수 있도록 중간에서 '매개(媒介) 하는 것'을 의미합니다.

잠깐요, 교수님 '매개'라면?

아, 매개(媒介)라는 말이 어렵게 느껴질 수 있겠네요. 국립국어원 표준국어대사전에 의하면 '매개'는 "둘 사이에서 양편의 관계를 맺어주는 것"을 의미합니다. 그러니까 여러분이 친구에게 소개팅을 시켜준다고 하면 여러분이 바로 소개팅에서 만날 두 사람을 '매개'하는 겁니다. 이런 걸 전문 용어로는 '중매'(仲媒)라고 하죠.

에이, 교수님 중매라니요. 옛날 사람 인증하시는 건가요? 요즘 누가 그런 말을 써요. 하하하! 그런데 사람이 중매로 결혼을 하기도 하나요?

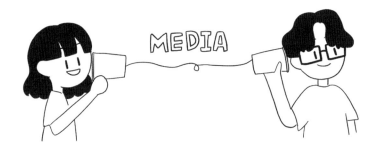

하하. 왜 갑자기 눈에서 땀이 나지요? 저도 모르는 사이에 옛날 사람 인증을 해 버렸네요. 아무튼, 미디어란 이런 것입니다. 중간에서 양편을 '매개'하는 것이 미디어고요, '매개해 주는 것'이기에 한자어로는 '매체'(媒體)라고 표현합니다. 그리고 두세 사람이 아닌 많은 사람과 서로 연결해 주고 소통하도록 해 주는 것이 있는데요, 그런 것을 '대중매체'(大衆媒體), 즉 '매스 미디어'(Mass Media)라고 합니다.

아! '매스 미디어'라는 말은 저도 들어 봤는데요, 이게 그런 뜻이었군요.

맞습니다. 그래서 TV나 라디오, 혹은 인터넷이나 유튜브 등을 '매스 미디어'라고 불러야 하는데요, 보통은 그냥 줄여서 미디어라고 하죠. 기본적으로 미디어의 정의가 이렇기 때문에 사람들 사이에서 서로의 생각과 감정을 전달하는 모든 것이 미디어가 될 수 있습니다. 말, 글, 그림, 사진, 영상뿐만 아니라 처음에 언급한 기프티콘까지 넓은 의미에서는 다 미디어인 거죠. 지금은 제가 '말'이라는 매체를 통해서 함께 대화를 나누고 있는데요, 이런 경우 말이 미디어입니다. 우리의 대화가 기록된 책을 접하게 될 분들도 있겠죠? 이 경우는 글과 책이 미디어로서의 역할을 하는 겁니다.

아, 그러면 '몸으로 말해요'라는 게임을 할 때는 우리의 몸이 미디어가 되는 거겠네요?

맞습니다. 이제 미디어에 대해 확실히 이해한 것 같네요. 자, 그럼 미디어에 대한 설명을 마무리하기 전에 한 가지 질문해 볼게요. 역사를 돌아봤을 때 미디어를 가장 잘 사용한 분이 누구라고 생각하나요?

갑자기 또 퀴즈인가요? 이번 시간에는 그냥 넘어가나 싶었는데, 정말 마음을 놓으면 안 되겠네요.

퀴즈 아니에요. 그냥 생각해 보라고 질문한 건데, 퀴즈나 시험에 울렁증이 있나 보네요. 그렇다고 째려보지 마세요! 제가 생각할 때 최고의 미디어

아티스트, 즉 미디어를 가장 잘 사용하시는 분은 바로 하나님이에요.

성경을 보면 하나님이 다양한 미디어를 사용하고 계심을 알 수 있습니다. 시편 19편 1절(새번역성경)을 보면 이런 말씀이 나와요. "하늘은 하나님의 영광을 드러내고, 창공은 그의 솜씨를 알려 준다." 하나님께서 '하늘'과 '궁창'이라는 미디어로 그분의 영광과 하신 일을 우리에게 나타내신 것이죠.

또 구약을 보면 많은 선지자가 나오는데요. 누구 기억나는 사람 있나요?

*당연하죠! 이사야, 다니엘……. 어쨌든 많죠.*

네, 맞습니다. 이사야, 예레미야, 에스겔, 다니엘 등등 많은 선지자가 있었는데요. 선지자들이 주로 한 일이 있어요. 바로, 하나님의 말씀을 이스라엘 백성에게 전달하는 거였어요. 하나님이 이스라엘 백성에게 직접 말씀하신 것이 아니었습니다. '선지자'라는 미디어를 통해 뜻을 백성에게 전하셨어요. 이처럼 하나님은 미디어 사용의 대가시지요.

그중에서도 하나님이 사용하신 가장 놀라운 미디어는 바로 '예수님'입니다. 말씀이신 예수님은 인간의 몸을 입고 우리 가운데 오셔서 직접 가르치고 말씀하셨습니다. 예수님의 제자들은 말씀을 귀로 듣고 글로 배운 것이 아니라, 직접 보고 만지고 경험할 수 있었어요.

오, 그런 생각은 못 해 봤어요. 예수님의 제자들은 체험학습을 한 셈이네요.

맞아요. 예수님의 제자들은 체험학습, 조금 어려운 말로 하자면 '실물 교육'을 한 셈이죠. 그런데 미디어로서 예수님의 사역은 그것으로 끝나지 않았습니다. 로마서 5장 8절을 보면, 이런 말씀이 나와요. "우리가 아직 죄인 되었을 때에 그리스도께서 우리를 위하여 죽으심으로 하나님께서 우리에 대한 자기의 사랑을 확증하셨느니라." 예수님이 십자가에서 돌아가심으로 하나님께서 우리를 얼마나 사랑하시는지 확실하게 '전달'해 주셨어요. 그리고 십자가에서 죽으심으로 하나님과 우리 사이를 화해시키고 '연결'해 주셨습니다. 하나님과 우리 사이에서 확실히 양편의 관계를 맺어 주는 '매개'가 되어 주신 거예요. 그러니 예수님이야말로 최고의 미디어라는 사실에 누구도 이의를 제기하지 못할 것입니다.

그렇군요. 예수님이 우리를 위해 미디어가 되어 주신 거네요. 예수님이 우리를 위해 해 주신 일들이 무엇을 의미하는지 더 잘 이해가 돼요.

그런데 놀랍게도 성경은 예수님이 하셨던 이 일을 이제 우리가 해야 한다고 합니다. 우리가 하나님과 세상 사이의 미디어가 되어야 한다는 거에요. 베드로 사도는 이렇게 권면합니다.

> 그러나 너희는 택하신 족속이요 왕 같은 제사장들이요 거룩한 나라요 그의 소유가 된 백성이니 이는 너희를 어두운 데서 불러 내어 그의 기이한 빛에 들어가게 하신 이의 아름다운 덕을 선포하게 하려 하심이라(벧전 2:9)

하나님이 우리를 왕 같은 제사장, 거룩한 나라, 그의 소유된 백성으로 만드셨는데요, 우리를 그렇게 탁월한 존재로 만드신 것에는 목적이 있다는 겁니다. 무슨 목적인가요? 바로 우리가 하나님의 아름다운 덕을 세상에 선포하는 미디어가 되어야 한다는 것입니다. 즉, 하나님께서는 우리가 미디어가 되어서 하나님이 어떤 분이신지 세상 사람들에게 알려 주기를 원하십니다.

그런데 교수님. 우리가 그 일을 꼭 해야 할까요? 조금 부담스럽거든요. 예수님처럼 탁월한 미디어가 될 자신이 없어요. 오히려 세상 사람들이 나 때문에 기독교에 실망하면 어떻게 하죠?

그렇죠. 부담스럽기도 합니다. 그러나 우리가 왜 미디어가 되어야 하는지 잘 생각해 봅시다. 세상 사람들이 눈으로 하나님을 볼 수 있을까요, 없을까요?

흠… 못 볼 것 같은데요? 저도 솔직히 하나님을 눈으로 본 적은 없거든요.

맞아요. 하나님은 영이시기 때문에 인간의 눈으로 하나님을 볼 수 없지요. 세상 사람들이 하나님 대신 볼 수 있는 것이 있어요. 바로 하나님의 자녀인 우리예요. 즉, 세상 사람들이 하나님을 알 수 있는 단 한 가지 방법은 바로 '우리를 보는 것'입니다. 우리가 말하고, 행동하고, 살아가는 모습을 보면서 '아, 하나님이 이런 분이시구나' 하고 깨달을 수 있어요.

따라서 이 시대를 살아가는 모든 그리스도인의 어깨가 상당히 무겁습니다. 그러나 부담스럽고 하기 싫다고 피할 수 있는 것이 아니에요. 우리의 생각이 어떻든 미디어인 우리는 세상에 보입니다.

그러므로 우리 모두 그리스도의 제자로서 슬기롭게 미디어를 사용하는 것에 만족하는 것에 그치지 말아야 합니다. 예수님이 우리와 하나님 사이에서 미디어가 되어 주셨듯이, 이제는 우리가 하나님과 세상을 '매개'하는 좋은 미디어가 되어야 합니다. 바로 우리가 미디어에요! 하나님의 최고의 미디어로 승리하며 살아갈 여러분을 축복합니다!

# 3. 잘알? 알못?

이제 미디어(media)에 대해서는 어느 정도 이해가 됩니다. 그러면 이번에는 리터러시(literacy)에 대해 배울 차례 아닌가요?

우와! 당연히 잊어버렸을 거라고 생각했는데, 기억하고 있었네요!

하하. 제가 아까 미디어 리터러시(media literacy)라는 표현이 기억이 안 나서 답을 못 했던 것이 창피해서 이를 갈며 기억하고 있었거든요.

리터러시(literacy)라는 단어는, 라틴어 'litterauts'(리테라웃스)에서 왔어요. 원래는 "교양 있고, 학식 있는 사람"을 지칭하는 말이었습니다.* 중세 시대

---

* 전경란, 『미디어 리터러시의 이해』 (서울: 커뮤니케이션북스, 2015), vi.

에는 모든 사람이 교육을 받지는 못했기에 대부분이 글을 읽지 못하고, 쓰지 못했어요. 소수의 지식인이나, 교회의 사제들만이 교육을 받을 수 있었죠. 당시 라틴어를 읽고 쓸 수 있는 학식 있는 사람을 'litterauts'라고 불렀습니다. 그러다가 인쇄술이 발달하고 모든 사람이 교육을 받아야 한다는 생각이 퍼지기 시작했어요. 그렇게 의무 교육이 시행되고, 대도시를 중심으로 자신의 모국어를 읽고 쓸 수 있는 사람들이 늘어났습니다.* 그때 모국어를 읽고 쓸 수 있는 사람, 혹은 모국어를 읽고 쓸 수 있는 능력을 의미하는 말로 'litterauts'의 의미가 확장되었습니다.

그래서 리터러시(literacy)는 읽고 쓰는 능력, 즉 문해력(독해력) 혹은 이해력이라고 번역할 수 있어요. 옥스퍼드 영어사전을 보면, 리터러시는 두 가지의 개념을 가집니다.

먼저는 '읽고 쓸 수 있는 정도 혹은 읽고 쓸 수 있는 능력'으로, '문맹'의 반대 개념으로 사용됩니다(the ability to read and write). 두 번째로는 그보다 좀 더 확장된 개념으로, 다른 단어와 결합해 특정 분야의 경쟁력이나 지식을 뜻하는 의미로 쓰입니다(knowledge or skills in a specific area). 예를 들면 뉴스 리터러시, 디지털 리터러시, 데이터 리터러시, 컴퓨터 리터러시, 금융 리터러시 등 다양한 영역에서 단어가 사용되고 있어요. 여기서 중요한 개념은 '어떤 영역이나 분야에서 요구되는 지식이나 경쟁력을 가지고 있다'라는 의미입니다.

그렇다면 '교회 문화 리터러시'라고도 쓸 수 있을까요?

---

* 전숙경, 『미디어는 교육을 어떻게 바꾸었나』(서울: 커뮤니케이션북스, 2017), 21.

네, 아주 잘 응용했어요! 당연히 교회 문화 리터러시라는 말도 성립할 수 있습니다. "교회 문화 리터러시가 높다"라고 한다면, 교회 문화에 대해 아주 잘 알고 이해도가 높은 것을 의미하는 거죠. 그러니까 '리터러시'라는 말은 더 쉽게 이해한다면, '잘알'이라고 생각하면 돼요.

네? '잘알'이요?

네. 잘알! 이제는 '잘알'과 '알못'이 네이버 사전에서도 검색이 되더라고요. 우리가 잘 알고 있듯이 '잘알'은 무언가를 잘 아는 것, 잘 아는 사람을 뜻하지요. 반대로 '알못'은 잘 알지 못한다는 뜻으로 어떤 분야에 대해 지식이 없는 사람을 뜻합니다. 그런데 이 '잘알'과 '알못'도 다른 단어와 결합하여 사용되더라고요. '겜잘알'이면 게임을 아주 잘 아는 사람을 뜻하고, 반대로 '겜알못'이면 게임을 모르는 사람을 뜻합니다. 그런 의미에서 '잘알'이라는 표현이 리터러시와 아주 비슷합니다. 리터러시도 단순히 '문해력'이라는 의미에서 더 확장되어, 어떤 분야를 잘 알고 능력을 갖추고 있다는 말로 쓰이거든요.

그렇다면 미디어를 잘 아는 사람은 '미잘알'이 되겠네요?

그렇죠. 새로운 신조어인데요? 이거 나중에 유행하는 거 아닌지 모르겠습니다! '미잘알'이라는 말이 나온 김에 이제 두 단어를 결합해서 함께 생각해 봅시다. 지난 시간에 '미디어'에 관해 공부했고, 지금은 '리터러시'에 관해 공부하고 있는데요. 두 단어를 결합하면 무슨 뜻이 될까요?

'미잘알'이니까 미디어를 잘 알고 있고 또 미디어를 활용할 수 있는 능력? 혹은 그런 능력을 뜻하는 것 아닌가요?

정확합니다. 이제 하산해도 될 것 같아요! 미디어 리터러시의 정의에 있어서만큼은요. 아까 리터러시에 두 가지 뜻이 있다고 했던 것 기억하죠? 하나는 문해력, 즉 읽고 쓸 수 있는 능력을 가리키고 또 하나는 어떤 특정 분야의 경쟁력이나 지식, 즉 방금 이야기한 것처럼 미디어를 활용할 수 있는 능력을 갖추었다는 의미입니다. 이렇게 미디어 리터러시에는 몇 가지 능력이 포함되어 있습니다.

오늘 수업에서는 간단하게 미디어 리터러시의 네 가지 능력을 소개하겠습니다. 미디어 리터러시를 가지고 있다고 하면 다음의 네 가지 능력을 가진 겁니다. 첫 번째로, 미디어 리터러시는 자신에게 유용한 미디어와 콘텐츠에 '접근'할 수 있는 능력을 이야기합니다.

접근이라고요? 가까이 다가간다는 건가요?

네, 그렇게 생각해도 됩니다. 영어로 'access'라는 개념인데요, 우리가 인터넷을 사용하기 위해서는 먼저 해야 할 일이 있죠. 바로 인터넷에 접속하는 것입니다. 우리가 인터넷에 접속할 때 사용하는 표현이 바로 '접근하다'로 번역하는 'access'입니다. 이후에 2장에서 조금 더 자세하게 다룰 것이니 일단 간단하게만 설명하겠습니다. '접근'은 내가 원하는 미디어에 접속해서 정보를 볼 수 있는 능력이라고 생각하면 됩니다.

두 번째로, 미디어 리터러시는 미디어를 읽고 이해할 수 있어야 합니다. 미디어 리터러시는 미디어 문해력, 즉 미디어를 읽고 쓸 수 있는 능력이거든요. 읽고 쓰는 능력 중에 먼저 읽는 것을 이야기하는 겁니다. 하지만 미디어를 '읽는다'라는 것은 단순한 개념이 아니에요. 미디어를 '읽는' 것이 미디어를 통해 제공되는 '메시지의 의미 파악'까지 포함하기 때문이에요. 우리가 글을 읽을 때 기계적으로 생각 없이 읽지는 않잖아요. 글을 읽는다는 것은 뜻을 바르게 해석하는 것을 당연히 포함합니다. 그리고 그렇게 의미를 해석하는 과정에서는 메시지가 어떻게 만들어졌는지 분석하고, 메시지가 믿을 만한지 또는 타당한지를 평가하는 비판적 읽기의 자세도 필요합니다.

세 번째로, 미디어 리터러시에는 미디어를 '쓰는' 능력도 포함됩니다.

미디어를 쓴다고요? 미디어를 사용한다는 건가요?

아, 여기에서 이야기하는 '쓴다'는 글을 읽고 쓸 때의 '쓰는 것', 창의적으로 콘텐츠를 만드는 것을 이야기합니다. 자, 그렇다면 미디어를 쓰는 것은 무엇을 의미할까요? 그렇습니다. 미디어를 통해 생각과 감정을 표현할 수 있는 능력, 그리고 자신이 만들어 낸 콘텐츠를 미디어를 통해 공유할 수 있는 능력을 의미합니다.

그리고 마지막 네 번째로, 미디어 리터러시에는 미디어를 활용해 사회에 영향을 주고 삶의 모습을 변화시키는 것이 포함됩니다. 이것을 약간 어려운 말로 '사회적 소통 능력'이라고 하는데요, 이런 능력들이 다 미디어 리터러시에 포함되어 있습니다.

이해가 아예 안 가는 건 아닌데, 솔직히 조금 어렵긴 하네요.

걱정하지 않아도 괜찮습니다. 지금은 그저 큰 그림을 생각해 볼 거고요. 두 번째 수업부터의 내용을 통해 하나하나 구체적으로 살펴볼 거예요. 그렇게 실제적이고 구체적인 내용을 배우다 보면, 지금보다 완벽하게 이해될 겁니다.

자, 다시 한번 정리해 볼게요. 미디어 리터러시에는 네 가지 능력이 포함되어 있습니다.

① 접근하기(미디어 접근 능력): 내가 원하는 미디어를 접속해서 볼 수 있는 능력

② 읽기(비판적 해석 능력): 미디어의 메시지를 바르게 읽어 내고, 의미를 비판적으로 해석할 수 있는 능력

③ 쓰기(창의적 표현 능력): 자신의 생각을 표현하기 위해 미디어 콘텐츠를 창의적으로

만들어 낼 수 있는 능력

④ 소통하기(사회적 소통 능력): 미디어를 활용해 사회적 소통에 참여할 수 있는 능력

우와 정말 많은 것을 배웠네요! 저는 '미디어 리터러시'가 단순히 미디어를 쓸 줄 아는 능력이라고만 생각했거든요. 이렇게 깊은 의미가 있을 거라고는 생각하지 못했습니다.

여기까지 정말 잘 따라왔습니다. 마지막에 조금 어려운 것처럼 느껴졌겠지만, 굉장히 중요한 부분이라 꼭 설명해야 했거든요. 그리고 미디어 리터러시의 네 가지 차원이 앞으로 우리가 공부해 나갈 내용이에요. 다음 시간에는 '접근하기'(미디어 접근 능력)에 대해 공부해 볼 거고요, 그다음 시간에는 '읽기'(비판적 해석 능력), 그다음은 '쓰기'(창의적 표현 능력), 그리고 마지막으로 '소통하기'(사회적 소통 능력)에 대해 차근차근 공부해 나갈 겁니다.

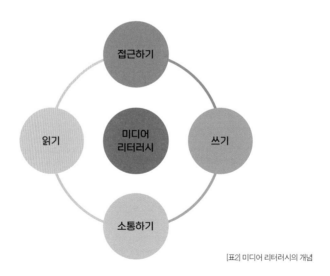

[표2] 미디어 리터러시의 개념

솔직히 말하자면, 제가 확실히 다 이해했는지 모르겠어요. 그렇지만 앞으로 좀 더 구체적으로 자세하게 알려 주겠다고 하셨으니 교수님만 믿고 따라가 보겠습니다. 오늘 첫 시간이라 긴장했는데, 재미있게 잘 배웠어요. 미디어 공부는 탁월한 선택이었습니다. 교수님 감사합니다!

네, 오늘 수고 많았습니다. 다음 시간에 '접근하기'(미디어 접근 능력)라는 주제로 만나요! 안녕.

## 토론 질문

1. 오늘날을 살아가는 모든 사람은 미디어의 영향을 많이 받고 있습니다. 그렇다면, 그리스도인이 미디어로부터 받는 좋은 영향은 무엇이고, 반대로 나쁜 영향은 무엇인지 나눠 봅시다.

2. 첫 번째 수업에서는 미디어가 무엇인지 함께 생각해 보았습니다. 그런데 이 책에서 설명하고 예로 다룬 미디어(인터넷, TV, 신문, 기프티콘 등)는 일부에 불과합니다. 이 책에서 다루지 않은 미디어에는 무엇이 있는지 함께 이야기해 봅시다.

3. 하나님께서는 우리 인간들에게 말씀하시기 위해 다양한 미디어를 사용하셨습니다. 이 책에 나온 것을 제외하고 하나님께서 사용하신 미디어에는 무엇이 있는지 함께 나눠 봅시다.

4. 최근 문해력, 즉 '리터러시'가 주목받고 있습니다. 내가 이해한 '리터러시'는 무엇인지 자신의 말로 설명해 보고, 실제적인 예를 들어봅시다.

5. "그리스도인은 세상과 하나님을 매개하는 미디어"라는 말에 동의하나요? 이 말은 내 삶의 태도에 어떤 변화를 가져올까요?

# II. 두 번째 수업:
## 접근하기(미디어 접근 능력)

# 1. 미디어 없이는 종교개혁도 실패했다

안녕하세요!

다시 만나서 반가워요. 그동안 잘 지냈나요? 지난 시간에 배운 것들 잊어
버린 건 아니겠죠?

아니, 교수님 저를 어떻게 보시고? 흠흠! 사실 지난주에 미디어의 정의를
비롯해 중요한 것들을 배웠잖아요. 그랬더니 주변의 미디어들이 굉장히 새
롭게 보이더라고요. 참 재밌었어요.

하하! 이런 말이 있어요. "망치를 든 사람에게는 모든 게 못으로 보인다."
미디어에 대해 배운 것은 좋지만, 그렇다고 모든 것을 또 다 미디어로 보면
무리수겠죠? 사람에게는 이런 성향이 있기 때문에 "책을 한 권만 읽은 사람
이 제일 무섭다"라는 말이 있는 겁니다.

제가 그렇게 지나치게 빠진 것은 아니거든요. 그나저나 오늘 배울 내용
이 뭔가요? 지난 시간에 뭔가 접근하고 그런 이야기를 하셨던 것 같은데요.

오늘은 그림을 한 장 보여 드리면서 시작해 보겠습니다. 혹시 이 그림 속의 주인공이 누구인지 알겠어요?

아니요. 전혀 모르겠는데요?

이름을 들으면 알 수 있을까요? 바로, 얀 후스(Jan Hus)입니다.

흠⋯. 전혀 못 들어 봤어요.

그럴 수 있죠. 자, 그러면 한 장 더 보여 드릴게요. 혹시 이분은 누구인지 알겠어요?

오, 어디서 분명히 봤어요. 눈에 굉장히 익어요! 혹시 루터인가 하는 분 아니신가요?

우와, 그림만 보고 맞히다니 대단하네요. 맞습니다. 바로 종교개혁으로 유명한 마르틴 루터(Martin Luther)입니다. 많이 들어 봤죠?

네, 그럼요! 제가 교회 다닌 햇수가 얼마인데요.

그럼 제가 한번 질문을 해 볼게요. 먼저 보여 드린 얀 후스와 마르틴 루터의 공통점과 차이점이 무엇일까요?

음……. 얀 후스는 먼 곳을 바라보고 있고, 루터는 정면을 바라보고 있다?

하하하. 이건 예상하지 못한 답인데요?

제가 생각해도 좀 이상한 답변이긴 해요. 정답이 뭔가요?

하하, 두 사람의 인생을 비교해 보면 중요한 공통점과 차이점이 있습니다.
우선 두 사람 다 종교개혁자로 교황의 권위에 반대하고 면죄부에 반대하
는 글을 썼다는 공통점이 있어요.* 차이점이라면 루터의 종교개혁은 성공
한 데 비해, 후스의 종교개혁은 미완(未完)으로 그치고 말았습니다. 실제로
후스는 루터가 95개조의 반박문을 걸기 약 102년 전인 1415년에 화형을 당
하고 맙니다. 그런데 왜 이런 차이가 나타났을까요? 왜 후스의 종교개혁은
실패하고 루터는 성공했을까요?

글쎄요…. 왜 그랬나요?

네, 답이 굉장히 의외라고 생각할 수 있는데요, 바로 '인쇄기의 발명'입니
다. 혹시 인쇄기를 언제, 그리고 누가 발명했는지 알고 있나요?

얼마 전 책에서 봤어요. 구텐베르크라는 사람이잖아요. 그런데 언제인
지는 잘 모르겠네요.

---

\* 스티븐 니콜스, 『세상을 바꾼 종교개혁 이야기』, 이용중 역, (서울: 부흥과개혁사, 2009), 31.

세세한 연도까지는 알기 어렵죠? 구텐베르크가 인쇄기를 발명하고 인쇄소를 세운 것은 1450년 경입니다. 그러니까 얀 후스가 순교한 지 약 35년 정도 지난 후예요. 얀 후스의 주장은 많은 사람에게 알려지지 못했지만, 루터의 주장은 인쇄술의 도움을 받아 순식간에 퍼져 나가기 시작했어요.

특히 루터는 95개조의 반박문을 걸었을 뿐만 아니라 자신의 주장을 뒷받침하기 위해 연설문, 소책자, 논문 등을 출판했답니다. 더 나아가 사제들만 보던 라틴어 성경을 독일어로 번역해서 보급했는데요, 당시 최첨단 미디어였던 인쇄 매체를 아주 잘 이용했던 겁니다.* 인쇄기 때문에 종교개혁이 성

---

* 전숙경, 『미디어는 교육을 어떻게 바꾸었나』 (서울: 커뮤니케이션북스, 2017), 21.

공했다고 이야기하기는 어려울 수 있지만, 인쇄기가 없었다면 종교개혁이 훨씬 더 느리게 진행되었을 것이 분명해요. 최악의 경우 루터도 얀 후스처럼 화형으로 생애를 마무리했을지도 모르지요.

인쇄술의 발명은 인류 역사에 있어 엄청나게 중요한 사건입니다. 지금까지 이야기한 종교개혁은 물론, 르네상스를 일으키는 도화선의 역할을 했기 때문에 인류 역사의 물줄기를 바꾸어 놓았다고 해도 과언이 아닌 혁명과도 같은 사건이었습니다. 또한, 미디어 역사에 있어서도 이 인쇄술의 발명은 정말 중요합니다. 이제 드디어 인류의 삶에 본격적인 대중매체, 매스미디어(mass media)가 등장하게 된 겁니다.

네? 인쇄기가 최초의 매스 미디어라고요? 그전에도 여러 사람에게 메시지를 전하는 일이 있지 않았나요?

맞습니다. 자연스럽게 미디어의 역사에 대해 다루게 되네요. 그전에도 미디어는 많이 있었습니다. 처음에는 몸이나 말로 메시지를 전달했고요, 문자가 발명된 이후에는 글도 미디어로 사용되기 시작했습니다. 그런데 이런 미디어들은 매스 미디어, 즉 많은 사람에게 전달하는 데는 한계가 있었습니다. 몸의 언어는 멀리서는 잘 안 보였을 거고요. 소리도 멀리 있는 사람에게는 잘 안 들렸을 겁니다. 그런 의미에서 글은 조금 낫기는 한데요, 글도 인쇄술이 발명되기 전에는 무조건 사람이 손으로 써야 했거든요. 그렇기때문에 많은 사람에게 배포하기가 쉽지 않았습니다.

인쇄기가 등장하고 난 다음에야 드디어 많은 사람에게 메시지를 전달하기가 쉬워졌어요. 그 결과 인류 최초의 신문도 나타납니다. 이를 통해 봤을 때, 인쇄술의 발명은 인류 역사 전체를 통틀어 가장 혁신적인 발명 중 하나라고 할 수 있어요.

아, 그런데 오늘 수업의 주제가 뭐 '접근하기' 이런 거 아니었나요? 너무 삼천포로 빠진 것 아닌가요? 미디어의 역사 이런 이야기까지 나왔거든요.

아니요, 잘 진행되고 있는 것이 맞습니다. 오늘 후스와 루터, 두 종교개혁자의 이야기를 했는데요, 두 사람의 운명을 가른 것이 바로 '접근성'이었습니다. 그들이 가진 개혁적인 신학과 신앙에 얼마나 많은 사람이 접근하고 동의했느냐의 여부였던 거죠. 루터의 사상은 사람들이 당시의 대중 매체였던 인쇄물을 통해 접할 수 있었지만, 후스의 사상에는 사람들이 접근하기 어려웠거든요.

이 이야기를 통해 알 수 있듯이 미디어에 접근할 수 있다는 것은 미디어 리터러시에 있어서 굉장히 중요한 능력입니다. 그런데 너무나 당연하게 생각해서 그런지, 많은 사람이 그다지 중요하게 생각하지 않는 경향이 있더라고요. 그러니까 읽고 쓸 수 있는 능력도 필수이기는 하지만 일단 읽을 것이 주어져야 합니다. 읽을 수 있는지, 못 읽는지는 그다음 문제거든요. 루터 당시에도 마찬가지였을 겁니다. 당시 사람 중에는 문맹(文盲), 즉 글을 읽지 못하는 사람이 많았지만, 그조차 읽어야 할 글이 있을 때 의미 있는 이야기니까요.

이제야 무슨 이야기를 하고자 하시는지 알겠어요. 미디어를 읽는 능력을 발휘하려면 결국 스마트폰이든 컴퓨터든 그걸 사용할 수 있어야 한다는 거군요!

이야, 제가 하려던 이야기를 그대로 했어요! 맞습니다. 미디어 접근 능력은 일단 미디어에 접근할 수 있는 능력입니다. 원하는 정보를 찾고, 원하는 미디어 콘텐츠를 즐기기 위해서는 다양한 미디어 기기를 사용해 일단 미디어에 접속하고 접근할 수 있어야 합니다.

이건 너무 쉽네요! 저에게 4살짜리 조카가 있는데요, 그런 어린아이도 스마트폰으로 영상을 보더라고요. 이제는 모든 사람이 미디어 접근 능력을 갖추고 있지 않나요?

많은 사람이 그렇게 생각하지만, 그렇게 단순한 문제가 아니에요. 그 주제로 바로 이어가 봅시다.

## 2. 키오스크 포비아와 디지털 소외

혹시 '키오스크 포비아'(kiosk phobia)라는 말을 들어 봤나요?

아니, 뭐 그렇게 어려운 말을 많이 아세요? 키오스크? 포비아? 정말 모르겠는데요?

요즘 햄버거 가게에 가면, 사람에게 주문하지 않고 큰 화면을 통해 주문하지요? 그런 기기를 '키오스크'(kiosk)라고 합니다.

그거야 잘 알죠! 그게 이름이 있었군요. 하하하. 그럼 포비아(phobia)는요?

'포비아'는 '공포증'을 뜻해요. 특정한 물건이나 상황을 지나치게 두려워하고 피하려고 하는 불안장애를 바로 '포비아'라고 합니다. 그럼 '키오스크 포비아'가 뭔지 알겠죠? 그 '키오스크' 기기를 두려워하고 피하려는 공포증이 바로 '키오스크 포비아'에요.

네? 잘 이해가 안 되는데요. 왜 그걸 무서워하죠?

제가 언론 기사의 내용을 일부 소개해 보겠습니다. 2019년 9월에 나온 기사예요. 키오스크가 점점 널리 보급되고 있지만, 노년층은 이 기계를 사용하는 것에 어려움을 느낀다고 해요. 그래서 '포비아', 즉 공포증까지 나타나고 있다는 기사입니다.

## [노인의 날 기획] '키오스크 포비아' 무인 기계가 두려운 노인들

**은행·병원·식당 나날이 확산하지만 노년층에겐 어려워**
**도와주는 사람 없으면 혼란 가중..."기계보단 사람 편해**
**"작은 글씨에 복잡한 조작법...노인도 배려 좀 해줬으면"**

윤은숙·류혜경·조아라·홍승완 기자 (kaxin@ajunews.com) | 입력 : 2019-09-30 06:00
| 수정 : 2019-10-14 05:41

지난 9월 20일 낮 서울시 종로구에 위치한 탑골공원 인근 패스트푸드점에서 한 노인이 키오스크 주문을
포기하고 카운터에서 직원을 기다리고 있다. [사진=홍승완 기자 ]

출처: 아주경제 2019년 9월 30일 기사

저도 그런 경험 있어요. 전에 햄버거 주문하려고 키오스크 앞에 줄을 서 있는데, 제 바로 앞에 어떤 어르신이 주문하고 계시더라고요. 뒤에서 슬쩍 봤더니 한참을 기계와 씨름을 하고 계셨어요. 보다 못해 도움을 드렸는데, 어르신의 표정이 별로 안 좋으셨어요.

맞습니다. 요즘 정보통신기술이 발달하면서 다양한 미디어 기기가 보급

되었는데요, 노년층에게는 그런 것들이 조금 어려울 수 있습니다. 저도 부모님 댁에 가면 부모님이 경쟁적으로 저에게 스마트폰을 내미시고는 합니다. "이게 잘 안 되는데 한번 봐 줘라…", "요즘 그런 게 있다는데 내 거에도 설치해 줘라…", "뭐 인증하라 그러는 게 있던데 복잡해서 못하겠더라. 그게 뭐냐?"

하하하. 어떤 건지 저도 알아요. 저도 할아버지, 할머니 스마트폰 사용하시는 것을 종종 도와드리거든요.

이런 경우 미디어 접근 능력이 조금 약하다고 볼 수 있습니다. 그런데 이런 미디어 접근 능력과 관련된 문제는 단순히 어르신에게만 해당하는 이야기가 아니에요. 특히 코로나 팬데믹 이후 미디어 접근 능력은 우리 사회에서 굉장히 중요해졌습니다. 특히 사람들이 대면으로 만나지 못하자, 줌(Zoom)과 같은 온라인 실시간 회의 프로그램을 통해 비대면으로 많은 일이 진행되었습니다. 학교 수업이나 학원 수업도 줌으로 하고, 심지어 교회의 모임도 줌으로 하기도 했습니다. 그랬더니 처음에 아주 난리가 났습니다. 줌을 어떻게 사용하는지 몰라 다들 어려움을 겪었죠.

저도 처음에는 약간 생소했지만, 그래도 금방 적응하게 되더라고요.

맞아요. 아무래도 청소년이나 청년은 미디어 기기를 많이 사용해 봤기 때문에 쉽게 적응하고 사용했을 겁니다. 그렇지만 기성세대에게는 이것도 쉬운 일이 아니었어요. 제가 가르치는 대학에서도 모든 수업을 비대면으로 했거든요. 그랬더니 교수님들도 처음에는 이걸 어떻게 사용하는지 몰라서 어려워하시더라고요. 정말 공부도 많이 하시고 똑똑한 분들이신데, 미디어 기기 사용에 쩔쩔매는 모습을 보이셨어요.

그래서 저는 사실 이 미디어 리터러시 교육이 청소년뿐만 아니라 전 세대에 필수라고 생각합니다. 이제는 미디어 기기가 언어(language)처럼 자연스럽게 사용되고 있거든요. 미디어 기기를 다룰 줄 모른다면 살아가기가 어려운 세상이 되어 가고 있습니다. 그래도 이런 필요성을 느끼고 발 빠르게 움직이는 교회가 있어서 다행이라는 생각이 듭니다. 한 대형 교회의 이야기인데요, 이 교회에서는 코로나 팬데믹 기간에 고령층 교인을 줌으로 심방했다고 합니다.

그게 가능할까요? 어르신들이 줌을 사용하신다고요? 쉽지 않으실 텐데요.

맞습니다. 그래서 사역자들이 고령층 성도의 가정에 가가호호 방문하여 줌 사용법을 하나하나 알려 드렸다고 합니다. 그 결과 65세 이상의 고령층 노인의 30% 이상이 줌을 통해 담임목사님을 만날 수 있었다고 합니다.*

저는 앞으로 이런 노력이

---

\* 김병삼 외, 『올라인 교회』 (서울: 두란노, 2021), 194.

필요하다고 생각합니다. 미디어 세상을 살아가고 있기 때문에 다들 미디어를 잘 사용하고 있는 것 같지만, 우리 주변에는 여전히 미디어 접근 능력이 떨어지는 사람이 많습니다. 그분들의 미디어 접근 능력을 높일 수 있도록 도와드려야 하는 거죠. 그리고 코로나 팬데믹을 겪으면서 미디어와 디지털 정보에 소외된 계층이 있음이 드러났어요. 그분들에게도 어떤 도움을 드릴 수 있을지 생각해 보아야 할 것입니다.

네? 미디어에 소외되어 있다니요?

맞아요. 요즘 누가 미디어를 못 쓰겠나 생각할 수 있지만, 그런 미디어 소외 계층도 존재합니다. 한창 코로나 팬데믹이 심할 때, 전국의 대부분의 학교가 재택 수업을 했습니다. 그런데 재택 수업을 하려면, 필요한 것들이 있죠. 우선 미디어 기기를 소유해야 합니다. 물론 경제적으로 여유가 있는 경우 재택 수업을 위해 컴퓨터나 태블릿 기기를 구매하겠지만, 경제적으로 어려운 집은 아예 인터넷 자체가 없다고 해요.*

'학교나 도서관의 미디어 기기를 사용하거나 빌리면 되지 않느냐?', '집에 인터넷이 없으면 공용 인터넷이나 카페 인터넷 사용하면 되지 않느냐?'라고 생각할 수도 있는데요. 팬데믹 상황에서는 그것도 쉽지 않았죠. 학교나 도서관도 다 문을 닫았고, 사람들이 모이는 카페에 가는 것도 부담스러웠

---

* 2020년, 초등학교 4~6학년 학생과 학부모 2,723명을 대상으로 조사한 결과에 의하면, 부모의 경제력과 학력에 따라 자녀의 원격 수업을 위한 인프라 보유와 지원 수준에 차이가 나타났다. 또한 자녀의 디지털 리터러시, 즉 디지털 기기 보유와 소프트웨어 활용능력 수준 역시 부모의 사회경제적 지위에 크게 영향을 받는 것으로 조사됐다. 배상률, 이창호, "청소년 미디어 이용 실태 및 대상별 정책대응방안 연구 I: 초등학생 - 기초분석보고서", 「한국청소년정책연구원 연구보고서」, 159-172.

으니까요.

저 역시 그런 문제가 있을 것이라고는 별로 생각해 보지 못했어요. 주변에 너무 관심이 없었던 것 같아서 반성하게 되네요.

누구의 잘잘못을 따지고, 반성하게 하려고 이야기한 게 아니에요. 다만 이런 문제가 현실에 있고, 모두가 힘과 지혜를 모아 해결해야 하기에 이야기한 겁니다. 이제는 미디어에 접근할 수 있는 것이 일종의 기본권이라고 생각해요. 그게 노년층이든, 아니면 경제적 취약 계층이든 모두가 다 미디어를 불편함 없이 접할 수 있도록 함께 노력해야 할 것입니다.

그럼 미디어 접근 능력과 관련해서 가장 중요한 주제 중 하나에 대해 이야기해 볼게요. 바로 온라인 예배와 관련된 이야기입니다!

# 3. 코로나 팬데믹과 예배

저도 이 주제에 대해 한번 여쭤보려고 했습니다. 온라인을 통해 미디어로 예배드려도 괜찮은 건가요?

하하, 이 주제에 굉장히 적극적으로 달려드네요. 그만큼 고민이 있었나 봅니다. 일단은 우리가 이야기 나누고 있는 미디어 접근 능력과 관련된 이야기를 먼저 해 보고, 그다음에 신학적인 이야기를 나눠 봅시다.

코로나 팬데믹을 거치면서 미디어는 단순히 우리의 재미나 오락의 도구가 아니라, 영적 건강까지 좌우하는 도구가 되었습니다. 기억할지 모르겠는데요, 2020년 3월에 코로나19가 심각해지자 정부 방역 지침에 따라 현장예배가 금지되었습니다. 모든 예배를 비대면 예배, 즉 온라인 예배로 전환해야 했죠. 물론 이러한 정책이 잘못되었음을 지적하며 현장 예배를 드려야 한다고 주장하는 목사님과 교회들도 있었지만, 대부분 방역 정책을 잘 따랐습니다.* 예배뿐만 아니라 대부분의 교회 프로그램이 온라인으로 진행되었죠.

이렇게 모든 예배를 온라인에서 비대면으로 드리게 되자 미디어 접근 능

---

\* 장형철, "코로나19 대유행으로 인해 시행된 비대면 예배에 대한 한국 개신교인들의 태도와 인식 그리고 온라인 예배의 가능성", 「종교와 사회」, 9(2021), 50.

력은 우리의 신앙생활에서도 너무나 중요한 것이 되었습니다. 미디어 기기를 다룰 수 없는 경우에는 예배도 드리지 못하게 되었고, 교육이나 훈련 프로그램에도 참여하지 못하고, 심지어 교회 내의 지체들과 교제도 할 수 없게 되었습니다.

저도 그때가 기억납니다. 아주 대혼돈의 상황이었습니다.

맞습니다. 게다가 당시 대부분의 교회가 온라인 예배에 준비가 안 되어 있는 상태였어요. 갑자기 바꾸려고 하니 혼란이 더욱 심했죠. 장년 예배도 제대로 신경을 못 쓰고 있는데 교육부서 예배를 잘 준비할 수 있었겠어요? 당연히 교회학교 사역자와 선생님, 그리고 학생들이 어려움을 겪었습니다.

그럼 일단 온라인으로 예배를 드려도 괜찮은 거죠? 온라인으로 예배드려도 하나님께서 받으시겠죠?

저는 일단 그렇다고 긍정적으로 말씀드리고 싶습니다. 사실 이렇게 우리가 대면으로 예배드릴 수 없었던 적이 처음인 것 같지만, 성경과 교회의 역사를 살펴보면 선례가 있습니다.

네? 이전에도 팬데믹이 있었다고요?

팬데믹은 아닌데요, 정말 부득이한 사정으로 예배를 드리기 어려웠던 적이 있었죠. 남유다 왕국이 B.C. 586년 바벨론에 의해 망하고, 수많은 유대인이 바벨론에 포로로 끌려갔습니다. 그때 포로로 잡혀간 사람 중 유명한 사람이 바로 다니엘인데, 누군지 알죠?

그럼요. 아, 저를 너무 무시하시는 것 아닌가요?

하하, 미안합니다. 당연히 알겠거니 생각했는데, 한번 물어본 거예요. 다니엘은 먼 나라에 포로로 잡혀갔으니 당연히 예루살렘 성전에 올라가 예배드릴 수 없게 되었습니다. 우리가 팬데믹 때 경험한 것과 마찬가지로 신앙의 문제가 아니라 상황의 문제로 예배를 드릴 수 없게 된 것이죠. 그때 유다 백성이 회당을 중심으로 모이기 시작했습니다.

하나님께 직접 나와서 예배하지 못하는 사정이 있을 때 다른 방법으로 예배드린 것은 이미 전례가 있습니다. 그리고 무엇보다 무소부재(無所不在)하신 하나님께서는 당연히 우리의 온라인 예배 가운데도 임재하시고요, 성령의 역사 역시 온라인이라고 제한되지 않죠. 최선은 아니겠지만, 차선으로서의 온라인 예배는 충분히 의미가 있습니다. 온라인으로 예배해도 하나님께서는 받으신다고 믿습니다.

**4. 계속 영상으로 예배해도 되나요?**

그러면 교수님, 팬데믹 이후에는 무조건 대면 예배를 드려야겠죠? 온라인 예배는 없어지겠죠?

정말 중요한 질문을 했습니다. 이제는 대부분 교회가 큰 제한 없이 대면으로 예배드릴 수 있게 되었습니다. 그런데 많은 목사님이 이런 이야기를 하세요. 아직도 코로나19 이전의 수준으로는 대면 예배 참석률이 회복되지 않았다는 겁니다. 여전히 온라인 영상 예배를 드리는 분들이 많다는 것이죠.

저희도 비슷한 상황이에요. 예전에 함께 예배드리던 성도님이 다 오지 않으시더라고요. 그런데 아까 교수님이 온라인으로 예배해도 하나님이 받으신다고 하셨잖아요. 그럼 뭐 큰 문제가 될 것이 없네요?

그렇게 간단한 문제는 아닙니다. 일단, 이 주제는 예배뿐만 아니라 교육이나 훈련 등 교회 프로그램을 다 포함해서 생각해야 해요. 사실 저에게 최근 이런 질문하시는 목사님들이 많으십니다. "이제 코로나 팬데믹이 끝났으니 더 이상 온라인 예배나 교육은 할 필요 없는 것 아니냐?", "이제는 대면으로 모든 것을 할 수 있게 되었으니 의도적으로라도 미디어를 사용해 예배하고 모이는 것을 줄여야 하지 않겠느냐?" 물론 왜 이런 질문을 하시는지 정말 100% 이해합니다. 그러나 이러한 질문을 한다는 것 자체로 미디어에 대한 인식이 굉장히 협소하다는 것을 알 수 있어요.

우리가 위에서 살펴본 바와 같이 미디어란 중간에서 양편을 '매개'하는 것입니다. 이러한 정의에서 생각해 보면, 교회에서 정말 수많은 미디어를 사용하고 있음을 알 수 있어요. 그중에서 가장 자주 사용하는 미디어, 가장 중요한 미디어를 꼽자면 바로 성경입니다. 하나님은 특별계시인 성경을 우리에게 주심으로 하나님과 그의 뜻을 나타내셨습니다. 성경은 우리와 하나님, 그리고 우리와 하나님의 뜻 사이를 '매개'해 주는 미디어이고요, 성경이라는 미디어를 통해 우리는 하나님과 그의 아들 예수 그리스도에 대해 알고 믿으며, 구원받는 은혜를 누립니다(요 20:31).

또한, 교회의 건물이나 공간 역시 미디어라 할 수 있습니다. 모임의 장소를 제공하여 하나님과 우리, 그리고 교회 공동체 모두를 '매개'하는 역할을 하고 있거든요. 그래서 중세 시대 같은 경우는 건물을 통해 신자들에게 의도된 메시지를 전달하기도 했습니다.* 이처럼 교회에서는 처음부터, 항상 미디어를 사용해 왔습니다.

비대면 목회도 마찬가지입니다. 코로나19 때문에 많은 교회가 다양한 미디어를 통해 비대면으로 심방하기도 하고, 교인들을 살피는 등 다양한 사역을 했는데요, 이러한 비대면 목회는 초대교회 때부터 있었습니다.

네? 비대면 목회가 초대교회 때부터 있었다고요?

그렇습니다. 제가 질문을 한번 해 볼게요. 사도 바울이 에베소서나 빌립보서를 왜 썼을까요?

글쎄요. 갑자기 성경에 대해 질문을 하시니 당황스럽네요. 변명 같지만 저는 목회자나 신학자가 아닌걸요! 에베소 교회와 빌립보 교회에 뭔가 할 이야기가 있으니까 쓴 것 아닙니까?

맞습니다. 뭔가 전할 말씀이 있었죠. 그런데 에베소서와 빌립보서는 공통점이 있습니다. 바로 사도 바울이 로마에서 갇혀 있을 때 쓴 편지들입니다. 그래서 이 편지들을 옥중서신이라고도 합니다. 그러니까 사도 바울이 에베소와 빌립보 교회 성도에게 권면하고 싶은 말들이 있었어요. 이 말들

---

* 예를 들면 중세 때 지은 성당 같은 경우 첨탑이 굉장히 높습니다. 그런데 건물 안에 들어가 보면 그렇게 높은 첨탑의 중간이 텅 비어 있는 것을 볼 수 있어요. 건물 안에서 높은 천장을 볼 수 있도록 해 둔 것입니다. 즉 교회 안에서 예배를 드릴 때도 높은 천장을 보며 이 세대를 바라보고, 땅을 바라보고 하는 것이 아니라 하늘을 바라보고, 위를 바라보고, 신령한 것을 바라보도록 한 것입니다. 마이클 고힌, 크레이그 바르톨로뮤, 『세계관은 이야기다』 윤종석 역, (서울: IVP, 2011), 177.

을 직접 만나서 대면으로 전했으면 훨씬 좋았겠죠. 함께 교제도 하고요. 그런데 사도 바울이 갇혀 있어서 대면으로 권면할 수가 없었기 때문에 당시 최고의 미디어, 최첨단 미디어였던 편지로 에베소와 빌립보 교회 성도에게 말씀을 전한 겁니다. 저는 이게 교회 역사상 최초로 시도되었던 비대면 목회라고 생각합니다.

말씀을 듣고 보니 정말 그렇네요. 당시에는 글을 읽고 쓰는 사람도 아주 소수였을 것이고, 쓰기 위한 필기구나 종이도 제대로 없을 때였으니 정말 편지는 최첨단의 미디어였겠네요.

맞습니다. 교회 역사상 사도 바울처럼 미디어를 잘 사용한 사람도 드문 것 같습니다. 굉장히 트렌드를 앞서가는 분이셨어요. 교회 역사를 돌아볼 때, 교회 내에는 항상 다양한 미디어가 사용되어 왔습니다. 말과 글, 하나님의 기록된 말씀인 성경, 예배의 의식과 음악, 심지어 건물의 양식까지도 미디어

로 사용되었어요. 그렇기 때문에 어떤 미디어가 '자신에게 익숙하냐, 익숙하지 않느냐' 혹은 '효과가 있느냐, 없느냐' 하는 것은 논의할 수 있는 문제이지만, 미디어를 '사용할 것인가 말 것인가?'는 논의의 주제가 될 수 없어요. 이제는 미디어에 대한 우리의 인식이 바뀌어야 합니다. 우리가 맞이할 코로나 팬데믹 이후의 시대에는 다양한 형식의 미디어를 사용한 예배와 교육 프로그램이 개발되고 활용될 거예요. 우리는 열린 마음으로 받아들여야 합니다.

제가 다른 박사님들과 함께 공동 연구로 코로나 팬데믹 이후 비대면 교회교육에 대한 연구를 진행한 적이 있는데요, 그 연구에서 목회자, 교회학교 교사, 그리고 학부모 1,000명에게 코로나 팬데믹이 끝난 이후에도 비대면 교회교육 프로그램이 이어질 것으로 생각하는지 물어봤거든요. 그랬더니 20.2%만 예전처럼 대면 교육 위주로 운영이 될 것으로 생각했고, 나머지 79.8%는 어떤 형태가 되었든 비대면 교육이 있을 것이라고 응답했습니다.*

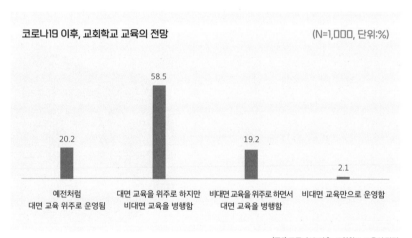

[표3] 코로나19 이후, 교회학교 교육의 전망

왜 이렇게 많은 분이 코로나 이후에도 비대면 프로그램이 있을 것으로 전망했을까요? 바로 팬데믹 기간 동안 비대면 교육과 훈련 프로그램을 경험하면서 교육의 도구로서 미디어의 가치를 확인했기 때문입니다. 특히 요즘 청소년, 대학생, 그리고 직장인들을 보면 정말 바쁘게들 삽니다. 공부하

---

* 이숙경 외, 『뉴노멀 교회교육 레포트』 (서울: 한국 NCD미디어, 2022), 185.

고, 일하고, 자기 계발을 하면서 정말 다들 열심히 살지요. 그런데 그렇게 바쁘게 사는 현대인이 몇 주 혹은 몇 달씩 시간을 내어서 교회에 모여 교육 받고 훈련받는 것이 쉬운 일일까요? 절대 그렇지 않습니다. 그러나 미디어 를 사용하면, 시간과 공간의 제약을 많이 극복할 수 있어요.

맞아요. 저도 온라인으로 성경공부 모임에 참여한 적이 있었는데요, 나 쁘지 않더라고요. 일단 씻고, 옷 입고 교회까지 가는 시간을 절약한다는 게 큰 장점이었어요. 약간 죄송한 이야기이지만 집에서 입는 편한 옷을 입고 참여했답니다. 그리고 청소년들과 모임을 하기도 했는데요, 예전에는 너무 늦은 시간까지 교회에서 프로그램에 참여하면 굉장히 부담스러웠거든요. 집에서 부모님도 걱정을 많이 하시고요. 그런데 온라인으로 모임을 하니 다들 집에서 참여하잖아요. 늦은 밤 귀가하는 염려가 없으니 늦은 시간까 지 모임을 이어나갈 수 있었습니다. 그랬더니 빠지는 사람도 적었어요. 생 각했던 것보다 좋은 점이 많았네요.

온라인 성경공부나 온라인 모임이 정말 마음에 들었나 보네요. 이런 식 으로 예배는 대면을 중심으로 가겠지만, 다양한 교육이나 훈련, 그리고 교 제의 시간은 비대면으로 이루어지는 것이 많을 겁니다.

그렇군요. 그러면 예배는 대면으로, 그 외의 교육이나 교제는 비대면을 병행하는 것으로 결론 내리면 될까요?

크게 봐서는 그렇다고 말할 수 있는데요, 그래도 온라인 예배가 병행되어야 한다고 생각합니다. 우리가 이번 시간에 나누고 있는 '미디어 접근하기' 능력 때문에 그렇죠.

　제가 한번 질문해 볼게요. 어떤 교인이 몸이 불편하여 휠체어를 타고 교회에 나오는데, 교회 건물에 턱이 너무 높아서 혼자의 힘으로는 교회 안으로 들어와 예배를 드릴 수가 없습니다. 그러면 교회에서 어떻게 해야 할까요?

　요즘도 그런 교회가 있나요? 당연히 장애인들을 위한 시설을 준비하고, 예배드릴 수 있도록 도와야 하는 것 아닙니까?

　그렇죠. 건물 턱을 낮추고 장애인용 엘리베이터를 설치하는 등 그분이 교회에 '접근'할 수 있도록 해야지요. 교회의 모든 지체 중 누구도 예배드리지 못하는 일이 없도록 교회가 준비해야 합니다.

　이야기하다 보니 예전 경험이 생각나네요. 대학생 때 낙도(落島) 선교를 간 적이 있습니다. 그때 한 집, 한 집 다니면서 전도하는 '축호전도'를 했었어요. 그때 어느 집에 들어갔는데 몸이 불편하신 할머니가 계시더라고요. 할머니께서는 저희를 매우 반갑게 맞아 주셨습니다. 알고 보니 교회를 다니던 분이신데, 몸이 불편해서 몇 달 동안 예배를 드리러 가지 못하고 계신 상황이었어요. 자신의 사정을 말씀하시면서 자기를 위해 예배드려 주면 안 되냐고 저희에게 간곡히 부탁하셨습니다. 목회자도 없고, 다들 어린 대학생이라 예배를 인도하는 것이 어려웠기에 간단하게 찬송가를 부르고 기도해도 되겠냐고 여쭤봤어요. 할머니께서 좋다고 하셔서 함께 찬송가를 부르고 기도해 드렸는데요, 그렇게 찬송하고 기도하는 내내 우셨습니다. 다 마치고 나서 왜 그렇게 우셨는지 이유를 말씀해 주셨어요. 교회에 가고 싶은데 못 가다 보니, 예배를 알리는 교회 종이 울릴 때마다 계속 눈물만 흘리셨대요. 얘기를 들으면서 정말 마음이 아팠어요.

제가 이 이야기를 한 이유가 있습니다. 그동안 온라인 예배를 드리면서 오히려 감사한 분들도 계셨다고 해요. 몸이 불편해 직접 교회에 나가서 예배드리기 어려운 분들이에요. 그동안은 온라인 예배가 없어서 오랜 시간 고생해서 교회에 가거나 아예 예배를 드리지 못했었는데, 온라인 예배가 생긴 덕분에 조금 더 편안하게 예배드릴 수 있게 된 것이죠. 코로나 팬데믹 이후에도 이런 분들을 위해 온라인 예배가 필요합니다.

이야기를 들으면서 코끝이 찡해졌어요. 그런 분들에게는 정말 온라인 예배가 필요하겠네요.

그렇습니다. 대면으로 예배드리는 것을 우선시해야겠지만, 온라인 예배도 병행해야 한다고 말씀드리는 겁니다. 대신 노파심에 한 가지만 당부하려고 합니다. 앞으로 온라인 예배가 병행되면, 솔직히 때때로 자신의 편의를 위해 온라인 예배를 드리고 싶은 유혹이 있을 겁니다. 그러나 아주 특별한 사정이 있지 않은 이상, 가급적 대면으로 예배드리라고 권하고 싶습니다.

약간 의외인데요? 저는 교수님이 온라인으로 예배해도 괜찮다 하신 말씀을 들으면서, '오, 이분은 열려 있는 분이신데!' 하고 생각했거든요. 그런데 결론은 다른 목사님들과 똑같은 이야기를 하시네요.

똑같은 이야기를 하는 게 나쁜 게 아니죠. 바른 이야기를 하는 것이 중요한 것 아니겠습니까? 제가 아까 이야기했다시피 우리가 집에서 예배드려도 하나님께서 예배를 받으신다고 믿어요. 그러나 아주 특별한 사정이 있지 않은 이상 교회에 나와서 예배를 드리라고 권하는 데에는 두 가지 이유가 있습니다. 첫 번째 이유는 실용적인 이유이고요, 두 번째 이유는 신학적인 이유입니다.

일단 첫 번째 이유는 효율성 때문에 그렇습니다. 혹시 헬스장에 다녀 본 적이 있나요?

몇 번 시도는 해 봤는데요, 처음 한두 주는 열심히 갔어요. 그런데 점점 자주 빠지게 되더라고요.

하하, 저와 비슷하네요. 요즘 다이어트나 몸을 만들기 위해서 헬스장에 다니는 사람이 많습니다. 그런데 운동은 집에서도 할 수 있죠. 그렇지 않나요?

맞습니다. 집에서도 얼마든지 운동할 수 있어요. 굳이 돈 내고 헬스장에 안 가도 되죠.

그래요. 그렇게 집에서 운동하는 것을 요즘 홈트(홈 트레이닝, home training)라고 합니다. 특히 코로나19가 터지자 홈트를 하는 사람이 많아졌습니다. 그런데 홈트가 쉽지 않더라고요. 저도 해 보려고 했거든요. 실내 자전거를 타고, 문에 철봉 달고, 고무 밴드도 활용하고요. 그런데 쉽지 않았어요. 일단 귀찮고 번거롭습니다. 자전거는 탈 때마다 꺼내야 하고, 또 다 타고 나면 접어서 치워야 하고, 고무 밴드도 달았다, 떼었다 해야 하고, 운동 매트도 깔았다, 접었다 해야 하고 아주 귀찮기가 이를 데 없더라고요. 그러다 보니 흐지부지하게 되었습니다.

그런데 헬스장에 가서 운동하면 어때요? 오가는 게 번거로울 뿐이지 모든 게 잘 준비되어 있습니다. 자전거도 그냥 타면 되고, 설치된 철봉에도 그냥 매달리면 됩니다. 내가 원하는 운동을 마음껏 할 수 있도록 효율적으로 기구들이 세팅돼 있죠.

그리고 헬스장에 가서 운동하면 같이 운동하는 사람들이 있잖아요. 서로 자극이 되고 그래서 좋지 않을까요? 도움도 받을 수 있고요.

맞아요. 첫 번째 이유는 앞서 말했듯이 '효율성'이에요. 집에서 운동해도 되지만 헬스장에 가서 운동하는 것이 가장 효율적이듯이 예배도 집에서 드려도 되지만, 교회에 가서 예배드리는 것이 제일 좋아요. 헬스장이 운동을 잘할 수 있는 최적의 조건으로 세팅이 되었듯이, 교회는 우리가 하나님을 가장 잘 예배할 수 있도록 모든 것이 잘 준비된 장소입니다. 때로는 예배 공간에 함께 있는 것만으로도 은혜가 될 때가 있습니다.

그리고 무엇보다 어린이나 청소년, 초신자의 경우 집에서 혼자 예배드리는 것을 더 추천하지 않아요. 이건 운동 초보가 집에서 혼자 홈트를 하는 것과 것과 같습니다. 내가 제대로 하는지도 모르겠고, 비효율적으로 운동하다 보니 금방 지치고, 결국 얼마 안 가 그만둬 버리지요. 예배도 마찬가지예요. 영적으로 잘 훈련이 된 사람은 괜찮겠지만, 믿음이 약한 사람들은 집에서 예배드리다 보면 바른 자세로 예배드리지 못할 때도 많고, 형식적으로 예배드리기 쉽습니다.

두 번째는 신학적인 이유인데요, 예배의 본질과 관련된 문제입니다. 요즘 주일 예배를 드릴 때 이런 분들이 있어요. 조금 일찍 일어나서 시간 좀 남으면 1부 예배를 드리고, 늦게 일어나면 2부 예배를 드리고, 괜히 피곤하고 그럴 때는 그냥 온라인으로 예배드리는 거죠. 그런데 이런 예배의 태도는 신앙생활에 있어 큰 문제입니다. 이게 왜 문제일까요?

글쎄요. 사실 어떤 예배를 드려도 하나님이 받으시는 건 똑같지 않나요? 1부 예배를 드리든, 2부 예배를 드리든요. 그리고 온라인 예배를 드려도 하나님이 받으신다고 하셨잖아요.

맞아요. 어떤 예배를 드리든 하나님이 받으시는 건 똑같습니다. 하지만 예배에 있어서 가장 중요한 요소, 본질적인 요소는 바로 '하나님이 중심이 되시는 것'입니다. 예배의 중심은 내가 아닌 예배를 받으시는 하나님께 있습니다. 따라서 내 일정과 형편에 맞춰 적당한 예배를 골라 드리기보다, 예배를 받으시는 하나님께 맞춰 드려야 합니다.

그래서 제가 권면하는 것은, 먼저 하나님께 언제, 어떻게 예배를 드릴지 시간과 형식을 정하는 것입니다. 먼저 '2부 예배를 대면 예배로 참석해서 드리겠다' 혹은 '청년부 예배를 대면으로 드리겠다' 등 하나님께 언제, 어떻게 내 시간과 마음을 드릴지 정하는 겁니다. 그렇게 예배 시간과 형식을 정했다면, 앞으로 무슨 일이 있든지 하나님 앞에서 신실하게 예배를 지켜 나가야 합니다. 약속이 있다고 내 편의대로 예배 시간을 옮겨서 드려서는 안 됩니다. 그것은 하나님이 아닌 사람과의 약속, 혹은 나의 편의를 중심으로 사는 모습입니다. 정한 시간과 형식으로 예배하며 하나님이 내 삶과 예배 가운데 중심이 되는 훈련을 해야 해요. 이것이 바른 예배자의 자세입니다.

그렇군요. 설명을 들으니 이해가 됩니다. 반박할 수가 없네요.

수긍해 주니 저도 고마워요. 미디어 접근 능력에 대한 주제를 이야기하다가 예배 이야기가 나와서 저도 모르게 열을 올린 것 같네요. 오늘 우리가 함께 배울 내용은 여기까지입니다. 도움이 좀 되었는지 모르겠습니다.

그럼요, 교수님. 오늘도 많이 배웠습니다. 그렇게 중요하게 생각하지 않던 미디어 접근 능력에 이런 중요한 의미들이 있는지 몰랐어요.

다음 시간에는 정말 미디어 리터러시 수업의 가장 중요한 핵심이라고 할 수 있는 '읽기'(비판적 해석 능력)에 대해 다뤄 보겠습니다. 기대해 주세요! 그럼 다음 수업에서 만나요, 안녕!

## 토론 질문

1. 이번 수업에서 인쇄기가 최초의 매스 미디어라고 이야기했는데요, 인쇄기가 최초의 매스 미디어인 이유는 무엇인가요?

2. 미디어를 사용하는 데 어려움은 없나요? 그리고 혹시 주변에 미디어 사용에 있어 어려움을 겪고 있는 사람이 있지는 않나요? 그들을 어떻게 도울 수 있을까요?

3. 가정 형편으로 인해 미디어 접근 능력이 낮은 아이들을 위해 우리가 할 수 있는 일은 무엇일까요?

4. 그리스도인이라면 코로나19 이후 영상으로 예배드린 경험이 있을 것입니다. 영상 예배를 드릴 때 어땠는지 이야기해 봅시다.

5. 코로나 팬데믹 이후 온라인 예배나 비대면 교육 프로그램의 전망에 대한 저자의 의견에 동의하나요? 동의하지 않는다면, 자신의 의견을 자유롭게 나눠 봅시다.

6. 책에서 언급한 내용 외에 비대면으로 예배를 드릴 때 주의해야 할 점이 있다면 무엇일까요? 비대면을 활용해 더 예배를 잘 드리기 위해 우리가 실천해야 할 것은 무엇인지 함께 이야기해 봅시다.

# III. 세 번째 수업:
## 읽기(비판적 해석 능력)

1. 필터 버블과 에코 체임버

2. 뉴스, 비판적으로 읽기

3. 가짜 뉴스 구별법

4. 가짜 뉴스에 빠지는 이유

5. 그리스도인과 가짜 뉴스

6. 유튜브로 세상 읽기

# 1. 필터 버블과 에코 체임버

안녕하세요, 교수님! 잘 지내셨나요? 먼저 와 계셨네요.

하하. 제가 먼저 와 있었던 것이 아니라 누가 늦게 온 게 아닐까요?

아, 그게…. 제, 제가 최대한 빨리 오려고는 했는데요….

괜찮아요. 그래도 생각보다 일찍 와서 다행입니다. 우리가 오늘 다뤄야 할 내용이 꽤 많고, 또 중요한 것들이라 더 늦으면 어떻게 하나 걱정이었거든요.

대신 최대한 집중해서 열심히 배우도록 하겠습니다.

자, 그러면 본격적으로 오늘의 수업을 시작하기 전에 성경 한 구절을 보겠습니다.

형제자매 여러분, 그러므로 나는 하나님의 자비하심을 힘입어 여러분에게 권합니다. 여러분의 몸을 하나님께서 기뻐하실 거룩한 산 제물로 드리십시오. 이것이 여러분이 드릴 합당한 예배입니다. 여러분은 이 시대의 풍조를 본받지 말고, 마음을 새롭게 함으로 변화를 받아서, 하나님의 선하시고 기뻐하시고 완전하신 뜻이 무엇인지를 분별하도록 하십시오. (롬 12:1-2, 새번역성경)

저도 너무 잘 알고 있는 말씀이에요. 사도 바울의 말씀 아닌가요?

맞습니다. 이 말씀에서 사도 바울은 로마 교회의 성도에게 시대를 본받지 말고 하나님의 뜻을 잘 분별하라고 권면하고 있습니다. 너무 중요한 말씀이라 첫 번째 수업 시간에도 잠깐 언급했지요. 자, 그런데 한번 생각해 봅시다. 우리가 이 시대의 풍조를 본받지 않으려면 시대가 어떻게 돌아가는지, 시대의 풍조가 어떠한지 잘 알아야겠지요? 그렇다면 시대와 시대의 풍조를 알 수 있는 방법은 무엇일까요?

아무래도 뉴스나 신문 같은 것들이 중요하지 않을까요?

그렇습니다. 뉴스나 신문 같은 언론뿐만 아니라, 소셜 미디어에 이르기까지 우리는 다양한 미디어를 통해 시대가 어떻게 돌아가고 있는지 알 수 있어요. 세상이 어떻게 돌아가고 있는지 알기 위해서 직접 뛰어다니는 사람은 아무도 없죠. 세계적으로 저명한 기독교 미래학자인 레너드 스윗 (Leonard Sweet) 박사는 "미디어는 문화의 온도를 측정하는 온도계이자 온도를 조절하는 온도조절기이다"라고 말했습니다. 미디어의 역할과 특징에 대해 잘 지적했다고 생각합니다. * 이처럼 우리는 미디어를 통해 우리 사회가

---

* 레너드 스윗, 『태블릿에서 테이블로』 장택수 역, (서울: 예수전도단, 2015), 25.

어떤 모습인지, 어떻게 돌아가고 있는지 파악합니다.

그런데 만약 우리에게 전해지고 있는 미디어 정보들이 잘못되었거나 혹은 진실에서 빗겨 난 왜곡된 정보라면 어떤 일이 벌어질까요? 여러 가지 손해를 볼 수도 있고요, 더 나아가 시대의 풍조를 잘못 파악하게 될 겁니다. 이는 영적으로 아주 심각한 문제가 될 수 있어요. 로마서 12장 1-2절의 말씀을 제대로 지키지 못하게 될 테니까요. 그래서 오늘 배울 '비판적 해석 능력'이 굉장히 중요합니다.

저도 가짜 뉴스가 사회적으로 문제가 되고 있다는 이야기를 들어본 적 있어요. 혹시 그 이야기를 하시려는 것 아닌가요?

하하. 눈치가 장난 아닌데요! 맞아요. 최근 우리 사회에 가짜 뉴스들이 등장하면서 많은 해악을 끼치고 있는데요, 일단 그 이야기는 조금 이따가 하고요. 우선 우리의 피부에 더 와닿을 소셜 미디어(social media)*에 관한 이야기부터 해 보겠습니다. 혹시 어렸을 때 비눗방울 놀이를 좋아했나요?

당연하죠! 아직도 비눗방울 놀이를 하는 아이들을 보면 저도 꺼서 놀고 싶은 생각이 들기도 합니다. 하하, 너무 철이 없나요?

아니요. 그럴 수 있지요. 저도 비슷한 마음일 때가 있는걸요. 그리고 요즘은 '버블쇼'라는 공연도 있는데, 큰 비눗방울 안에 어린이가 들어가기도 해요.

---

* a.k.a. SNS(Social Network Service): 우리나라에서는 SNS라는 표현을 많이 사용하지만 대체로 영어권 나라들에서는 소셜 미디어(social media)라는 표현을 주로 사용한다. SNS라고 하면 못 알아듣기도 한다. a.k.a. 라는 표현은 'as known as~', 즉 '~라고 알려진', '~라고 불리는'이라는 뜻이다.

저도 들어가 보고 싶긴 한데, 이제는 너무 커 버려서 안 될 것 같습니다.

정말 풍선 안에 들어가고 싶나요? 방법이 없지는 않습니다. 미국의 인디
록 밴드 플레이밍 립스(Flaming Lips)가 세계적으로 화제가 된 적이 있어요.
코로나 팬데믹 기간인 2021년 1월 콘서트에서 밴드는 물론 모든 관객이 풍
선에 들어가는 버블 콘서트(bubble concert)를 진행했거든요. 코로나19 때문
에 사회적 거리두기를 해야 하는데, 공연을 포기할 수 없으니 이런 아이디
어를 낸 것이죠.

"최고의 어린이 사역자, 김영일 목사님의 공연 모습"

플레이밍 립스(Flaming Lips)의 공연 모습 / 출처: CNN news

우와, 정말 새롭고 신선한 경험이었겠는데요? 한국에는 이런 공연이 없
나요? 한 번쯤은 꼭 가 보고 싶습니다.

참 즐거워 보이죠? 그런데 이런 상상을 해 볼게요. 풍선 안에 잠깐 들어
가서 놀거나, 두어 시간 공연을 보는 것이 아니라 평생 갇혀 있어야 한다면
어떨 것 같나요? 과연 좋을까요?

평생이요? 에이, 평생을 어떻게 살아요! 절대 못 살 것 같은데요?

그런데 놀라지 마세요. 어떻게 보면 우리 모두는 이런 풍선 속에 갇혀 살고 있답니다. 정도의 차이가 있기는 하지만, 모든 사람이 다 미디어라는 풍선 안에 갇혀 살아갑니다. 제가 차근차근 설명해 볼게요. 혹시 유튜브 좋아하나요?

저도 유튜브 엄청나게 좋아합니다. 절제하려고 노력하는 편이기는 하지만, 그래도 꽤 많이 보는 편이에요.

그렇다면 알고리즘(algorithm)에 대해 들어 봤겠네요?

그렇죠. 유튜브는 알고리즘 빼면 시체 아닌가요? '유튜브의 알 수 없는 알고리즘'* 때문에 딱 5분만 보려고 했는데 1시간씩 보고 그러거든요.

저도 비슷해요. 마치 개미지옥 같습니다. 아무튼, 유튜브 알고리즘은 유

---

\* 정확하게는 "오늘도 알 수 없는 유튜브 알고리즘이 나를 이 영상으로 이끌었다"라는 표현으로 2019년 8월경부터 유튜브에서 유행하기 시작한 표현이다. 주로 유튜브 영상 추천란에 자기 관심분야나 자주 보는 영상이 아닌데 갑자기 추천 영상으로 뜨는 바람에 영상을 클릭해서 보게 되는 경우에 사용한다. 나무위키 '유튜브 알고리즘 항목' 참조.

튜브의 AI가 사용자들에게 볼 만한 영상을 추천해 주는 시스템인데요, 유튜브 알고리즘의 목적은 최대한 사용자들이 유튜브에서 벗어나지 않고 계속 영상을 보도록 하는 것입니다. 그래야 사용자들이 광고를 많이 보고, 유튜브도 돈을 더 많이 벌 수 있거든요.* 그래서 사용자의 취향과 관심사에 맞는 영상을 계속 추천해 주고, 연관 영상으로 보여 줍니다.

그런데 한번 생각해 보세요. 유튜브가 저에게 추천해 주는 영상과 다른 사람에게 추천해 주는 영상이 같을까요? 다시 말해, 제 유튜브 홈 화면과 다른 사람의 유튜브 홈 화면이 같을까요?

아니요. 그렇지 않겠죠. 다들 평소에 보는 영상들이 다르잖아요.

맞습니다. 유튜브에서는 모든 사용자에게 알고리즘에 의해 편집된 정보를 제공하고 있어요. 사용자의 성별, 위치, 과거에 클릭했던 영상, 검색 이력 등의 정보를 취합해서 '아, 이 사람은 이런 정보를 좋아하겠구나' 하면서 그쪽 정보를 계속 보여 주는 겁니다. 이런 현상이 계속되면 어떤 일이 일어날까요? 자신이 좋아하지 않거나, 동의하지 않는 정보로부터 분리되고, 같은 문화, 같은 이념적 정보만을 지속적으로 접합니다. 마치 풍선에 갇혀 버리는 것과 같죠.

우리가 살아가는 세상에는 여러 가지 이야기와 관점이 있어요. 그것들을 균형 있게 골고루 접해야 하는데, 자기가 관심 있고 좋아할 만한 것들만 접하게 되는 것입니다. 한쪽으로 균형이 무너진 정보들을 접하게 되는 것

---

* 홍재원, 『처음 읽는 미디어 리터러시』 (서울: 태학사, 2021), 118.

이죠. 이것을 '필터 버블'(Filter Bubble)* 현상이라고 합니다. 즉, 거품(버블)에 갇혀 원하지 않는 정보들을 걸러내며(필터링) 편향된 미디어만을 접하게 되는 것입니다. 이렇게 되면 시대의 풍조를 바르고 균형 잡힌 시각으로 분별하기는 어렵겠죠. 필터 버블 현상의 큰 문제는 사용자가 의식적으로 정보를 배제하는 것이 아니기 때문에, 잘못된 것이 잘못된 것인지 모른다는 것입니다.

저도 교수님이 하시는 이야기를 들으면서 생각나는 일이 있습니다. 전에 과제를 하느라고 유튜브에서 정치 관련 영상을 한 번 검색하고 본 적이 있거든요. 그랬더니 계속 정치 영상이 추천에 뜨더라고요. 관심 없는 영상을 계속 추천해 줘서 짜증이 났었는데, 이후로 보지 않았더니, 차츰 사라지기는 했습니다.

그런 일이 유튜브에서는 자주 일어나죠. 정치 영상 이야기가 나와서 그걸로 조금 더 설명해 볼게요. 어떤 사람이 보수든, 진보든 어느 한쪽에 대해 정치적인 성향을 가지고 있다고 해 봅시다. 그러면 이 사람이 어떤 영상을 보겠어요? 자신이 선호하는 진영의 주장을 펼치는 영상을 볼 겁니다. 그러면 유튜브는 어떻게 하느냐? 계속 그 사람이 선호하는 쪽의 영상을 보여 줍니다. 이렇게 한쪽의 영상만 계속 보면 무슨 일이 일어날까요? 그렇죠. 이 사람의 생각은 너무나 자연스럽게 한쪽으로 쏠리게 됩니다. 계속해서 한쪽의 목소리만 들었으니 이는 너무나 당연한 결과죠. 아마 세상의 모든 사람

---

\* 이 단어는 2012년 미국 시민단체 무브온(Move on)을 이끌고 있는 엘리 프레이저 이사가 『생각 조종자들(원제: The Filter Bubble)』이라는 책을 출간하며 처음으로 사용함. 조진형, 김규정, "소셜미디어에서 에코챔버에 의한 필터버블 현상 개선 방안 연구." 「한국콘텐츠학회논문지」 22(2022), 60.

이 한쪽으로만 이야기한다고도 생각할 수 있습니다. 이런 게 바로 필터 버블 현상이에요.

즉, 소셜 미디어를 사용하다 보면 필터 버블 현상에 의해 왜곡된 정보들을 받아들이기 쉽습니다. 그런데 이 문제를 더 심각하게 하는 것이 있는데요, 바로 '에코 체임버 효과'(Echo Chamber Effect)라고 하는 것입니다.

에코 체임버요? 이것도 완전 생소한 단어인데요? 이건 또 무슨 뜻인가요?

혹시 목욕탕에서 노래해 봤나요? 혹은 샤워하면서 화장실에서 노래해 본 적이 있나요?

당연히 있습니다. 이상하게 목욕탕에서 노래를 부르면 평소보다 잘하는 것처럼 들려요.

그렇죠. 저도 그래서 샤워할 때 종종 노래를 흥얼거리고는 합니다. 그런데 목욕탕에서 노래하면 왜 잘하는 것처럼 들리는지 아나요?

소리가 울려서 그런 거 아닌가요? 노래방에서 노래하는 것과 비슷하게 소리가 울리다 보니 제 목소리가 좋아진 것 같고 그렇더라고요.

맞습니다. 목욕탕이나 샤워실 같은 곳은 물이 닿기 때문에 벽과 바닥이 딱딱한 재질로 되어 있지요. 그러다 보니 소리를 흡수하지 않고 계속 반사합니다. 이런 현상을 반향(Echo) 현상이라고 하는데요. 노래방에서 마이크에 울림을 넣는 것도 에코(Echo)라고 하죠.[*]

'에코 체임버'(echo chamber) 현상이란 소리가 울리는 에코(echo)와 방을 뜻하는 체임버(chamber)가 합쳐져 만들어진 단어인데요, 우리말로 번역하면 '반향실 효과'(反響室 效果)라고 합니다. 즉, 울리는 방에서 소리를 내면 자신의 소리가 메아리가 되어 돌아오는 것처럼, 소셜 미디어(Social Media)와 같은 공간에서 자신과 비슷한 생각을 가진 사람과 소통하면서 점차 편향된 사고를 갖는 현상을 뜻합니다.

# Echo Chamber
## 에코 체임버

울리는 방에서 소리를 내면 자신의 소리가 메아리가 되어
돌아오는 것처럼, 인터넷 소셜 미디어(Social Media) 같은
공간에서 자신과 비슷한 생각을 가진 사람들하고만
소통하면서 점차 편향된 사고를 갖는 현상

소셜 미디어를 사용하다 보면 자연스럽게 이런 현상이 나타납니다. 자신과 비슷한 생각, 관심, 그리고 취향을 가진 사람과 주로 사귀고 교제하게 되는 거예요. 특히 오프라인에서 만나는 친구와 다르게 온라인에서 알게된 사람은 관계를 끊기도 굉장히 쉽거든요. 언제든 언팔(unfollow)하면 되니까요. 그러다 보니 이런 현상이 쉽게 나타납니다.

---

[*] 음향학적인 관점에서는 리버브(Reverb)라고 하는 것이 더 정확한 표현이지만, 일반적으로 '에코'라는 단어가 잘 사용되기 때문에 뭉뚱그려서 에코라고 표현합니다.

저도 페이스북과 인스타그램을 다 하고 있는데요, 재미있는 것은 페이스북은 주로 교회 다니는 분들과 연결되어 있고요. 인스타그램은 책을 좋아하는 분들이 주로 연결되어 있어요.

저도 가만히 생각해 보니 그렇네요. 인터넷 커뮤니티, 카페, 소셜 미디어 등을 하고 있는데, 결국 생각이나 취향이 비슷한 사람들과 소통하는 게 편하더라고요. 나를 더 잘 이해해 주는 것 같고, 귀찮게 부연 설명을 하지 않아도 서로 잘 알아듣기도 해요.

맞습니다. 어떤 특별한 의도가 없었더라도, 소셜 미디어나 인터넷 커뮤니티 활동을 하다 보면 시간이 지남에 따라 자연스럽게 이렇게 됩니다. 한번은 누군가와 페이스북 친구를 맺었는데, 알고 보니 신천지더라고요. 그러면 친구를 끊어야죠. 또 비신자와 친구를 맺었는데, 가짜 뉴스를 듣고 와서는 교회 다니는 사람을 비난하더라고요. 그래서 조용히 언팔(unfollow)한 적도 있습니다. 이런 식으로 소셜 미디어를 사용하다 보면 자연스럽게 나와 말이 잘 통하고 생각이 비슷한 사람들과만 소통하게 돼요.

또한 에코 체임버 현상이 나타나는 데 있어서 다양한 인터넷 커뮤니티가 큰 역할을 합니다. 남성이 많이 모이는 남초 커뮤니티, 여성이 많이 모이는 여초 커뮤니티가 따로 있어요.* 그러니까 남자들은 남자끼리, 여자들은 여자끼리 소통하며 정보를 얻고 사회 이슈를 파악하는 거예요. 이렇게 비슷한 사람끼리 정보를 나누고 접하면서 에코 체임버 현상이 일어납니다.

---

* 남초 커뮤니티는 게임, 스포츠, 자동차, 컴퓨터, 전자기기 관련이 많고, 여초 커뮤니티는 연예, 패션, 미용, 육아, 페미니즘 관련이 많습니다. 나무위키 남초 커뮤니티/여초 커뮤니티 참조.

에코 체임버 현상 안에 갇힌 사람은 마음이 편하고 기분도 좋습니다. 다른 사람의 이야기를 들으면서, '우와 어쩜 이렇게 내 맘을 잘 알지?', '어떻게 이렇게 내 생각과 똑같지?' 이렇게 느끼거든요. 그러다 보면, 정보가 굉장히 제한적이고 왜곡되어 있다는 사실을 깨닫기 어렵습니다. 주변에서 다 같은 이야기만 하니 그게 전부인 것 같고, 무조건 맞는 것 같고, 다른 것은 다 틀린 것 같이 느껴집니다. 그래서 나중에는 가짜 뉴스에도 쉽게 넘어가는 겁니다.

그렇군요. 그간 별생각 없이 소셜 미디어나 인터넷 커뮤니티를 이용하고 있었는데, 이렇게 생각 없이 접할 문제가 아니었네요. 오늘은 뒤통수를 세게 얻어맞은 것 같은 기분입니다. 그동안 제가 접했던 정보들이 온전하고 균형 잡힌 게 아니라 필터 버블과 에코 체임버 현상에 의해 왜곡되고 편향된 정보였다니….

그렇다고 너무 비관적으로 생각할 것은 없습니다. 지금부터 비판적으로 미디어를 바라보는 연습을 해 나가면 됩니다. 그걸 위해 함께 미디어 리터러시를 공부하는 거잖아요. 중요한 것은 우리가 접하는 다양한 정보와 미디어를 무조건 받아들이지 않는 것입니다. 항상 내가 풍선 속에 갇혀 있다는 것, 그리고 내 목소리가 반사되어 들리는 방에 갇혀 있다는 사실을 잊지 말아야 합니다.

아! 좋은 생각이 났습니다. 이렇게 소셜 미디어나 인터넷 커뮤니티를 통해 접하는 정보들은 편향되거나 왜곡되어 있을 수 있으니 지금부터는 뉴스나 신문 등을 통해서만 정보를 얻으면 되지 않을까요? 중립적이고 공정하게 기사를 쓰는 제대로 된 언론사들의 뉴스를 주로 보면 이 문제가 해결되지 않을까요?

물론 그런 생각을 할 수 있죠. 그런데 말입니다. 과연 우리가 접하는 언론 보도들은 중립적이고 공정할까요? 정말 개인이나 특정 집단의 이익과는 상관없이 객관적으로 사실만을 다루고 있을까요?

당연히 언론사에서 나오는 뉴스니까 사실만을 객관적으로 다루지 않나요?

바로 그것이 우리가 다음에 공부할 주제입니다. 자연스럽게 다음 주제로 넘어가 봅시다!

# 2. 뉴스, 비판적으로 읽기

혹시 뉴스(news)가 무슨 뜻인지 아나요?

뉴스에 무슨 뜻이 있나요? 뉴스는 뉴스 아닌가요?

맞습니다. '뉴스'는 외국어라는 게 느껴지지 않을 정도로 우리가 많이 사용하는 단어입니다. 하지만 영어 단어가 가지는 원래의 뜻이 있겠죠? 어떤 사람들은 뉴스(news)가 북(north), 동(east), 서(west), 남(south)의 첫 글자를 모아 만든 단어로, '사방에서 들어온 정보'라는 뜻이라고 말하기도 하는데요, 그럴듯하기는 하지만 전혀 상관없는 이야기입니다.[*]

아, 저도 들어본 적이 있습니다. 그런데 그게 잘못된 이야기인가요?

그렇습니다. 뉴스(news)는 '새로운'을 뜻하는 단어 'new'에 복수를 의미하는 's'가 붙은 것입니다. 즉, '새로운 것들'이라는 뜻인데, 관용적으로 '소식'이라는 뜻을 붙인 거죠.

이처럼 뉴스는 본래의 뜻이 더 어색하게 느껴질 정도로 너무나도 우리의

---

[*] 손석춘, 『선생님, 미디어가 뭐에요?』, (서울: 철수와영희, 2019), 24.

삶 깊숙이 자리 잡고 있습니다. 혹시 상상되나요, 뉴스가 없는 세상이?

글쎄요. 저는 그렇게 뉴스를 많이 안 보는 편이라 크게 와닿지는 않아요. 솔직히 아버지가 왜 그렇게 오래 보시는지 이해가 되지 않습니다. 저녁에 퇴근하고 집에 오시면 한 1시간은 보시는 것 같아요.

하하, 저도 어렸을 때는 부모님이 뉴스 보시는 것이 잘 이해가 안 됐는데, 비슷한 생각을 하고 있군요. 그런데 한번 생각해 봅시다. 뉴스가 없으면 어떤 일이 일어날까요? 우선 내일 날씨가 어떻게 될지 모르니 우산을 챙겨야 하는지, 옷을 어떻게 입어야 하는지 전혀 알 수가 없을 겁니다. 그리고 관심 있는 연예인이 어떻게 지내는지 궁금해도 알 수가 없어요. 정치인들이 정치를 잘하고 있는지도 직접 쫓아다니면서 확인하지 않는 이상 알 길이 없고, 코로나19 같은 전염병이 퍼지고 있는데도 모른 채 지낼 수도 있습니다. 게다가 청소년들은 대학 입시 정책에 민감한데, 관련 정보도 직접 발로 뛰며 알아봐야 하고요. 요즘 주식 투자나 재테크에 관심 있는 분들이 많은데,

물가와 경제 상황이 어떤지도 전혀 알 수 없겠죠. 주식 시장 전망이 어떻게 될지, 부동산 경기가 어떤지 제대로 알 수가 없어 큰 경제적 손해를 볼 수도 있습니다.

이렇게 뉴스는 우리가 살아가는 데 있어서 꼭 필요한 정보와 소식을 우리에게 알려 줍니다. 나이가 들수록 뉴스를 보는 시간이 늘어나는 이유예요. 실제로 한국언론진흥재단에서 연구한 「2019 10대 청소년 미디어 이용 조사」에 의하면 하루 평균 뉴스 이용 시간이 초등학생은 40.1분, 중학생은 67.1분, 그리고 고등학생은 72.4분으로 연령이 올라갈수록 뉴스를 더 많이 보는 것으로 나타났습니다.*

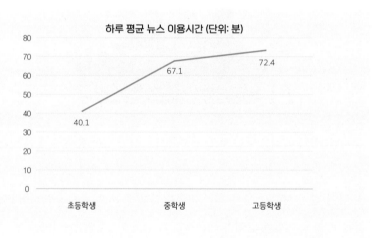

[표4] 초·중·고등학생의 하루 평균 뉴스 이용 시간

뉴스는 우리의 삶에 있어 이제는 떼려야 뗄 수 없는 필수 요소예요. 그런데 과연 우리에게 전달되는 뉴스들이 100% 공정하고, 중립적일까요?

---

* 한국언론진흥재단, 『2019 10대 청소년 미디어 이용 조사』, (서울: 한국언론진흥재단, 2019), 26.

안 그래도 그게 계속 궁금했습니다. 지난 시간에 슬쩍 운만 띄워 주시고는 답을 안 해 주셔서 먼저 질문할까 생각하고 있었습니다.

이런 상황을 가정해 봅시다. 지금 이곳에 우리를 포함해 열 명의 사람이 있어요. 그런데 갑자기 눈앞에서 교통사고가 일어났습니다. 그러면 우리를 포함한 열 사람은 교통사고의 목격자가 되는 것이죠. 사고가 일어나자 각종 언론의 기자들이 사건을 취재하기 위해 왔고, 목격자를 인터뷰하기 시작했습니다. 그리고 곧 관련 기사가 쏟아져 나왔어요. 그때 모든 언론사의 기사 내용이 다 똑같을까요? 아니요, 그렇지 않을 겁니다.

왜 똑같은 사건을 취재했는데도 다른 기사가 나올까요? 우선 목격자들의 관점이 다 동일할 수 없습니다. 같은 사건을 목격하기는 했지만, 각 사람이 서 있던 자리가 다 다릅니다. 각자 다른 시각과 관점으로 사고를 목격한 것입니다. 또한 목격자들은 그동안 살아오면서 경험한 것이 다 다르기 때문에 느낌과 충격이 제각각 나타납니다. 그러니 같은 진술을 할 수가 없죠.

게다가 취재하는 기자는 어떻습니까? 기자 역시 사람이기 때문에 다양한 선입견과 경험을 가지고 있습니다. 따라서 목격자들의 진술을 들을 때, 자신의 생각과 경험에 의거해 판단하지요. 또한 모든 기자가 인간으로서 인식의 한계를 지니기 때문에, 한 사건을 완벽하게 파악하기란 불가능합니다.

이것이 어떤 결과를 가져오는지 생각해 볼게요. 그러니까 어떤 사건이 일어나면, 가해자의 입장과 피해자의 입장은 완전히 다르게 나타나겠죠?

맞습니다. 공정하고 객관적인 기사를 쓰려면, 가해자와 피해자 모두의

그렇게 쉽게 생각할 수도 있는데요, 실제로 우리가 살아가는 사회는 더 복잡하게 돌아가거든요. 그래서 더 고려할 것이 있습니다. 우선 가해자와 피해자 입장을 공정하고 균형 있게 다루면서 목격자의 관점도 들어가야 합니다. 목격자의 관점을 다룰 때에도 균형을 잃으면 안 되겠지요. 한 사건이 사회 전체에 영향을 미칠 수도 있기 때문에 대중이 사건을 어떻게 생각하는지도 취재해야 하고, 무엇보다 사건과 관련된 전문가의 의견도 들어 봐야 합니다.

그런데 대중의 의견은 어떻게 취재할 수 있을까요? 전 국민을 다 취재할 수 없거든요. 몇 명을 뽑아서 의견을 묻고 내보내는 수밖에 없어요. 전문가도 한두 명이 아니죠. 모든 전문가에게 다 물어볼 수 없어요. 한두 명을 뽑게 되지요. 게다가 전문가도 완벽하게 객관적인 사람은 없어요. 이 또한 기자의 선택에 달려 있습니다.

기자가 사건을 취재하는 과정 가운데 자연스럽게 자신의 생각과 주관이 들어갈 수밖에 없습니다. 그리고 사건과 관련된 모든 면을 다 취재했다고 해도, 다 기사에 담을 수는 없습니다. 지면과 시간의 한계로 정해진 분량으로 요약해서 기사를 만들어야 합니다. 그 과정에서 자연스럽게 기자의 주관성이 또 들어가게 됩니다.

뭐가 이렇게 복잡하죠? 그동안 아무 생각 없이 뉴스를 접했는데요, 그게 그렇게 쉽게 생각할 것이 아니었네요.

맞아요. 모든 것을 아시는 하나님이 아니면 객관적일 수 없습니다. 인간은 인식과 판단에 한계가 있어 주관이 들어갈 수밖에 없습니다. 그러므로 100% 객관적이고 중립적인 뉴스는 불가능합니다. 뉴스가 만들어지는 과정을 알면 불가능하다는 것을 더 확실히 알게 됩니다.

교수님의 설명을 들으니 뉴스가 만들어지는 과정도 궁금해지네요.

다행입니다. 어렵다고 포기하지 않을까 걱정했는데, 정말 칭찬해 주고 싶어요. 지금부터 뉴스가 만들어지는 과정을 최대한 간단하게 설명해 보겠습니다. 우선 뉴스 가치(news value)가 있는 사건을 찾아야 합니다.

네? 뉴스 가치라고요?

생소한 단어일 수 있는데요, 개념은 아주 쉽습니다. 우리가 살아가는 사회는 하루에도 정말 수많은 일이 일어나죠. 그런데 그 모든 일을 다 뉴스로 만들 수 있을까요? 그럴 수도 없고, 또 그럴 필요도 없습니다. 예를 들어 우리 반려견과 옆집 반려견이 짝이 되었어요. 이게 중요한 일일까요? 뉴스가 될 만할까요? 반려견의 가족이나 이웃에게는 중요할 수 있지만, 지극히 개인적이고 사사로운 일이거든요. 이런 일은 뉴스가 될 가치가 높지 않죠. 반면에 톱스타끼리 결혼을 발표했다면 어떨까요? 아마 모든 언론사의 연예부 기자가 기사를 쓸 겁니다. 이건 아주 뉴스 가치가 높지요. 또한, 저 같은 일반인은 종일 1인 시위를 해도 기사가 될 확률이 낮습니다. 그러나 정치인이나 유명한 인물이 1인 시위를 하면 그의 일거수일투족이 보도됩니다.

이처럼 사람들에게 얼마나 흥미로운지(흥미성), 유명한 인물과 관련된 사건인지(저명성), 중요한 정보인지(영향성), 가까운 곳에서 일어난 사건인지(근접성), 최근, 혹은 중요한 시기에 일어났는지(시의성)에 따라 뉴스가 될 수도 있고 안 될 수도 있습니다.* "개가 사람을 물면 기삿거리가 안 되지만, 사람이 개를 물면 기사가 된다"라는 우스갯소리도 있는데요, 이처럼 우리가 주변에서 흔히 접하는 일상적이고 평범한 이야기는 뉴스가 되기 어렵습니다.**

설명을 들으니 쉽게 이해가 되네요. 많은 사람이 알 만한 가치가 있어야 뉴스가 되는군요.

이렇게 뉴스 가치가 있는 사건을 찾아 기사로 만들기 시작하는 것, 이것이 뉴스의 시작입니다. 그렇다고 모든 기사가 다 보도될 수 있는 것은 아닙니다. 신문사의 경우 '편집 회의', 방송사의 경우 '보도국 회의'를 거치면서 어떤 기사를 내보낼 것인지, 그리고 내보낸다면 어떤 순서로, 또 얼마만큼의 비중으로 보도할 것인지 여러 단계의 회의와 점검을 통해 결정합니다. 이처럼 언론사에서 보도할 뉴스를 선별하고, 수정하며, 뉴스의 성격과 비중을 결정하는 과정을 '게이트 키핑'(gate keeping)이라고 합니다.***

---

* 권혜령 외, 『슬기로운 미디어 생활』 (서울: 우리학교, 2018), 111-112.

** 이창호, "뉴스 매체", 『청소년을 위한 매체 이야기』 (서울: 한울, 2020), 50.

*** 권혜령 외, 『슬기로운 미디어 생활』 113.

이렇게 뉴스가 선별된 다음에 신문이나 방송으로 제작이 됩니다. 방송 같은 경우는 방송이 끝남과 거의 동시에, 신문 같은 경우 신문이 잠정 제작이 되면 네이버나 다음과 같은 포털 사이트로 기사를 전송해요. 요즘은 종이 신문을 보거나 뉴스를 시간 맞춰 보는 경우가 적어요. 대신 신문과 방송에 나왔던 기사들이 다 개별 기사로 쪼개져서 온라인으로 전송되고, 그것들을 우리가 접하게 되는 거죠.

그러면 이와 같은 뉴스 제작 과정을 생각하면서 객관성을 한번 생각해 봅시다. 뉴스로서의 가치를 판단하는것 자체가 기자의 주관성이 들어갈 수 있지요. 또한, 게이트 키핑을 거치게 되는데요, 이 과정을 통해 각 부서의 부장들, 그리고 편집국장이나 보도국장의 의견이 기사에 들어갑니다. 당연히 주관성에서 벗어날 수 없어요.

그렇다면 편집국장이나 보도국장이 뉴스를 통제할 수도 있겠네요?

맞습니다. 그래서 어떤 경우는 뉴스 가치가 충분함에도 게이트 키핑에서 걸러지는 바람에 보도가 되지 않은 뉴스도 있을 수 있고요, 또 다른 경우는 뉴스 가치가 없음에도 일부 고위직의 입김에 의해 기사화되어 많은 사람에게 전달될 수도 있습니다.

고위직의 입김은 다양하게 나타날 수 있어요. 공영방송이라면 사실 공기업이기 때문에 정부의 눈치를 볼 수도 있죠. 민간 자본에 의해 설립된 언론사들도 있는데요, 이런 언론사들은 주주들의 영향을 받습니다. 언론사의 수익 구조에서 중요한 부분을 차지하는 것이 바로 광고거든요. 독립성을 추구하려고 해도, 광고비를 지출하는 기업의 눈치를 볼 수밖에 없죠. 그 외에도 고위직의 입김이 광고를 통해 약간 간접적으로 나타날 수도 있습니다.

이처럼 뉴스가 만들어지는 모든 과정에 인간의 주관이 들어갈 수밖에 없습니다. 기자가 사건을 취재할 때만 아니라 뉴스 가치를 평가하고 뉴스를 선별하는 과정, 심지어 언론사의 운영에도 개인적인 입장과 생각들이 반영될 수밖에 없습니다. 그러므로 언론사들이 전하는 뉴스가 공정하고 객관적이라고 보는 것은 굉장히 순진한 시각입니다.

갑자기 머리가 너무 아프네요. 마치 영화 〈매트릭스〉에 나오는 빨간약을 먹은 것 같은 기분이에요.* 그러면 앞으로 어떻게 뉴스를 읽어야 할까요?

맞습니다. 이제 우리는 빨간약을 먹었기 때문에 아무 문제의식을 느끼지 못하던 예전으로 돌아갈 수는 없습니다. 그렇다면 앞으로 어떻게 뉴스를 읽어야 할까요? 오늘 수업의 가장 중요한 내용이라고 할 수 있는데요, 바로 '비판적'으로 뉴스를 읽는 겁니다.

비판적으로 읽는다고요? 잘못된 것이 있으면 지적하라는 건가요?

비판적으로 읽는다고 하면, 지금처럼 반응하는 사람이 꽤 됩니다. 그래서 저는 '비판'이라는 말이 우리나라에서 가장 많이 오해받고, 저평가받는 말 중에 하나라고 생각해요. 우선 '비판'과 '비난'을 같은 뜻으로 오해하는 경우가 많은데요, 두 단어의 의미는 완전히 다릅니다. 표준국어대사전에 따르면, '비판'

---

* 영화 〈매트릭스〉에 빨간약이 등장하는데, 이것을 먹으면 진실을 알게 된다.

은 "현상이나 사물의 옳고 그름을 판단하여 밝히거나 잘못된 점을 지적함"입니다. 그리고 '비난'은 "남의 잘못이나 결점을 책잡아서 나쁘게 말함"이에요. 영어 단어로 따져도 비판(criticism)과 비난(condemnation)은 명백히 다른 단어죠. 단어의 의미가 다르지만, 비판을 비난으로 오인하는 겁니다. 그래서 '비판'하는 것이 불만을 제기하는 거라고 생각하는 사람이 많아요.

그러나 비판은 좋은 것입니다. 비판(criticism)이라는 단어는 그리스어 'kriticos'와 'kriterion'에서 유래했는데요, 'kriticos'는 '판단할 수 있는', '판단에 능한'을 의미하는 형용사이고, 'kriterion'은 '구분하다, 선택하다, 판결하다'를 뜻하는 동사 'krinein'에서 온 말입니다. 어원에서 알 수 있듯이 비판(criticism)은 '일정한 기준에 근거해서 내리는 분별 있는 판단이나 능력'을 의미합니다.*

그리고 그동안 한국 사회는 오랜 시간 군사정권을 경험했고, 남성은 의무복무 기간을 가지기 때문에 상명하복의 군대식 문화가 사회에도 영향을 미치는 경우가 많아요. 그 결과 비판과 반대를 허용하지 않는 모습이 많이 있었습니다. 여기에 나이와 위계질서를 강조하는 유교 문화까지 결합하여, 비판적인 태도는 바람직하지 못하다고 여깁니다.

게다가 교회를 다니는 분들은 비판적인 사고에 더 어려움을 겪기도 합니다. 전통적으로 한국교회는 '아멘'과 '순종'을 굉장히 강조해 왔습니다. 심지어 민수기 12장

---

\* 황치성, 『미디어리터러시와 비판적 사고』 (서울: 교육과학사, 2018), 17.

의 미리암 사건을 언급하면서 "목사에게 불순종하면 하나님으로부터 벌을 받는다"라고 하기도 했습니다.

그런데 저는 비판적 사고야말로 성경적 사고방식이라고 생각합니다. 비판적 사고란 주어진 지식이나 주장을 수동적으로 받아들이는 것이 아니라 그 지식과 주장이 참인지 거짓인지, 유용한지 무용한지를 주의 깊게 따지면서 생각하는 것입니다. 이러한 모습은 바로 사도행전 17장에 등장하는 베뢰아 사람들과 같습니다.

사도행전 17장을 보면, 베뢰아 사람들을 다음과 같이 묘사합니다.

> 베뢰아의 유대 사람들은 데살로니가의 유대 사람들보다 더 고상한 사람들이어서, 아주 기꺼이 말씀을 받아들이고, 그것이 사실인지 알아보려고, 날마다 성경을 상고하였다. (행 17:11, 새번역성경)

"그것이 사실인지 알아보려고"라는 표현이 보이시나요? 그런데 NIV 영어 성경에는 이 문장이 다르게 번역되어 있습니다. 우선 NIV로 17장 11절을 보겠습니다.

> Now the Berean Jews were of more noble character than those in Thessalonica, for they received the message with great eagerness and examined the Scriptures every day to see if what Paul said was true. (11절, NIV)

"그것이 사실인지 알아보려고"가 아니라 "사도 바울이 말한 것이 사실인지 알아보려고"라고 표현하고 있습니다. 즉, 베뢰아 사람들은 사도 바울의 이야기를 듣고 그것이 참인지 아닌지 따져 가며 성경을 보았다는 것입니다.

다른 사람도 아니고 사도 바울의 말씀이 사실인지 아닌지 따져봤다고요? 사도 바울처럼 훌륭한 전도자의 말씀이라면 덮어 놓고 '아멘' 해야 하는 것 아닌가요?

덮어 놓고 믿는 믿음이 '진정한 신앙'이라고 하기 어렵습니다. 단순히 설교 시간에 '아멘'을 크게 한다고 해서 믿음이 큰 것도 아니지요. 오히려 성경은 우리의 이해와 믿음이 같이 자라간다고 말씀하고 있습니다.

그리하여 우리 모두가 하나님의 아들을 믿는 일과 아는 일에 하나가 되고, 온전한 사람이 되어서, 그리스도의 충만하심의 경지에까지 다다르게 됩니다. (엡 4:13, 새번역성경)

이처럼 예수님을 '믿는' 것과 '아는' 것이 하나가 될 때 그리스도의 장성한 분량으로 자라가는 것입니다. '이해를 추구하는 신앙'(fides quaerens intellectum, fides seeking understanding)을 강조했던 안셀무스처럼 우리의 신앙은 믿음에서 시작하지만, 성경과 하나님을 더 알아가고 이해하며 성장합니다. 우리가 교회에서 설교를 듣든, 성경을 공부하든 베뢰아 사람들처럼 항상 이게 참인지 거짓인지, 그리고 하나님의 뜻에 맞는지 깊이 고민하고 따져 봐야 합니다.

그동안 오해도 받으면서 저평가되었지만, 비판적으로 사고하는 태도 (critical thinking)는 21세기를 살아가는 모든 사람이 반드시 갖추어야 하는 필수 교양입니다. 이렇게 중요하기 때문에 비판적으로 사고하는 태도는 소통 (communication), 협업(collaboration), 창의성(creativity)과 함께 21세기 핵심 역량 중 하나로 우리나라뿐만 아니라 전 세계 교육계의 주목을 받고 있습니다.

그렇군요. 저도 '비판'을 지적질하거나 불편한 이야기를 하는 것으로 생각했는데 전혀 그렇지 않네요. 오히려 꼭 가져야 하는 좋은 태도네요!

그렇습니다. 특히 우리가 이 책을 통해 배우려고 하는 '미디어 리터러시'에서는 더 중요해요. 확실한 근거를 가지고 판단하려고 노력하는 '비판적 사고'는 미디어 리터러시에서 핵심적인 역할을 합니다. 지금 다루고 있는 주제인 뉴스 읽기에서도 마찬가지고요.

우리가 지금까지 계속 살펴봤듯이 뉴스는 진실 그 자체가 아닙니다. 하나님이 아닌 인간은 진실을 그 자체로 담아낼 수가 없거든요. 모든 인간은 진실을 적당히 가공해서 인식할 수 있는 만큼, 또 담아낼 수 있는 만큼만 보여 줍니다. 따라서 우리는 뉴스를 대할 때 이와 같은 사실을 인지하고 있어야 합니다. 뉴스는 진실을 언론사에서 재구성해서 보여 주는 것이고, 그러므로 100% 객관적이거나 100% 공정할 수 없습니다.

그렇다면 뉴스를 비판적으로 바라볼 수 있는 구체적인 방법은 무엇일까요? 오늘의 주제를 마무리하면서 중요한 원리를 하나 소개하겠습니다. 1977년 설립된 미국의 미디어 리터러시 전문 교육기관인 '미디어 리터러시

센터'(Center for Media Literacy)에서는 미디어 메시지를 비판적으로 읽기 위해 다섯 가지 질문을 제안합니다.

첫째, 누가 메시지를 만들었는가(제작자)를 질문해야 합니다. 모든 뉴스가 현실을 그대로 보여 주지 않습니다. 뉴스를 제작한 사람들의 의도가 들어갈 수밖에 없습니다. 언론사별로 논조가 조금씩 다른 이유죠. 이처럼 뉴스를 접할 때 어떤 언론사에서 생산한 뉴스인지 볼 필요가 있습니다.

둘째, 주의를 끌기 위해 어떤 테크닉(형식)을 사용했는지 질문해야 합니다. 뉴스를 만드는 사람들은 아주 치열한 경쟁을 하고 있습니다. 최근 포털 사이트가 미디어로서 중요한 역할을 하는 상황에서는 사람들의 클릭을 유도하는 것이 큰 숙제가 되었습니다. 제목에 사람들의 호기심을 자극하는 문구, 사진, 영상 등을 이용합니다. 우리는 그런 것에 현혹되지 않고, 뉴스의 메시지 자체에 집중하도록 노력해야 합니다.

셋째, 사람들이 동일한 메시지를 어떻게 다르게 해석하는지(수용자)를 질문하면 좋습니다. 모든 사람에게 같은 메시지를 전달해도 모두가 동일하게 해석하지 않습니다. 각자 가진 선입견이나 성향이 다르니까요. 그러므로 뉴스를 읽을 때는 사람들이 뉴스를 어떻게 해석하는지 살펴봐야 하고, 무엇보다 메시지를 해석하는 자신을 들여다봐야 합니다. 이후에 다시 이야기하겠지만, 내가 편향된 자세로 메시지를 해석하고 있지는 않은지, 확증편향(確證偏向, Confirmation bias)에 빠져 있지는 않은지 돌아봐야 합니다.

넷째, 메시지에 어떤 가치, 관점, 생활양식이 강조되거나 배제되고 있는지(내용)를 살펴봐야 합니다. 뉴스의 메시지에는 사실

만 중립적으로 담겨 있을 것 같지만, 아까 말했듯이 기자 및 언론의 관점이나 특정 가치가 반영될 수밖에 없습니다. 즉, 우리는 뉴스를 읽을 때 기사 내용 안에 의도된, 혹은 의도되지 않았더라도 특정 가치, 관점, 편견 등이 포함되어 있는지 파악할 수 있어야 합니다.

마지막으로 메시지의 전달 목적이 무엇인가를 질문해야 합니다. 모든 뉴스에는 목적이 있습니다. 국민의 알 권리를 만족시키고 바른 뉴스를 통해 여론을 형성한다는 목적도 있지만, 뉴스 생산자가 의도하고 있는 숨겨둔 목적도 있습니다. 때로는 보도를 통해 누가 이익을 얻을까를 생각하면서 읽어야 제대로 뉴스를 읽어 낼 수 있습니다.

그렇군요. 앞으로는 뉴스를 보는 자세를 바꾸어야겠어요. 특히 요즘은 가짜 뉴스도 많은 세상인데, 오늘 배운 내용을 아주 잘 써먹을 수 있겠습니다.

맞습니다. 지금 소개한 다섯 가지 질문은 우리가 가짜 뉴스를 분별해 내는 데에도 유용하게 쓰일 거예요. 자, 그럼 잠깐 쉬었다가 다음 주제로 넘어가 볼까요?

# 3. 가짜 뉴스 구별법

인류 역사를 더듬어 보면, 가짜 뉴스와 관련된 이야기는 다양한 국가와 문화에서 꾸준히 등장했습니다. 『삼국유사』를 보면 훗날 백제 무왕(武王)이 된 서동(薯童)이 신라 진평왕의 셋째 딸인 선화공주와 결혼하기 위해 거짓 노래를 지어 아이들이 부르게 합니다.[*] 이것이 우리나라에서 최초로 등장한 가짜 뉴스가 아닌가 생각합니다. 또한 카이사르의 양자였던 옥타비아누스(Octavianus)는 자신의 정적이었던 안토니우스(Antonius)를 제거하기 위해 안토니우스가 클레오파트라(Cleopatra VII)와의 방탕한 관계로 부패했다는 비방을 소문으로 퍼뜨립니다.[**] 서동(薯童)은 훗날 백제 무왕(武王)이 되고, 옥타비아누스는 나중에 초대 로마 황제인 아우구스투스(Augustus)가 되니, 두 사람 모두 가짜 뉴스를 만들어 퍼뜨린 보람이 있었겠습니다.

가짜 뉴스가 최근에 등장한 줄 알았는데, 의외로 오래전부터 있었네요.

그렇습니다. 이렇게 오랜 시간 많은 사람이 가짜 뉴스를 자신의 의도를

---

[*] "선화공주님은 남 몰래 정을 통해 두고 서동 도련님을 밤에 몰래 안고 간다." 금준경, 『미디어 리터러시 쫌 아는 10대』 (서울: 풀빛, 2020), 62.

[**] 최은창, 『가짜 뉴스의 고고학』 (서울: 동아시아, 2020), 40-41.

위해 사용해 왔는데요, 다만 요즘처럼 많은 사람에게 밀접한 영향을 주기 시작한 것은 지난 2016년 미국 대통령 선거 때부터라고 봐요. 대통령 선거 약 6주 전 ETF 뉴스에 이런 제목의 기사가 올라옵니다. "프란치스코 교황이 도널드 트럼프 대통령 후보 깜짝 지지, 성명서를 발표하다." 전혀 근거가 없는 가짜 뉴스였

는데, 게시된 시점부터 선거일까지 페이스북에서 무려 96만 회나 공유되면서 트럼프가 대통령에 당선되는 데 큰 역할을 합니다.*

반대로 힐러리 클린턴 후보는 가짜 뉴스 때문에 곤욕을 치릅니다. 그녀가 워싱턴 DC에 있는 '카밋 핑퐁'(The Comet Ping Pong pizzeria)이라는 피자집 지하에 비밀 사무실을 차려놓고 은밀하게 아동 성매매 조직을 운영하고 있다는 뉴스가 나왔는데요, 역시 가짜 뉴스였습니다. 그런데 문제는 20대 청년이 뉴스를 그대로 믿고 문제의 피자 가게를 찾아가 갇혀 있는 어린아이를 구하겠다고 총격을 가하는 사건이 일어났다는 점입니다.**

이렇게 2016년 미국 대통령 선거 이후로 가짜 뉴스가 세계적으로 큰 반향을 일으켰고, 그로부터 1년 뒤 영국의 콜린스(Collins) 사전은 '가짜 뉴스'(fake news)를 '2017 올해의 단어'로 선정합니다.*** 올해의 단어로 선정이

---

\* 케일런 오코너, 제임스 오언 웨더럴, 『가짜 뉴스의 시대: 잘못된 믿음은 어떻게 퍼져 나가는가』, 박경선 역, (서울: 반니: 2019), 6-7.

\** 카롤리네 쿨라, 『도대체 가짜 뉴스가 뭐야?』 김완균 역, (서울: 비룡소, 2020), 100-101.

\*** 박인영, "콜린스사전 올해의 단어는 '가짜뉴스'… 트럼프가 일등공신", 연합뉴스 인터넷 기사, 2017. 11. 2.

되었다는 것은 그만큼 가짜 뉴스가 전 세계적으로 영향을 미치고 또 주목을 받았다는 뜻이에요.

그러면 가짜 뉴스와 진짜 뉴스? 표현이 어색하기는 하지만, 가짜 뉴스와 바른 뉴스를 어떻게 구분할 수 있을까요?

문제는 그게 정말 쉽지 않다는 것입니다. 일단 가짜 뉴스가 무엇인지에 대해서는 여러 가지 논란도 많습니다. 그러니 먼저 가짜 뉴스의 정의부터 생각해 봅시다. 가짜 뉴스는 뭘까요?

말 그대로 진실이 아닌 거짓이 담긴 뉴스가 아닌가요?

그게 그렇게 단순한 문제가 아닙니다. 위키백과에서는 가짜 뉴스를 이렇게 정의합니다.

"가짜 뉴스(fake news) 또는 허위 정보(false information)는 사람들의 흥미와 본능을 자극하여 시선을 끄는 황색언론(옐로 저널리즘)의 일종이다."

사전을 찾아봤는데 사전의 설명이 좀 어렵나요? 실제 사례를 통해 파악해 봅시다. 제가 지금부터 두 가지 뉴스를 보여 드릴 거예요. 과연 어떤 뉴스가 가짜 뉴스인지 맞혀 보세요. 네 가지의 선택지가 있습니다.

1) 첫 번째 뉴스는 가짜 뉴스, 두 번째 뉴스는 진짜 뉴스다.
2) 첫 번째 뉴스는 진짜 뉴스, 두 번째 뉴스는 가짜 뉴스다.
3) 두 가지 뉴스 다 진짜 뉴스다.

4) 두 가지 뉴스 다 가짜 뉴스다.


자 그러면 문제 나갑니다. 먼저 첫 번째 뉴스입니다.

**"남양 '불가리스' 코로나 예방 효과 있다" 연구 결과 발표**

입력 2021.04.13. 오후 4:22

장지인 기자 >

474    348

발효유 '불가리스' 코로나19 예방 효과
연구결과 나와
"코로나19 77.8% 저감효과 확인"
"완제품에서 새로운 가치 발견 의미 있
어"

남양 '불가리스' 코로나19 억제 효과 / 사진 = 남
양유업 제공

남양유업의 주력 제품인 발효유 '불가리
스'가 인플루엔자와 코로나19 예방에 효
과있다는 연구 결과가 나와 눈길을 끈다.

박종수 항바이러스 면역 연구소 박사는
13일 서울 중림동 LW컨벤션에서 열린 '코
로나19 시대 항바이러스 식품 개발 심포
지엄'에서 항바이러스 면역 연구소 운영과
'불가리스' 항바이러스 연구 성과를 발표했
다. 이날 발표로 식품 완제품이 맛, 영양,
기능적 범주를 넘어 질병 예방과 부분적
치료 중심으로 식품 연구 전환점을 마련할


두 번째 뉴스를 소개합니다.

SBS 뉴스  +구독

스  생중계  정치  경제  **사회**  생활  세계  자략방송

SBS

**[속보] 수원의 한 고등학교에서 다섯 번째
코로나 바이러스 확진자**  본문듣기 · 설정

기사입력 2020.01.28. 오후 2:16
최종수정 2020.01.28. 오후 2:24

43    25                        요약봇

오늘 (28일) 수원의 한 고등학교에서 코로나 바이러스 확진
자가 나왔다. 보충수업 도중 쓰러진 학생을 근처 성빈센트병
원으로 데려가 바이러스 검사를 받았고 1차 검사에서 양성반
응이 나와 현재 격리중이라고 밝혔었다.

학생의 부모와 학생의 학교 유신고등학교는 현재 바이   不
러스 검사를 받고 있는 것으로 밝혀졌다


흠, 꽤 어려운데요. 저는 첫 번째가 가짜 뉴스인 것 같습니다. 상식적으

로 생각해 봐도 요구르트에 코로나19 예방 효과가 있을 것 같지는 않아요. 저게 사실이면 전국에 요구르트 대란이 일어나지 않았을까요?

굉장히 합리적인 추론입니다. 그러나 틀렸어요. 두 번째가 가짜 뉴스입니다.

네? 말도 안 돼요! 그럼 저 요구르트에 정말 코로나19 예방 효과가 있다는 건가요?

하하, 그렇지 않죠. 실제로 기사가 나가고 또 다른 언론사들도 비슷한 내용을 일제히 보도했거든요. 그 결과, 당일 오후에 편의점과 마트에 저 요구르트를 사려고 사람들이 몰려들었고, 회사의 주가가 급등하기도 했습니다. 그러나 전문가들과 기관들이 연구한 결과, 요구르트에 코로나19 예방 효과가 있다는 것은 잘못된 정보로 밝혀졌어요. 결국 식품의약품안전처(식약처)는 해당 회사에 행정처분 및 고발 조치를 합니다.*

그러면 가짜 뉴스 아닌가요? 잘못된 정보를 전달한 거잖아요!

일단 두 번째 뉴스를 소개하고 계속 설명하겠습니다. 지금 두 번째 뉴스는 가짜가 아니라고 생각하셨지만, 두 번째 뉴스야말로 전형적인 가짜 뉴스입니다. 스마트폰에서 뉴스를 캡처한 것처럼 보이지만, 사실 이 뉴스는 경기도의 고등학생 2명이 장난삼아 만들어서 단체 카톡방에 공유한 것입

---

* 문영중, "식품 불가리스가 코로나 억제 효과 있다고?", 후생신보 인터넷 기사, 2021. 4. 16.

니다.* 이때는 코로나 팬데믹 초창기로 단 1명의 코로나19 확진자가 나와도 지역 사회 전체가 긴장하던 때였는데요, 포털 사이트에서 보이는 뉴스의 화면을 그대로 캡처해 진짜 뉴스인 것처럼 퍼뜨리는 바람에 물의를 일으켰습니다.

이처럼 두 뉴스 다 잘못된 정보를 전달하는 뉴스입니다. 그런데 왜 첫 번째 뉴스는 가짜 뉴스가 아니고 두 번째 뉴스만 가짜 뉴스일까요?

그러게요, 저도 그게 의아하네요. 오히려 기사의 형식과 내용만 보면 두 번째 뉴스가 더 진짜 뉴스 같거든요.

그렇습니다. 이런 이유로 가짜 뉴스를 분별하기란 쉽지 않습니다. 그런데 가짜 뉴스를 판별하는 데 있어서 가장 중요한 요소 중 하나는 바로 '의도성'입니다. 뉴스를 만들 때 어떤 의도를 가지고 잘못된 정보를 만들었느냐가 중요해요. 그래서 첫 번째 뉴스는 '가짜 뉴스'가 아니라, '오보'(誤報)라고 합니다. 표준국어대사전에서는 오보를 "어떠한 사건이나 소식을 그릇되게 전하여 알려 줌. 또는 그 사건이나 소식"이라고 정의하고 있는데요, 한마디로 '잘못된 보도'를 한 것입니다.

언론사에서 일부러 오보를 내지는 않습니다. 마감 시간에 쫓겨서 급하게 기사를 쓰거나, 기자의 확인이 부족했거나, 단순 실수로 그런 일이 일어나는 것뿐이지 대부분의 언론사가 의도적으로 잘못된 뉴스를 만들지 않습니다. 그랬다가는 언론으로서의 신뢰도가 떨어져 큰 타격을 받기 때문이죠. 그리고 실수로 오보를 내더라도 추후 정정 보도나 사과 보도를 통해 사실을 밝히

---

* 김소정, "'수원에 코로나 확진자' 가짜 뉴스 작성자는 '고등학생'", 이데일리 인터넷 기사, 2020. 1. 29.

려고 노력합니다.

그러나 가짜 뉴스 같은 경우는 제작자가 의도를 가지고 만드는 겁니다. 어떤 경제적인 이익을 얻기 위해서이든, 자신과 경쟁하는 다른 사람을 폄훼하기 위해서든 혹은 위에서 살펴본 것처럼 잠깐의 재미와 장난을 위해서든 분명한 목적을 가지고 의도적으로 가짜 뉴스를 만들어 냅니다.* 이런 이유로 영국의 미디어 교육 전문가인 데이비드 버킹엄(David Buckingham) 교수는 가짜 뉴스를 "거짓말을 하거나 기만할 목적으로 조작된, 그리고 신중하게 의도된 뉴스"라고 설명하고 있는데요, 이 설명이 가짜 뉴스의 핵심을 잘 짚었다고 생각합니다.**

그래서 최근에는 '가짜 뉴스'가 아닌 '허위 정보'라는 표현을 써야 한다는 의견도 있습니다. 우리나라에서 주로 퍼지는 가짜 뉴스 같은 경우, 언론사의 뉴스의 형식을 갖추고 있는 것보다는 '지라시' 형식으로 유포되는 경우가 많거든요.*** 카카오톡과 같은 메신저 프로그램이나 인터넷 카페 및 커뮤니티, 혹은 소셜 미디어를 통해 가짜 뉴스가 많이 퍼지는데, 이런 정보들에 뉴스라는 단어를 붙이는 것이 적절치 않다는 지적이죠.

카톡 서비스 유료화 🙃

6월10일 부터 카카오톡이 톡1건당 30원으로 유료화된다고 합니다.

http://
mcafethumb2.phinf.naver.net/201002
03_183/
hlhl21h2_1265190524330TdAbr_jpg/
1_hlhl21h2.jpg?type=w420

꼭 다른사람에게도 알려주시길~~
이제야 속내를 드러내네요^^
공짜구조를 만든
이유가 있었군요.

이제 구조위에 올리는 모든것으로 엄청난 수익을 올리겠지요. 대단한 상술입니다.

이런 구조를 만든 주인은 좋겠지만 우리는 큰일?
(사용 안하면 될걸)

🙃 6월 9일까지는 공짜이니 그전에 많이 사용 합시다 ㅋㅋㅋ

카카오톡으로 퍼지는 허위 정보

---

\* 가짜 뉴스를 잘못된 정보와 허위 정보로 구분하기도 합니다. 잘못된 정보(misinformation)는 전파하는 사람이 진실이라고 믿고 전파하는 거짓 정보이고, 허위 정보(disinformation)는 전파하는 사람이 거짓인 줄 알면서도 전파하는 거짓 정보를 말합니다. 황치성, 『세계는 왜 가짜 뉴스와 전면전을 선포했는가?』, (서울: Book Star, 2018), 47.

\*\* 황치성, 『세계는 왜 가짜 뉴스와 전면전을 선포했는가?』, 21.

\*\*\* 금준경, 『미디어 리터러시 쫌 아는 10대』, 69.

일리가 있네요. 저도 위에서 본 고등학생이 만든 것과 같은 가짜 뉴스는 처음 봤어요. 대부분 소셜 미디어나 인터넷 커뮤니티를 통해 접하는 경우가 많거든요.

재미있는 것은 외국의 경우 언론사에서 나온 뉴스인 것처럼 만든 가짜 뉴스가 많이 나와요. 그런데 우리나라는 유독 지라시 형식이 많습니다. 왜 이런 차이가 나타날까요?

글쎄요. 우리나라가 주변의 말을 더 잘 받아들이는 문화이기 때문인가요? 혹시 정(情)의 민족이기 때문에?

네, 비슷하면서도 안타까운 이유입니다. 아이러니한 이야기이지만 사실 사람들을 속이기 위해서는 '신뢰'가 필요합니다. 사람들이 믿도록 해야 하죠. 즉, '공신력'(公信力)이 있어야 합니다. 외국의 경우 언론의 공신력이 높아요. 그래서 언론사에서 만든 뉴스인 것처럼 만드는 거죠. 반면에 한국은 오히려 언론을 불신하는 풍조가 있기 때문에 언론으로 위장할 경우 오히려 잘 믿지 않는다고 합니다. 그래서 의도적으로 언론의 형식이 아닌 지라시의 형식을 많이 사용합니다.*

실제로 언론에 대한 한국인의 신뢰도는 그렇게 높지 않습니다. 영국 옥스퍼드대학교 부설 로이터저널리즘연구소가 지난 2022년 6월 15일 발표한 〈디지털뉴스리포트 2022〉에 따르면 한국 뉴스 전반에 대한 신뢰는 30%로 나타났고요, 조사대상 46개국 가운데 40위로 굉장히 낮은 수준을 기록하고

---

* 금준경, 『미디어 리터러시 쫌 아는 10대』, 70-71.

**뉴스 전반에 대한 신뢰(46개국)**                    (단위 %)

46개국 평균 42%

|  |  |
|------|-----|
| 핀란드 | 69 |
| 남아프리카공화국 | 61 |
| 포르투갈 | 61 |
| 나이지리아 | 58 |
| 덴마크 | 58 |
| 케냐 | 57 |
| 네덜란드 | 56 |
| 노르웨이 | 56 |
| 태국 | 53 |
| 아일랜드 | 52 |
| 벨기에 | 51 |
| 스웨덴 | 50 |
| 독일 | 50 |
| 브라질 | 48 |
| 스위스 | 46 |
| 일본 | 44 |
| 싱가포르 | 43 |
| 폴란드 | 42 |
| 캐나다 | 42 |
| 인도 | 41 |
| 페루 | 41 |
| 호주 | 41 |
| 홍콩 | 41 |
| 오스트리아 | 41 |
| 인도네시아 | 39 |
| 크로아티아 | 38 |
| 칠레 | 38 |
| 필리핀 | 37 |
| 콜롬비아 | 37 |
| 멕시코 | 37 |
| 터키 | 36 |
| 말레이시아 | 36 |
| 아르헨티나 | 35 |
| 불가리아 | 35 |
| 이탈리아 | 35 |
| 체코 | 34 |
| 영국 | 34 |
| 루마니아 | 33 |
| 스페인 | 32 |
| 한국 | 30 |
| 프랑스 | 29 |
| 헝가리 | 27 |
| 대만 | 27 |
| 그리스 | 27 |
| 슬로바키아 | 26 |
| 미국 | 26 |

[표5] 뉴스 전반에 대한 신뢰(46개국) 출처: 한국언론진흥재단, 미디어이슈 8권 3호, p. 5.

있습니다.*

　현재 우리 사회는 언론사의 '오보'나, 명확히 잘못된 의도로 만든 '가짜 뉴스', 뉴스의 형식을 전혀 갖추고 있지 않은 '지라시' 형식의 허위 정보까지 통칭해서 '가짜 뉴스'로 부릅니다. 우리도 함께 미디어 리터러시를 공부하면서 가짜 뉴스를 세세하게 구분하지는 않으려고 합니다.

　생각해 보니 궁금한 것이 있습니다. 요즘처럼 정보를 찾아보기 쉬운 이런 시대에 왜 이렇게 가짜 뉴스가 많이 퍼지는 것일까요? 조금만 검색하고 찾아봐도 가짜 뉴스를 판별해 낼 수 있지 않나요? 우리나라 사람들의 지적 수준이나 학력도 높아졌는데, 왜 가짜 뉴스에 속는 사람이 많은 걸까요?

　가짜 뉴스의 역사나 의미를 살펴보는 것보다 지금 질문의 답이 더 중요한 것 같네요. 요즘처럼 얼마든지 정보를 접할 수 있는 최첨단 정보 지식 사회에서 어떻게 말도 안 되는 가짜 뉴스가 퍼지는지 의아한 생각이 들 수 있습니다. 어이없을지 모르겠지만, 정보가 너무 많아서 더 쉽게 가짜 뉴스에 빠지는 겁니다.

　네? 정보가 많아서 오히려 가짜 뉴스에 빠지기 쉽다고요?

　네, 맞습니다. 이 논의는 새로운 주제에서 시작해 보죠.

---

* 정철운, "한국 뉴스신뢰도 30%, 불신매체 1위 TV조선", 미디어오늘 인터넷 기사, 2022. 6. 15.

# 4. 가짜 뉴스에 빠지는 이유

지난 2018년 시난 아랄(Sinan Aral)과 MIT의 연구진은 굉장히 재미있는 연구를 발표했습니다. 이들은 진짜 뉴스와 가짜 뉴스의 확산 속도를 비교하기 위해 2006년부터 2017년까지 300만 명의 트위터 사용자가 공유한 12만 6,000개의 뉴스 항목을 조사했어요. 어떤 결과가 나타났을까요?

분위기상 가짜 뉴스가 더 빨리 퍼지지 않았을까요?

맞습니다. 가짜 뉴스가 진짜 뉴스보다 리트윗(retweet) 비율이 70%가량 높았어요. 1,500명에게 전달되는 속도를 비교한 결과, 가짜 뉴스는 진짜 뉴스보다 6배나 더 빠르게 확산되었습니다.[*] 그런데 이게 참 의아합니다. 사람들이 가짜 뉴스가 문제라는 것은 다 알거든요. 한국언론진흥재단에서 발표한 〈2021 언론 수용자 조사〉에 의하면, 한국의 언론 보도와 관련하여 가장 큰 문제라고 생각하는 것이 바로 '허위·조작 정보'(가짜 뉴스)였습니다 (23.8%).[**] 통계로 알 수 있듯이 대한민국 국민은 가짜 뉴스의 심각성과 폐해

---

[*]   Vosoughi S, Roy D, Aral S., "The Spread of True and False News Online", *Science 359*(2018), 1148-1149. doi: 10.1126/science.aap9559. PMID: 29590045.

[**]   한국언론진흥재단, 「2021 언론 수용자 조사」, 125.

를 잘 알고 있습니다. 그런데 왜 여전히 가짜 뉴스가 사라지지 않으며, 많은 사람이 가짜 뉴스를 믿는 것일까요?

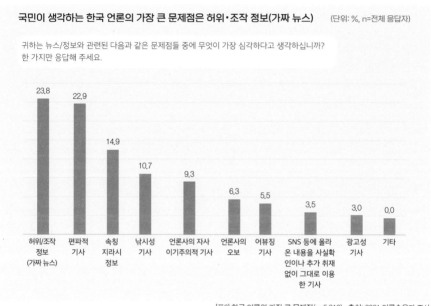

**국민이 생각하는 한국 언론의 가장 큰 문제점은 허위·조작 정보(가짜 뉴스)** (단위: %, n=전체 응답자)

귀하는 뉴스/정보와 관련된 다음과 같은 문제점들 중에 무엇이 가장 심각하다고 생각하십니까?
한 가지만 응답해 주세요.

| 허위/조작 정보 (가짜 뉴스) | 편파적 기사 | 속칭 지라시 정보 | 낚시성 기사 | 언론사의 자사 이기주의적 기사 | 언론사의 오보 | 어뷰징 기사 | SNS 등에 올라온 내용을 사실확인이나 추가 취재 없이 그대로 이용한 기사 | 광고성 기사 | 기타 |
|---|---|---|---|---|---|---|---|---|---|
| 23.8 | 22.9 | 14.9 | 10.7 | 9.3 | 6.3 | 5.5 | 3.5 | 3.0 | 0.0 |

[표6] 한국 언론의 가장 큰 문제점(n=5,010), 출처: 2021 언론수용자 조사

몇 가지 중요한 이유가 있는데요, 이번 시간에는 딱 세 가지만 지적해 보려고 합니다. 첫 번째, 아까 잠깐 이야기한 것처럼 정보가 너무 많아서 오히려 가짜 뉴스가 퍼지기 쉬워졌습니다. 즉, 최근의 변화된 미디어 환경에서는 기존의 언론사 외에도 수많은 뉴스 플랫폼이 등장했습니다. 거기에 더해 다양한 소셜 미디어를 통해 개인이 뉴스를 생산해 낼 수 있게 되었습니다. 그렇다 보니 과거와는 비교할 수 없을 정도로 수많은 정보와 뉴스가 쏟아져 나오고 있어요.

"홍수가 나면 마실 물이 없다"라는 옛말이 있습니다. 즉, 우리가 접하는

정보가 너무나 많아졌기 때문에 오히려 양질의 정보와 그렇지 않은 정보를 구별하기 어려워진 것입니다. 특히 가짜 뉴스가 화제가 되거나 물의를 일으키면, 전문기관 및 전문가의 팩트체크 과정을 거칩니다. 그런데 뉴스가 워낙 많이 쏟아지다 보니, 모든 뉴스를 다 검증하기 어려운 상황인 거죠. 게다가 팩트체크에는 뉴스를 만들어 내는 것보다 더 오랜 시간이 걸려요. 그러다 보니 가짜 뉴스가 이미 퍼지고 여론 속에 파고든 다음에 뒤늦게 팩트체크가 이루어지기도 합니다.

그럼 가짜 뉴스가 퍼진 다음에 뒷북을 치게 되겠네요.

열심히 설명했는데, 설명이 허무할 정도로 깔끔하게 정리해 주었네요. 그런데 많은 정보를 접할 때 우리의 뇌가 변한다는 것을 혹시 알고 있나요?

네? 뇌가 변한다고요?

맞습니다. 최근 눈부신 속도로 발전하고 있는 뇌과학 분야에서 찾아낸 굉장히 중요한 발견이 있는데, 바로 우리 뇌에 가소성(plasticity, 신경 가소성 neuroplasticity)이 있다는 것입니다. 가소성(plasticity)이라는 말은 '틀에 넣어 만들거나 형태를 다듬어 내는 것'을 의미하는 그리스어 'plastikos'에서 왔습니다. 우리가 잘 알고 있는 플라스틱(plastic)이라는 단어도 여기에서 유래했지요.[*] 틀에 넣어 형태를 만들어 낼 수 있는 플라스틱처럼, 우리의 뇌도 계속 변합니다. 흔히 어렸을 때는 뇌가 발달하고 변하지만, 어른이 되어서는 뇌가 변하거나 발달하지는 않는다고 생각하는데, 이러한 통념과는 완전히 반대죠.

뇌의 가소성이 작동하는 방식에는 여러 가지가 있지만, 가장 중요한 것은 재배선(rewiring)입니다. 어떤 사람이 육체적 활동이든 정신적 활동이든 특정한 활동을 많이 하면, 그쪽의 뇌 신경회로가 점점 강화됩니다. 반면에, 사용하지 않는 신경회로는 불필요하다고 여겨져 점차 가지치기를 해 버립니다.[**] 이처럼 우리의 뇌는 나이가 들어도 계속 변해요. 내부나 외부의 다양한 자극에 대응하여 신경의 연결이나 구조, 그리고 기능까지 재구성됩니다.[***] 새로운 상황에 유연하게 적응하는 거죠.

이렇게 뇌는 우리가 접하는 정보의 영향을 받습니다. 예전에는 주로 종이의 글과 그림을 통해 정보를 접했지만, 인터넷과 미디어의 시대가 된 지금은 스크린 위에서 다양한 전자 문서와 영상 자료를 접하고 있습니다. 확실히 정보를 접하는 방법이 바뀌었죠. 그런데 이러한 변화가 뇌에 어떤 영

---

[*]  Kathleen Scalise, Marie Felde, 『교육과 뇌과학: 교사를 위한 뇌기반 교수 설계 원리』 김정희 역, (서울: 시그마프레스, 2018), 41.

[**]  Kathleen Scalise, Marie Felde, 『교육과 뇌과학: 교사를 위한 뇌기반 교수 설계 원리』 38.

[***]  Donna Wilson Marcus Conyers, 『교육신경과학을 활용한 효과적인 교수법』 신재한, 신승훈, 이제영 역, (서울: ㈜신한출판미디어, 2021), 74.

향을 줄까요? 놀랍게도 보는 방법의 변화가 우리의 집중도와 몰입도에도 깊은 영향을 줍니다.* 그 결과 다양한 미디어를 통해 정말 많은 정보와 뉴스를 접하고 있지만, 집중하고 몰입하는 시간이 점점 짧아지고 있으며, 생각이 끊임없이 분산되어 인지적으로 깊은 사고를 하지 못하고 있습니다. 점점 가짜 뉴스를 분별해 내기 어려워지고 있는 겁니다.

꽤 심각한 문제네요. 인터넷과 미디어를 많이 사용할수록 문제가 크겠어요. 요즘 들어 가끔 집중력과 이해력이 떨어진 것처럼 느껴질 때가 있는데, 그게 그냥 기분 탓이 아니라는 생각도 드네요.

제가 너무 걱정하게 만든 것은 아닌지 살짝 염려되네요. 너무 심각하고 어려운 이야기를 길게 한 것 같은데요, 분위기를 바꿔 보겠습니다. 재미있는 퀴즈를 함께 풀어 보고 우리가 가짜 뉴스에 잘 빠지는 두 번째 이유로 넘어갑시다. 두 문제를 준비했는데요, 아래의 답을 확인하지 말고 일단 자신의 힘으로 풀어 본 다음에 함께 이야기합시다. 쉬운 문제니까 문제를 보고 5초 안에 풀어 보세요.

1. 어떤 사람이 야구 배트와 야구공을 가지고 있습니다. 야구 배트와 야구공을 사는 데 11,000원이 들었는데, 야구 배트가 야구공보다 10,000원 더 비싸다고 합니다. 그렇다면 야구공의 가격은 얼마일까요?

---

* 니콜라스 카, 『생각하지 않는 사람들: 인터넷이 우리의 뇌 구조를 바꾸고 있다』, 최지향 역, (서울: 청림출판, 2020), 154.

2. 호수에 수련 잎이 잔뜩 덮여 있었습니다. 그런데 수련 잎이 차지하는 면적이 날마다 2배로 늘어났습니다. 수련 잎이 호수 전체를 뒤덮는 데 총 48일이 걸렸다면, 호수 절반을 덮는 데 걸린 시간은 며칠일까요?

그렇게 어렵지 않은데요? 일단 야구공은 1,000원이겠고, 수련 잎이 호수를 덮는 데 걸린 시간은 24일 아닐까요?

역시 예상한 답이 나왔네요. 그런데 안타깝게도 둘 다 정답이 아닙니다.

네!? 틀렸다고요?

조금만 더 깊이 생각해 봅시다. 야구 배트와 야구공을 합쳐 11,000원을 주고 샀는데, 야구 배트가 공보다 10,000원이 더 비싸다고 했습니다. 공의 가격이 1,000원이라면 야구 배트의 가격은 얼마인가요? 그렇습니다. 11,000원이죠. 그러면 야구 배트와 야구공을 합친 가격이 12,000원입니다. 문제에서는 두 개의 가격을 합쳐 11,000원이라고 했잖아요. 따라서 야구공의 가격은 500원이고, 야구 배트의 가격은 10,500원입니다. 즉, 정답은

500원입니다.

그리고 두 번째 문제입니다. 매일 2배씩 늘어난다는 표현 때문에 48일을 2로 나누는 사람이 많은데요, 그렇지 않습니다. 매일 2배로 늘어나기 때문에 호수의 절반을 채우는 데 걸린 시간은 호수 전체를 채운 시간에서 하루만 빼 주면 됩니다. 즉, 47일째 되는 날 호수의 절반을 채웠기 때문에 그다음 48일째 되는 날 전체를 가득 채운 것이죠.

아, 생각해 보니 그러네요! 제가 너무 간단히 답을 정해 버렸군요. 문제가 재밌어요! 몇 문제 더 내 주세요.

재미있었다니 저도 뿌듯하네요. 그렇지만 진도 나가야죠.

정말 아쉽네요. 나중에 또 내 주세요! 그때는 절대 틀리지 않을 겁니다. 그런데 이 문제와 가짜 뉴스가 무슨 상관이죠?

지금 이 문제들을 틀린 이유와 우리가 가짜 뉴스에 빠지는 이유가 같습니다. 그건 바로 휴리스틱(Heuristic) 때문입니다.

# Heuristic
## 휴리스틱
그동안의 경험에 근거해 반사적으로 혹은 직관적으로
판단하여 일을 처리하는 것

휴리스틱이라고요? 그건 또 무슨 말이죠?

휴리스틱이라는 말이 생소할 것 같은데요, 이는 충분한 시간과 정보를 가지고 꼼꼼하게 따져 보며 판단하는 것이 아니라 그동안의 경험에 근거하여 반사적으로, 또 직관적으로 판단하고 일을 처리하는 것을 이야기합니다. 일단 우리가 왜 휴리스틱을 사용하는지 먼저 설명하는 것이 좋겠습니다.

아까 문제를 더 내 달라고 했으니 소원대로 해 드릴게요. 우리 모두 뇌를 가지고 있는데요, 우리 뇌의 무게가 얼마나 나갈까요?

뇌의 무게라… 흠, 혹시 머리 크기가 크면 무게도 많이 나가나요? 저는 머리가 좀 큰 편이라 좀 많이 나갈 것 같아요. 한 2, 3kg 정도 나가지 않을까요?

머리 크기에 따라서 무게가 다르기는 하지만 그렇게 큰 차이가 나지는 않습니다. 성인의 경우 평균적으로 약 1.4kg 정도 나가는데요, 전체 몸무게에 비하면 그렇게 큰 비중을 차지하지는 않습니다. 그런데 뇌가 사용하는 에너지는 매우 큽니다. 신체에서 가장 많은 에너지를 사용하는 장기가 바로 뇌인데요, 성인의 경우 하루 사용하는 에너지의 20% 정도를 뇌가 사용하고요, 10대의 경우 30% 정도까지 사용한다고 합니다.[*]

그러니까 기본적으로 뇌는 굉장히 에너지 효율이 낮은 장기입니다. 그래서 우리는 무의식중에 뇌를 사용하지 않고 에너지를 아끼려고 합니다. 그래서 모든 일을 다 깊이 생각하고(뇌를 사용하고) 처리하는 것이 아니라, 그

---

[*] 안데르스 한센, 『인스타 브레인: 몰입을 빼앗긴 시대, 똑똑한 뇌 사용법』, 김아영 역, (서울: 동양북스, 2020), 114.

동안의 경험에 근거하여 대강 어림짐작하여 처리하는 거죠.

깨닫지 못하는 사이에도 우리가 매일 습관적으로 하는 행동들이 있는데요, 그런 행동들도 사실은 뇌의 인지 작용을 해야 합니다. 예를 들어 우리가 다른 사람과 악수를 하는 경우를 생각해 보겠습니다. 한번 악수해 볼까요?

갑자기 악수를요? 생각해 보니 교수님과 악수를 해 본 적은 없는 것 같네요.

지금 악수를 해 봤는데, 악수하는 것이 어려웠나요? 악수할 때 머리를 많이 썼나요?

아니요. 늘 하는 악수니 그냥 편하게 했지요.

맞습니다. 악수할 때 인지적으로 많은 에너지를 쓰는 사람은 거의 없을 것입니다. 그동안 수없이 악수해 왔기 때문에, 뇌와 몸의 근육 속에 악수라는 행위에 필요한 모든 것이 다 프로그램되어 있죠. 그래서 거의 반자동적으로 악수를 합니다.

그런데 우리가 태어나서 처음 악수를 할 때도 쉬웠을까요? 그렇지 않습니다. 보기에는 쉬워 보이지만 꽤 복잡한 행위거든요. 팔의 각도는 어떻게 해야 하는지, 손을 잡을 때 얼마나 꽉 잡아야 할지, 또 손을 흔들 때 어느 정도의 속도로 몇 번이나 흔들어야 하는지, 상대의 눈을 보며 어떤 표정을 지어야 하는지 등을 다 고려해야 합니다. 만약에 우리가 로봇을 만들어서 로봇이 악수할 수 있도록 프로그램하려면 어마어마한 수학 계산이 들어갈 거예요. 상대방을 인지하고, 그가 팔을 내미는 속도에 맞춰서 로봇도 팔을 내도록 하고, 손을 잡고 적절한 강도와 횟수로 흔들고…. 이게 다 엄청난 인지적 작업입니다.

복잡한 악수라는 행위를 우리는 거의 자동으로 합니다. 이처럼 뇌의 인지적인 기능을 에너지를 최대한 아끼기 위해 그동안의 축적된 경험과 지식에 근거하여 거의 반사적으로 처리하는 것이 바로 '휴리스틱'입니다. 그런데 문제는 휴리스틱이 악수하는 것과 같이 반사적으로 일어나는 행동에서만 나타나는 것이 아니라 우리의 인식과 판단의 세계에서도 일어난다는 것입니다.

아까 우리가 풀어 보았던 문제도 틀리는 사람이 많은 이유가 바로 이것입니다. 많은 사람이 문제를 깊이 생각해 보지 않고 야구공의 가격을 1,000원이라고 대답합니다. 주어진 단서들(야구 배트, 야구공, 10,000원 비쌈, 합계 11,000원 등)을 가지고 최소한의 노력으로 판단합니다. 누구나 조금만 깊이 '생각'하면 풀 수 있는 쉬운 문제이지만 휴리스틱의 유혹에 넘어가 틀리는 겁니다.

그렇군요. 저도 무의식중에 휴리스틱을 사용했던 거군요. 아, 정말 쉬운 문제였는데 아쉬워요.

대니얼 카너먼(Daniel Kahneman)과 아모스 트버스키(Amos Tversky)는 인간이 쉽게 빠지는 휴리스틱과 인지적 편향 현상에 주목하여 많은 실험을 합니다. 그리고 나중에 카너먼은 연구의 내용을 정리해서 『생각에 관한 생각』이라는 책을 냈어요. 아, 대니얼 카너먼과 아모스 트버스키라 하니 왠지 귀에 익죠? 우리가 첫 시간에 앵커링 이펙트(Anchoring Effect)에 관해 이야기했는데 바로 그 개념을 정리하신 분들입니다.

아무튼, 이 책에서 카너먼 박사님은 인간들이 두 가지 사고체계를 가지고 있다고 설명합니다. 시스템1은 직관적이고 신속하게 판단을 내리는 사고 휴리스틱 시스템이고, 시스템2는 시간과 노력이 필요하지만, 논리적이고 이성적으로 판단하는 시스템입니다.* 시스템1과 2는 작동 원리도 다르고, 무엇보다 용도가 좀 다릅니다. 예를 들어 2 더하기 2의 답을 구할 때는 시스템1을 사용하지만 256 곱하기 24를 계산할 때는 시스템2를 사용하는 거예요.

그러면 어느 시스템이 더 오류가 적을까요? 당연히 시스템2가 더 믿을 만합니다. 그런데 문제는 아까 이야기했듯이 인간의 뇌는 에너지 효율이 높지 않다는 겁니다. 그래서 우리는 무의식중에 되도록이면 복잡한 인지적 작업을 하지 않으려 합니다. 복잡한 인지적 작업, 즉 시스템2는 에너지를 많이 쓰거든요. 이런 이유로 휴리스틱인 시스템1을 훨씬 많이 쓰고요, 때로

*　대니얼 카너먼, 『생각에 관한 생각』, 이창신 역, (서울: 김영사, 2018), 39.

는 시스템1을 쓰면 안 될 때도 시스템1을 사용하고는 합니다.

우리 뇌의 기본 세팅이 이런 식이기 때문에 우리는 쉽게 가짜 뉴스에 빠집니다. 뉴스를 접할 때 뉴스가 사실인지 아닌지 꼼꼼하게 따져 보며 받아들이는 것이 아니라, 반사적으로 작동하는 뇌의 어림짐작, 즉 휴리스틱에 빠져서 대충 그냥 맞겠지 하면서 받아들이게 되거든요.

그럼 세 번째로 넘어가기 전에 한번 복습해 볼까요? 우리가 가짜 뉴스에 빠지게 되는 이유 첫 번째, 두 번째는 뭐였죠?

첫 번째는 정보가 너무 많아졌다는 거였고요, 두 번째는 지금 배운 휴리스틱 때문이었죠.

잘 기억하고 있네요. 드디어 마지막 세 번째 이유입니다. 우리가 가짜 뉴스에 잘 빠지게 되는 세 번째 이유는, 확증편향(確證偏向, confirmation bias) 때문입니다. 위키백과를 보면 확증편향을 "원래 가지고 있는 생각이나 신념을 확인하려는 경향성" 그리고 "내가 원하는 바대로 정보를 수용하고 판단"하는 것이라고 설명합니다.

확증편향은 정보의 처리 과정에서 일어나는 인지 편향 현상 중 하나입니다. 정보를 접할 때 바른 태도는 무엇일까요? 정보가 사실이면 받아들이고, 사실이 아니면 무시하거나 거부하면 됩니다. 아주 쉽지요? 그런데 확증편향은 그게 사실인지, 사실이 아닌지로 정보의 수용 여부를 판단하는 것이 아니라, 자기 생각과 신념에 맞으면 사실로 받아들이고 그것과 다르면 사실로 받아들이지 않는 것입니다. 아무리 맞는 말이라도 신념과 안 맞으면 가짜 뉴스고, 아무리 가짜 뉴스여도 내가 믿는 것과 같으면 바른 정보가 되는 것이죠.

아전인수(我田引水)라는 사자성어와 의미가 비슷하네요?

지금 이야기를 하려고 했는데 생각이 같았네요. 맞습니다. 국립국어원의 표준국어대사전에 나온 아전인수(我田引水)의 뜻은 이렇습니다. "자기 논에 물 대기라는 뜻으로, 자기에게만 이롭게 되도록 생각하거나 행동함을 이르는 말." 확증편향 현상을 정말 잘 설명해 주는 말입니다. 그런데 재미있는 것은 대부분의 사람이 자신에게는 확증편향 현상이 나타나지 않는다고 생각합니다. 자신이 굉장히 중립적이고, 균형 잡힌 관점을 가지고 있다고 생각하는 거죠. 그러나 확증편향 현상은 실제 실험에서 확인된 적이 있습니다.*

2004년 미국 대통령 선거 당시 미국 에모리대학교의 심리정신의학과 교수인 드루 웨스턴(Drew Western)은 매우 적극적으로 선거 운동에 참여하고 있는 사람 30명을 모았습니다. 참여자 중 15명은 민주당 지지자, 15명은 공화당 지지자였는데요, 그들에게 세 가지 관점의 정치 연설을 들려줍니다.

즉, 연구에 참여한 30명은 먼저 당시 공화당 대선 후보였던 조지 부시의 선거 연설을 듣고, 바로 이어서 그 주제에 관한 반대되는 내용의 연설을 들었습니다. 그다음으로는 민주당의 대선 후보였던 존 케리의 연설을 듣고, 또 바로 이어서 케리의 연설과 반대되는 내용의 연설을 들었습니다. 그리고 마지막으로 대놓고 모순되는 말을 하는 중립적 인물의 연설을 들었습니

---

* Westen D., Blagov P. S., Harenski K., Kilts C., and Hamann S. "Neural Bases of Motivated Reasoning: An fMRI Study of Emotional Constraints on Partisan Political Judgment in the 2004 U. S. Presidential Election", *Journal of Cognitive Neuroscience 18*(2006), 1947-1958.

다. 그다음에 연구진은 연구 참여자들에게 각각 들었던 연설이 얼마나 말이 안 되고 모순되는지 그 정도를 물어봤습니다. 자, 과연 어떤 결과가 나왔을까요?

결과는 모두가 예상한 대로였습니다. 우선 민주당을 지지하는 사람들은 부시의 연설이 캐리보다 매우 모순적이라고 이야기했고요, 반대로 공화당을 지지하는 사람들은 캐리의 연설이 부시보다 매우 모순적이라고 평가했습니다. 그런데 재미있는 것은 중립적인 입장에서 대놓고 말도 안 되는 연설을 한 사람에 대해서는 양쪽 그룹 모두 보통 수준의 모순성이라고 평가했습니다.

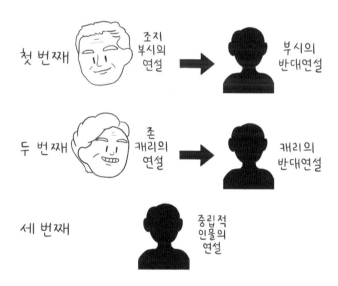

결과가 재미있네요. 특히 중립적이지만 완벽하게 모순된 이야기를 한 사람을 보통의 모순성이라 평가하다니, 이해가 안 되네요.

그렇죠. 자신이 반대하는 사람의 말보다 훨씬 일리가 있다고 생각한 거죠. 연구진은 거기에서 그치지 않고, 조금 더 깊이 살펴보았습니다. FMRI(Functional Magnetic Resonance Imaging, 기능적 자기공명영상)를 찍어서 참가자들의 뇌 활동을 조사했는데요, 여기에서 놀라운 결과가 나타났습니다. 연구에 참여한 사람들은 자신이 지지하는 인물에 따라 각각 다른 뇌의 영역을 사용하고 있는 것으로 나타났어요.

자신이 지지하는 후보의 연설을 들을 때는 정보를 감정적으로 처리하는 뇌의 영역이 활성화됐고요, 사고와 판단을 관장하는 부위의 활동이 전혀 증가하지 않았습니다. 반면 자신이 지지하지 않는 후보의 연설을 들을 때는 반대로 나타났습니다. 그러니까 사람들은 자신이 지지하는 후보의 연설에서는 모순점을 찾지 않거나, 찾아도 무시하는 모습이었어요. 반대로 자신이 지지하지 않는 후보의 연설에는 이성적으로 접근하면서 꼼꼼하게 모순점을 찾아냈습니다.

이렇게 우리는 진실을 받아들이기보다는 자신이 믿고 싶은 것을 선별해서 받아들입니다. 자신의 신념이 일종의 필터 역할을 해서 그걸 통과해야만 받아들이는 거예요. 진실 여부와 상관없이 자신이 받아들이고 싶은 것만 인정하다 보니 자연스럽게 가짜 뉴스에 빠지는 것입니다.

그런데 더 놀라운 것이 있습니다. 이렇게 가짜 뉴스에 속아 잘못된 믿음을 가지고 있는 사람에게 제대로 된 사실을 알려 주면 어떤 일이 일어날까요?

그러면 '아, 내가 잘못 알고 있었구나!' 하면서 생각을 고치지 않을까요?

확증편향에 빠지지 않은 사람은 그렇게 반응합니다. 그런데 확증편향에 이미 빠진 사람은 그렇게 반응하지 않습니다. 심지어 팩트를 제시해도 받아들이지 않습니다. 오히려 '팩트가 날조된 것이고, 네가 속고 있다' 하는 식의 역 주장을 합니다.

상대로서는 어이가 없겠어요.

그렇죠. 확증편향이 그래서 참 무서운 겁니다. 우리가 지금까지 살펴본 세 가지 이유, 정보의 홍수로 인한 검증의 어려움과 인지 능력의 저하, 휴리스틱, 그리고 지금 살펴본 확증편향 때문에 최첨단 기기들로 각종 정보를 마음껏 찾아볼 수 있는 21세기에 가짜 뉴스들이 기승을 부리고 있습니다.

그런데 또 한 가지 짚어 봐야 할 중요한 주제가 있어요. 우리 그리스도인에게는 가짜 뉴스에 더 쉽게 빠질 수 있는 위험 요소가 있습니다.

네? 그리스도인이 가짜 뉴스에 더 쉽게 빠진다고요?

아니, 더 쉽게 빠진다는 말이 아니라, 더 쉽게 빠질 위험이 있다는 겁니다. 다음 주제로 그 이야기를 해 보겠습니다. 왜 그리스도인들이 가짜 뉴스에 더 빠지기 쉬운지, 그리고 그리스도인이 가짜 뉴스에 빠지거나, 가짜 뉴스를 퍼뜨릴 때 무엇이 문제인지 알아봅시다.

# 5. 그리스도인과 가짜 뉴스

이런 농담이 있는데 들어봤는지 모르겠습니다. 대한민국에 '카' 자로 시작하는 종교가 2개 있습니다. 혹시 뭔지 아나요?

흠…. '카'로 시작하면 카톨릭(가톨릭)인가요? 말고도 하나가 더 있다고요?

그렇습니다. 또 하나 '카'로 시작하는 종교는 '카톡교'입니다. 지난 주제에서 우리나라의 경우 가짜 뉴스가 지라시 형식으로 퍼지는 경우가 많다고 했는데요, 지라시 형식의 가짜 뉴스가 많이 퍼지는 통로 중 하나가 바로 국민 메신저 카카오톡입니다. 최근에는 카카오톡 메신저를 활발하게 사용하는 개신교인들을 '카톡교'라고 부르기 시작했습니다.[*] 그리고 그렇게 사실 확인 없이 퍼 나르는 사람을 빗대어 '카톡교인'이라고 합니다.

좀 억울한데요? 다른 사람들도 다 카카오톡을 쓰는데 왜 하필 개신교에 그런 별명이 붙은 걸까요?

어느 날 카카오톡을 통해 이런 메시지를 받았다고 생각해 봅시다.

---

[*] 최샘찬, "카톡교, 공포와 혐오의 재확산", 한국기독공보 인터넷 기사, 2021. 4. 26.

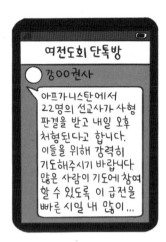

긴급한 기도 제목이네요. 저도 기도
하고, 제가 아는 사람들에게 빨리 전달
해서 함께 기도해야겠습니다.

그렇죠. 그리스도인들이라면 이런 메
시지를 받았을 때 대체로 같은 생각을
할 겁니다. 그런데 안타깝게도 이 소식
은 사실이 아니었습니다. 이 메시지는
다음 기사에 나온 이미지였습니다.*

## SNS '긴급 기도 요청' 메시지, 알고 보니 괴담?

'아프간서 선교사 22명 사형선고' 성도들 카톡 통해 급속 유포…
실상은 7년 전 돌았던 유언비어

입력 : 2016-02-02 21

김명숙 권사는 2일 새벽 카카오톡 메시지를 하나 받았다.
"아프가니스탄에서 22명의 선교사가 사형 판결을 받고 내일 오후 처형된다고 합니다.
이들을 위해 강력히 기도해 주시기 바랍니다. 많은 사람이 기도에 참여할 수 있도록
이 급전을 빠른 시간 내 많이 확산시켜 주시면 감사하겠습니다."
영어와 함께 한글로 된 메시지를 본 김 권사는 깜짝 놀랐다. 카카오톡에 등록돼 있는
교인과 지인들에게 '신속하게' 단체 메시지를 전송했다. 김 권사뿐 아니라 많은 이가
같은 대열에 합류했다. 그에 힘입어 메시지는 급속도로 전파됐다.
하지만 이 메시지는 사실이 아니다. 중동 지역에서 오랫동안 사역했던 김동문 선교사
는 "2009년 2월쯤 돌던 내용이 다시 돌고 있는 것"이라며 "2007년 7월 아프가니스탄에
서 인질로 붙잡혔던 한국인들과 관련된 기도 제목의 변형으로 추정된다"고 말했다.

---

* 김나래, "SNS '긴급 기도 요청' 메시지, 알고 보니 괴담?", 국민일보 인터넷 기사, 2016. 2. 2.

페이스북이나 카카오톡을 통해 유포되는 이 같은 메시지 중 상당수는 허위 또는 과장된 사실을 담고 있다. 하지만 '어느 지역 어느 선교사가 요청한 기도제목'이라는 식의 구체적인 정보를 담고 있거나 선교사나 목사에 의해 유포되는 경우가 적지 않아 사실로 믿는 사람들이 많다. (중략)

어라? 사실이 아니었던 거네요? 에고, 깜짝 놀랐습니다. 사실이 아니라고 하니 다행이에요.

그렇습니다. 사실이 아니니 다행이죠. 그런데 이런 해프닝을 보면 왜 그리스도인이 가짜 뉴스에 빠지기 쉬운지 알 수 있습니다. 우선 가장 중요한 이유는 그리스도인에게 '신앙'이 있다는 겁니다.

'신앙'과 가짜 뉴스에 빠지는 것이 무슨 상관이죠?

그리스도인에게는 세상과 달리 '기도'라는 문화가 있습니다. 어려운 일이 생기면 기도하는 겁니다. 그리고 큰 어려움이 있을 때 혼자만 기도하는 것이 아니라 주변 사람에게 기도를 부탁하고 함께 기도합니다. 평소에 기도 제목을 나누고 함께 기도하며 살아가기 때문에, 누군가 메신저를 통해 기도 제목을 보내올 때 무시하기가 힘들죠. 기도 제목이라고 하니 안타까운 마음으로 더 관심을 가지고 보게 되고요. 그리고 또 함께 기도하면 더 힘이 될 것이니 주변 성도와 기도 제목을 적극적으로 나누기도 합니다.

게다가 그리스도인은 기본적으로 신앙인, 즉 믿음이 있는 사람들입니다. 잘 믿고, 의심하지 않는 성향의 사람이 많지요. 물론 회의적이고 잘 믿지 못하던 사람이 성령님의 역사를 통해 믿음을 갖게 되기도 하지만, 그런 분들도 믿음을 가진 이후에는 성향이 바뀌기도 합니다. 이런 이유로 그리스도인들은 비신자와는 다릅니다. 그러다 보니, 가짜 뉴스를 접할 때 쉽게 믿음을 가지는 거죠.

맨날 사기꾼만 접하는 사람이 다른 사람의 말을 잘 믿을까요? 아니요. 그렇지 않습니다. 거짓말하고 사기 치는 사람이 주변에 많다면, 누군가의 이야기를 들을 때 방어적인 자세를 취할 겁니다. 반면, 주변에 진실하고 좋은 사람이 많다면, 상대적으로 다른 사람의 말을 잘 받아들일 확률이 높습니다. 이렇게 순수하게 이웃을 신뢰하고 상호 용납하는 것이 그리스도인의 문화거든요. 그래서 가짜 뉴스도 잘 받아들이는 거죠.

그리고 또 하나 그리스도인에게는 하나의 목적의식이 있습니다. "모든 민족을 제자 삼는다"라는 마태복음 28장 19-20절의 '대위임 명령'이나 '하나님 나라의 완성'과도 같은 큰 목적과 대의가 있죠. 이처럼 목적의식이 있는 사람은 사회에도 더 큰 관심을 기울입니다. 세상을 변화시켜야 하는 사명이 있기 때문에 세상에 무관심할 수가 없는 거예요. 각자 자신의 상황과 환경에서 할 수 있는 일을 적극적으로 모색합니다. 새로운 소식에 더 민감하게 반응하는 이유죠. 그러다 보니, 가짜 뉴스에 조금 더 취약하기도 해요.

설명을 들어 보니 정말 수긍이 됩니다.

그리고 한 가지 이유가 더 있습니다. 비판적 사고를 이야기하면서 언급했던 것인데요, 한국교회 내에서 전통적으로 아멘과 순종을 강조해 왔다는 것입니다. 그렇다면 '아멘' 문화가 잘못되었다는 뜻일까요? 그렇지 않습니다. 하나님의 말씀에 '아멘'으로 반응하고 순종하는 것은 모든 그리스도인이 평생에 걸쳐 따라야 할 바른 신앙의 모습입니다. 그러나 이런 모습이 가짜 뉴스를 다루고 판별할 때는 도리어 핸디캡이 될 수 있습니다. 기본적인 그리스도인의 사고방식(mindset)이 '잘 받아들이는 것'이거든요. 아멘과 순종을 강조하는 문화가 부정적인 모습으로 발전하면 바로 '반지성주의'(反知性主義, anti-intellectualism)가 됩니다. 위키백과에서는 반지성주의를 "지성, 지식인, 지성주의를 적대하는 태도와 불신"이라고 정의하는데요, 신앙에 있어서 반지성주의는 이성과 지성을 절대시하는 지성주의(知性主義)와 다름없이 해로운 태도입니다.

반지성주의에 빠진 일부 신앙인은, 믿음을 '이성과 관계없이 단순히 믿기로 작정하는 맹목적인 의지의 행위'로 이해하기도 하고요, 신앙생활을 개인의 경험이나 주관적인 느낌과 동일시하기도 합니다.* 그러나 진정한 믿음은 간절함의 크기에서 시작하는 것이 아니라 '무엇을 믿느냐'에서 시작

---

\* J. P. 모어랜드, 『그리스도인을 위한 지성 활용법』, 정진환, 임고은 역, (서울: 죠이북스, 2019), 23-25.

합니다.* 즉, 우리의 믿음에 분명한 근거가 있어야 하는 거죠. 믿음의 근거를 정리하기 위해 2천 년 교회의 역사 동안 수많은 목회자와 신학자가 지성과 이성을 활용해 노력해 왔습니다. 이전에 살펴본 것처럼 '믿는 것'과 '아는 것'의 두 바퀴가 우리의 신앙과 삶이라는 수레를 이끌어 그리스도의 장성한 분량으로 자라 가야 합니다(엡 4:13). '아는 것'을 포기하고 '믿는 것'만을 붙잡는다면, 수레의 바퀴가 하나 빠져 버리는 셈입니다. 그러므로 반지성주의에 빠지면 우리는 영적으로 건강하게 성장할 수 없습니다.

그리고 이러한 반지성주의의 문제가 또 있어요. 바로 가짜 뉴스에 더 취약하다는 것입니다. 합리적으로 생각하고 이성적으로 판단하는 것이 가짜 뉴스에 대처하는 가장 기본적인 자세인데, 반지성주의가 가장 멀리하는 것이 바로 합리적이고 이성적인 판단입니다. 반지성주의에 빠지면 전문가도 신뢰하지 못합니다. 그냥 믿고 싶은 대로 믿어 버리니까요.

신앙인이기 때문에 가짜 뉴스에 더 잘 빠질 수 있겠네요. 정말 조심해야겠어요.

맞습니다. 더 중요한 것은 우리가 신앙인이기 때문에 가짜 뉴스를 더 철저히 경계해야 한다는 점입니다. 우리 그리스도인에게는 더 문제가 되는 부분이 있어요.

십계명에서 하나님께서 거짓말하지 말라고 명령하신 것, 그런 이야기를 하시려는 건가요?

---

* 손성찬, 『모두를 위한 기독교 교양』 (서울: 죠이북스, 2022), 9.

물론 그 문제도 중요하지요. 그러나 조금 더 구체적으로 살펴봅시다. 이 주제를 다루기 전에 가짜 뉴스에 빠지거나 혹은 퍼뜨리는 그리스도인에게 먼저 드리고 싶은 이야기가 있습니다. 저는 그분들을 정죄하고 싶지 않아요. 주변에서 그런 분들을 뵌 적이 있는데요, 하나님을 사랑하지 않거나 교회를 어렵게 하려는 의도를 가지신 분은 없습니다. 누구보다도 하나님을 사랑하고, 교회와 이웃들을 사랑하는 순수한 믿음을 가지신 분들입니다.

그러니까 긴급한 기도 제목이라는 연락을 받고 그냥 지나치지 못하는 거죠. 정말 간절히 기도하시고 또 함께 기도하는 분들과 순수한 마음으로 기도 제목을 나누세요. 신뢰하는 목사님, 장로님, 권사님들이 전달해 주시는 소식이거든요. 그렇다 보니 더 의심 없이 잘 받아들이시고, 주변에 전달도 잘 해 주십니다.

하나님과 교회를 사랑하는 마음으로 순수하게 한 것이지만, 혹시라도 우리가 가짜 뉴스를 사실이라고 믿거나, 더 나아가 가짜 뉴스를 다른 사람에게 전달하면 여러 가지 문제가 생깁니다.

우선 가짜 뉴스를 믿을 때의 문제를 이야기해 보겠는데요, 가장 심각한 것은 바로 이 시대의 풍조를 잘못 읽을 수 있다는 것입니다. 사도 바울이 이 시대의 풍조를 본받지 말라(롬 12:2)라고 한 것은 시대가 돌아가는 것을 무시하라는 말씀이 아닙니다. 시대가 어떤 모습으로 어떻게 돌아가고 있는지 잘 분별하라는 뜻입니다. 유명한 신학자인 칼 바르트(Karl Barth, 1886-1968)는 "한 손에는 성경, 한 손에는 신문을"이라는 유명한 말을 남기기도 했죠. 신앙인은 하나님의 말씀뿐만 아니라 세상의 흐름과 문화에 끊임없이 관심을 가져야 합니다.

"한 손에는 성경, 한 손에는 신문을"은 저도 들어 봤어요. 그게 칼 바르트의 명언이었군요.

맞습니다. 이 시대에 더욱 필요한 말씀이 아닌가 싶어요. 시대를 이해하는 것은 우리가 성경을 바르게 이해하고 원리를 삶에 적용하며 살아가는 데에 너무나 중요합니다. 성경이 어떻게 우리에게 주어졌는지, 그리고 어떻게 성경의 본문을 해석해야 하는지를 생각해 보면 더욱 분명히 알 수 있죠. 우리가 잊지 말아야 할 것은 성경이 진공 속에서 기록된 말씀이 아니라는 점입니다. 성경의 인물들은 당시의 현실, 즉 당시의 콘텍스트(context) 속에서 살아갔고, 그 속에서 성경의 사건들이 기록되었습니다.* 따라서 우리는 '그들의' 콘텍스트 속에서 성경의 본문(text)을 해석해야 합니다. 그들의 콘텍스트를 이해해야, 본문이 당시 콘텍스트에서 어떤 의미를 가졌는지 알 수 있기 때문이고, 그렇게 '그들의' 콘텍스트에서 본문을 이해할 때 그 텍스트가 '우리의' 콘텍스트에서 어떤 의미를 가지는지 바르게 이해할 수 있기 때문입니다.

결국, 성경을 이해하기 위해서는 본문 텍스트만 알아야 하는 것이 아닙니다. 두 가지 콘텍스트, 즉 본문의 사건이 일어난 '당시의 콘텍스트'와 우리가 살아가는 '지금의 콘텍스트'를 알아야 합니다. '당시의 콘텍스트'를 이해하지 못하면 성경의 텍스트를 제대로 해석할 수 없고, 우리가 살아가고 있는 '지금의 콘텍스트'를 이해하지 못하면 성경의 텍스트를 오늘날에 제대로 적용할 수 없습니다. 그렇기에 두 가지 콘텍스트를 제대로 이해해야 합니

---

* 박양규, 『인문학은 성경을 어떻게 만나는가』 (서울: 샘솟는기쁨, 2021), 40.

다. 콘텍스트 없이 텍스트를 읽으면, 그 텍스트는 우리의 콘텍스트에 아무 영향을 발휘하지 못합니다.

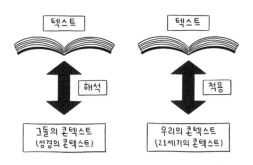

텍스트와 콘텍스트가 발음이 비슷해서 헷갈립니다. 그래도 그림을 보니 더 쉽게 이해가 되네요. 어쨌든 중요한 것은 콘텍스트를 알아야 한다는 거죠?

그렇죠. 시대의 풍조, 즉 우리가 살아가는 시대의 '콘텍스트'를 이해하는 것이 중요해요. 가짜 뉴스 때문에 시대를 잘못 읽어 낸다면 어떤 일이 일어나겠습니까? 칼 바르트의 말처럼 "한 손에는 성경, 한 손에는 신문을" 드는 것이 아니라 "한 손에는 성경, 한 손에는 가짜 뉴스를" 들면 바른 신앙인으로 살아가는 데에 큰 어려움을 겪겠죠? 특히 우리가 하나님의 뜻을 읽어 내고 분별하는 데에도 어려움을 겪을 거예요. 저는 그래서 로마서 12장 2절 (새번역성경)의 말씀이 참 의미심장하게 느껴집니다.

여러분은 이 시대의 풍조를 본받지 말고, 마음을 새롭게 함으로 변화를 받아서, 하나님의 선하시고 기뻐하시고 완전하신 뜻이 무엇인지를 분별하도록 하십시오.

시대의 풍조를 잘 분별하여 본받지 않는 것이 하나님의 뜻을 분별하는 것과 연결됩니다.

그리고 무엇보다 더 큰 문제가 있습니다. 증인으로서 우리의 정체성을 잃어버리게 될 수도 있다는 것입니다. 예수님께서 부활하시고 승천하시기 전에 제자들에게 이렇게 말씀하셨습니다. "너희는 이 일의 증인이다"(눅 24:48, 새번역성경). 어떤 일의 증인이라는 걸까요? 그 전 구절인 45-47절에서 이렇게 말씀하십니다.

> 그 때에 예수께서는 성경을 깨닫게 하시려고, 그들의 마음을 열어 주시고, 그들에게 말씀하셨다. 이렇게 기록되어 있다. 곧 '그리스도는 고난을 겪으시고, 사흘째 되는 날에 죽은 사람들 가운데서 살아나실 것이며, 그의 이름으로 죄사함을 받게 하는 회개가 모든 민족에게 전파될 것이다' 하였다. (눅 24:45-47, 새번역성경)

즉, 우리는 예수님이 죽으시고 다시 부활하셨으며, 그의 이름을 믿는 모든 자에게 구원이 주어진다는 귀한 복음의 증인이 된 사람입니다. 그렇다면 증인은 어떤 사람인가요? 증인은 어떤 사실 또는 사안을 증명하는 사람을 가리키고, 증인이 자기가 경험한 바를 그대로 진술하는 일을 증언(證言)이라고 합니다(위키백과). 증인은 말을 지어내거나 거짓말을 하는 사람이 아닙니다. 증인이 이랬다저랬다 말을 바꾸거나 거짓 증언을 한다면, 증인으로서의 신뢰를 잃게 됩니다.

그렇죠. 거짓말하는 증인을 법정에 세울 사람은 아무도 없을 겁니다. 저라도 그런 증인의 말은 안 믿을 것 같아요.

우리가 가짜 뉴스를 퍼뜨리면, 이는 단순히 "네 이웃에 대하여 거짓 증거하지 말라"(출 20:16)라고 하신 십계명의 제9계명을 어기는 것으로 끝나지 않습니다. 더 큰 문제는 더 이상 예수 그리스도의 증인으로 살아가기 어렵다는 것입니다. 예수 그리스도의 복음은 온 인류가 들어야 하는 참 진리입니다. 그런데 그걸 전하는 사람이 평소에 거짓 증거하는 바람에 신뢰를 잃어, 그 사람이 전하는 복음의 내용까지 믿을 수 없게 되면, 증인 노릇을 할 수 있겠습니까? 메신저(messenger) 때문에 메시지(message)의 신뢰도가 떨어지는 상황이 되는 거예요.

아, 전도와 선교에 방해가 될 수도 있겠네요.

맞습니다. 하나님의 영광을 가리는 일도 되겠고요. 또 한 가지 유념해야 할 문제가 있습니다. 바로 그렇게 가짜 뉴스를 퍼뜨릴 때, 주님의 몸 된 지체인 우리의 신앙 공동체에 내부 분열이 생길 수 있습니다.

카카오톡을 쓰는 모든 사람이 단체 대화방(단톡방)에 들어가 있을 것입니다. 당연히 교회 사람들과 연락하는 단톡방도 있지요. 저도 단톡방을 통해 그동안 소식을 몰랐던 사람과 다시 연락이 닿기도 하고, 동창의 소식을 들기도 하고, 은혜로운 찬양이나 기도 제목도 나누는 등 신앙생활에 도움을 많이 받습니다.

그런데 단체 대화방에 가짜 뉴스를 퍼 나르기 시작하면, 그때부터 문제가 생깁니다. 예를 들어 아까 소개했던, 선교사님을 위해 기도해 달라는 가짜 뉴스는 단톡방에 올라왔더라도 단순한 해프닝으로 끝날 수 있습니다. 그런데 정치 문제처럼 사회적으로 갈등이 있거나 민감한 주제의 가짜 뉴스가 단톡방에 올라오면, 단체 대화방에서 은혜롭게 교제하던 사람 사이에 편이 갈라져 서로 비방하며, 심한 경우 욕설을 주고받는 일도 생깁니다.[*] 정치 문제는 가짜 뉴스가 아닌 제대로 된 뉴스를 나누어도 편이 갈라지고 갈등이 생길 수 있습니다. 그런데 심지어 가짜 뉴스라면 당연히 다툼이 일어날 수밖에 없죠.

정말 안타깝습니다. 그리스도인은 세상 사람보다 가짜 뉴스에 민감하게 반응해야겠어요.

제 말이 바로 그 말입니다! 이 시대를 살아가는 그리스도인들은 비둘기 같이 순결한 것에만 신경 쓰는 것이 아니라 뱀같이 지혜로워야 합니다(마 10:16). 이번 수업에서 미디어를 비판적으로 읽는 것에 대해 길게 나눴는데요, 함께 공부한 내용을 기억하며 미디어와 뉴스를 접해야 합니다. 그리고

---

[*] 정형권, "[기자수첩] 우리가 분열의 원흉?", 기독신문 인터넷 기사, 2022. 3. 14.

무엇보다 다른 사람과 정보를 공유할 때는 돌다리도 두들겨 보는 마음으로 신중에 신중을 더해야 합니다. 혹시라도 우리가 가짜 뉴스를 퍼뜨리는 데 참여한다면 어떤 심각한 문제가 되는지 다시 한번 기억합시다. 사실 여부를 꼼꼼하게 확인하고, 사태 추이를 지켜보면서 다른 사람에게 정보를 전달하는 것이 좋습니다. 그리고 조금이라도 확실하지 않은 것은 혼자 조용히 기도로 돕는 것도 좋은 선택입니다. 중요한 것은 기도 제목을 퍼 나르는 것이 아니라 실제로 기도하는 것이니까요.

자 그러면 이제 세 번째 수업이 마무리되었네요. 마지막으로 한 가지 주제만 더 다뤄 봅시다.

*아니, 끝이 아닌가요? 드디어 끝났다 하면서 좋아하고 있었는데!*

하하, 마지막 주제는 길지 않을 겁니다. 자, 그럼 조금 쉬었다가 다음 주제를 나눠 볼게요.

# 6. 유튜브로 세상 읽기

이번에 살펴볼 주제는 많은 사람의 사랑을 받는 유튜브입니다.

유튜브를 지금 다룬다고요? 저야 유튜브를 좋아하기는 하지만, 여기에서 다룰 만한 주제는 아니지 않나요?

그렇지 않습니다. 이제 유튜브는 단순히 재미를 위해 즐기는 동영상 사이트가 아니거든요. 각종 정보를 검색하고 공유하며, 교육과 뉴스 전달, 전자 상거래 및 비즈니스까지 다양하게 활용되는 세계 최대 규모의 온라인 비디오 플랫폼입니다. 이제는 인터넷 검색을 할 때도 네이버나 다음, 구글과 같은 포털 사이트가 아닌 유튜브를 많이 활용하고 있죠.*

하긴 저도 요즘 뭐 찾아볼 일이 있으면 유튜브를 많이 이용하고 있어요. 소리와 화면이 같이 나오니, 글로 보는 것보다 조금 더 내용을 이해하기 쉽더라고요.

맞습니다. 유튜브는 동영상이기 때문에 다른 매체에 비해 몰입도가 월

---

* 남윤재, "1인 미디어와 유튜브", 『유튜브의 이해와 활용』 (서울: 한울아카데미, 2021), 15-16.

등하게 높거든요. 이제 유튜브는 가장 많은 정보가 모이는 종합 정보 채널이 되었습니다. 2021년 기준으로, 단 1분에 약 500시간 분량의 동영상이 업로드되고 있다고 해요.* 이는 거의 20일가량을 아무것도 안 하고 유튜브 시청만 해야 다 볼 수 있는 분량입니다. 이렇게 많은 정보가 모이는 채널이 바로 유튜브인데요, 그렇다 보니 최신 뉴스와 소식들도 유튜브에 많이 올라오고 있습니다.

특히 우리나라는 다른 나라에 비해 유튜브를 통한 뉴스 소비가 많은 편입니다. 지난 2021년 전 세계 46개국 총 92,372명(한국 2,006명)을 조사해 발표한 〈디지털 뉴스 리포트 2021 한국〉**에 의하면 우리나라의 디지털 뉴스 이용자 중 유튜브를 통해 뉴스를 이용하는 사람의 비율이 44%***로 나타났습니다. 다른 플랫폼 이용률에 비해 두드러지게 높은 수치였고요, 다른 46개국 이용자가 유튜브를 이용하는 비율(평균 29%)보다도 상당히

---

* Lori Lewis, "Infographic: What Happens In An Internet Minute 2021"

** 로이터저널리즘연구소(Reuters Institute for the Study of Journalism)의 의뢰로 영국의 전문 조사회사 유고브(YouGov)가 연구했던 〈디지털 뉴스 리포트 2021〉를 기반으로 한국의 뉴스 이용자들에게 초점을 맞춰 분석한 보고서.

*** 디지털 플랫폼으로 뉴스를 이용하는 사람 중 44%라는 의미이다.

높았습니다.*

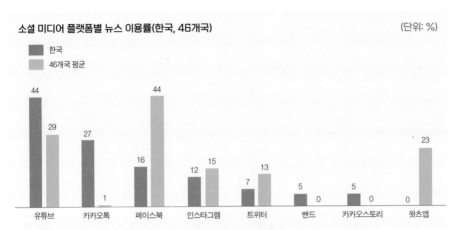

소셜 미디어 플랫폼별 뉴스 이용률(한국, 46개국)                    (단위: %)

[표7] 소셜 미디어 플랫폼별 뉴스 이용률(46개국) 출처: 디지털 뉴스 리포트 2021 한국

  그뿐만 아니라 전체 인터넷 기반 매체 뉴스 소비자 중 유튜브를 이용해 뉴스를 보는 비율도 2018년 6.7% 2019년 12.0%, 2020년 24.4%, 그리고 2021년 26.7%로 꾸준히 증가하고 있습니다.

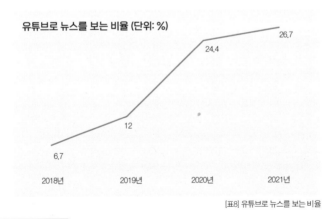

유튜브로 뉴스를 보는 비율 (단위: %)

[표8] 유튜브로 뉴스를 보는 비율

---

*   오세욱, 박아란, 최진호, 『디지털 뉴스 리포트 2021 한국』, (서울: 한국언론진흥재단, 2021), 18.

그러네요. 이젠 유튜브가 언론의 역할까지 하나 봐요.

맞아요. 그런데 흥미로운 점은 유튜브를 통해 뉴스를 많이 보지만, 유튜브를 통해 보는 뉴스에 대한 신뢰도는 높지 않다는 거예요. 앞에서 잠깐 언급한 〈디지털 뉴스 리포트 2021 한국〉 보고서에서 코로나19 관련 허위 정보(가짜 뉴스)가 퍼지는 경로로 우려되는 미디어 플랫폼을 조사했는데요, 단연 유튜브(34%)가 가장 높은 응답을 얻었습니다. 다음으로는 네이버, 다음, 구글과 같은 검색 엔진(11%), 페이스북(10%), 메시징 앱(9%), 트위터(7%) 순이었는데요, 유튜브와는 차이가 많이 납니다.

**코로나19 관련 인터넷 허위 정보 경로로 우려되는 미디어 플랫폼(한국, 46개국)** (단위: %)

| | 유튜브 | 검색 엔진<br>(예: 구글, 네이버) | 페이스북 | 메시징앱<br>(예: 카카오톡) | 트위터 |
|---|---|---|---|---|---|
| 한국 | 34% | 11% | 10% | 9% | 7% |
| 46개국 평균 | 6% | 7% | 28% | 15% | 6% |

[표9] 코로나19 관련 인터넷 허위 정보 경로로 우려되는 미디어 플랫폼(한국, 46개국)

또한 〈2021 언론 수용자 조사〉 연구에서 5,010명의 참여자에게 우리나라에서 가장 신뢰하는 언론사·매체가 무엇인지 물었는데, 유튜브는 1.9%의 응답을 얻어 가장 신뢰하지 않는 것으로 나타났습니다.

유튜브를 통해 뉴스를 많이 보는데, 신뢰하지는 않고 있네요!

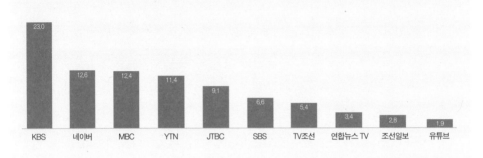

| 가장 신뢰하는 언론사/매체사(상위 10개) | | | | | | | | | (단위: %, n=5,010) |

| KBS | 네이버 | MBC | YTN | JTBC | SBS | TV조선 | 연합뉴스 TV | 조선일보 | 유튜브 |
|---|---|---|---|---|---|---|---|---|---|
| 23.0 | 12.6 | 12.4 | 11.4 | 9.1 | 6.6 | 5.4 | 3.4 | 2.8 | 1.9 |

[표1] 가장 신뢰하는 언론사/매체사(상위 10개)

많은 사람이 유튜브를 통해 접하는 뉴스가 객관성이나 공정함 등 언론이라기에는 부족함이 많다는 것을 잘 알고 있거든요. 낮은 신뢰도에도 불구하고 유튜브로 뉴스를 많이 보는 현상이 일어나는 이유는 무엇일까요?

기존 언론 뉴스에 대한 불신과 실망이 주된 원인입니다. 전통 언론의 뉴스도 그렇게 믿음이 가지 않는 거예요. 그럴 바엔 자신과 정치 성향과 일치하는 뉴스를 선택하는 겁니다.* 일단 마음이라도 더 편하니까요.

이런 이유로 유튜브로 뉴스를 접할 때는 조금 더 주의해야 합니다. 기본적으로 유튜브의 알고리즘 때문에 필터 버블 현상이 일어나 한쪽으로 치우친 뉴스를 접하게 될 수 있고요, 여기에 더해 뉴스를 보는 사람의 확증편향이 작동하기 때문에 이미 가지고 있었던 신념 체계에 일치하는 정보만 사실로 인정하고 받아들일 확률이 높아요. 뉴스의 진실성과 사실 여부와는 상관없이 내 마음에 들면 신뢰하는 뉴스가 되는 겁니다.

---

* 유승현, 정영주, "뉴스 유통의 변동과 지상파 뉴스 콘텐츠의 대응전략에 대한 탐색적 연구: 지상파방송 유튜브 채널을 중심으로", 「방송통신연구」 111(2020), 72.

그리고 유튜브를 통해 뉴스나 소식을 접할 때 또 하나 주의할 점이 있는데요, 유튜브는 뉴스를 업로드한 사람에게 직접 수익이 주어지는 구조라는 것입니다.

그건 기존의 전통적인 언론사도 마찬가지 아닌가요? 뉴스를 취재해서 수익을 낸다는 점에서는 같잖아요.

얼핏 보면 그런데요, 사실 굉장히 다릅니다. 기성 언론사는 취재를 통해 수익을 내기는 하지만, 회사로 수익이 들어가고 취재 기자는 정해진 월급을 받아 갑니다. 반면 유튜브와 같은 1인 미디어는 일종의 개인 사업과 같아요. 정해진 월급 없이, 조회 수와 후원, 협찬 등을 통해 수익이 나오는 대로 돈을 벌어 갈 수 있습니다. 뉴스를 제작해 직접 유튜브에 업로드하는 것이 꽤나 수익성이 좋은 이유죠. 현재 기존의 언론사들이 운영하는 유튜브 채널을 제외하고, 가장 많은 구독자를 가진 시사·정치 채널 같은 경우 구독자가 140만 명 정도 되는데요,* 유튜브 통계 사이트인 소셜 블레이드로 분석해 본 결과 한 달 수익이 최대 $37,000, 즉 우리나라 돈으로 4,800만 원 정도 될 것으로 예상합니다(환율 1,300원 기준).

쉽게 이야기해서, 유튜브 저널리즘이 돈이 되는 사업이다 보니 유튜브의 뉴스 콘텐츠를 제작하는 시사·정치·연예 뉴스 관련 채널들

---

* 최민재, 김경환, 『유튜브 저널리즘 콘텐츠 이용과 특성』 (서울: 한국언론진흥재단, 2021), 23.

은 조회 수를 높이기 위해 사력을 다하고 있습니다. 그러다 보면 자극적인 뉴스들을 제작하게 되죠. 섬네일만 봐서는 정말 충격적인 소식인 것처럼 속이는 낚시 콘텐츠들을 만들어 냅니다. 최종적으로는 가짜 뉴스(허위 정보)까지 만들게 되는 것이죠.

그리고 돈을 받고 콘텐츠를 만들기도 합니다. 광고주가 원하는 콘텐츠를 만들어 주는 거죠. 지난 2020년 유명 유튜버들의 '뒷광고' 사건이 많은 사람의 분노를 일으켰는데요, 기억하시나요? 이름만 들어도 아는 연예인부터 수십만의 구독자를 거느린 유명 유튜버까지 마치 광고 협찬을 받지 않고 '내돈내산'(내가 직접 돈을 내고 구매한 것)을 한 것처럼 콘텐츠를 만들었다가 나중에 광고라는 것이 밝혀져 사과하고 방송을 중단하는 등의 사건이 있었습니다.

그럼요, 기억하죠. 정말 좋은 제품이라 자신이 직접 샀다고 방송했는데, 거짓말이라는 게 밝혀지니 정말 화가 나더라고요.

당시 뒷광고 논란이 있었을 때 분노하는 사람이 많았죠. 왜 그랬을까요? 일반 방송사에서도 광고 방송을 하기도 하고, PPL(product placement, 제품 간접 광고)로 상품을 노출하기도 하거든요. 방송국의 광고에는 분노하지 않는 사람들이 유튜브 뒷광고에는 분노했습니다. 왜 이런 반응이 나타났을까요? 유튜브는 개인 방송이라는 태생적인 특성에 그 이유가 있습니다. 개인이 직접 구매하여 사용해 보고 솔직한 평가를 담죠. 제품과 아무 상관이 없는 사람이 솔직하고 구체적인 정보를 제공한다는 믿음이 있었기에 유튜버들이 올리는 제품 리뷰 영상에 신뢰도가 높았습니다. 실제로 대학내일20대연구소가 15-34세 청소년과 청년이 어떻게 유튜브를 이용하는지 조사한 적이 있어요. 제품을 구입하거나 서비스 이용에 관한 정보를 얻는 데 누구의 조언이 더 믿을 만한지를 물었는데, 1인 크리에이터가 전체 평균 73.4%로, 연예인(26.6%) 대비 압도적으로 높은 선택을 받았습니다.[*]

**제품 구입 및 서비스 이용 분야별 정보 신뢰도 비교**          (Base: 전체, n=800, Unit:%)

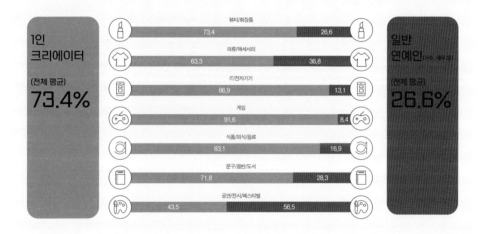

[표11] 제품 구입 및 서비스 이용 분야별 정보 신뢰도 비교

그러니까 유튜브 뒷광고 논란은 단순히 광고비를 받았느냐 안 받았느냐의 문제가 아닙니다. 그동안 유튜브에 올라오는 개인 방송의 영상은 광고와 무관하고, 솔직한 평가가 담겨 있다는 믿음이 있었습니다. 그래서 콘텐츠를 본 건데, 그 믿음이 배신당한 겁니다. 그러나 문제는 완전히 해결되지 않았습니다. 당시 사과 방송을 올리며 자숙하겠다고 한 많은 유튜버가 6개

---

[*]   대학내일20대연구소, "밀레니얼, 그리고 Z세대가 말하는 유튜브의 모든 것: 15-34세 유튜브 크리에이터 영상 이용 형태 및 인식 연구 보고서", 29.

월이 채 되지 않아 슬그머니 방송을 재개했어요. 그 이후로는 '뒷광고'가 아닌, 대놓고 광고하는 '앞광고'가 주를 이루고 있습니다. 현재 유튜브에 올라와 있는 콘텐츠 상당수가 광고주의 돈을 받고 그들의 입맛에 맞게 제 작한 영상입니다. 이 사실을 늘 유념하면서 유튜브의 정보를 받아들여야 합니다.

게다가 구조적으로도 유튜브 뉴스들은 위험한 요소들이 있습니다. 사실 유튜브와 같은 1인 크리에이터의 창작물은 방송 프로그램들과는 달리 공 공성, 공정성, 그리고 공적 책임에 대한 규제를 받지 않습니다.* 그리고 기 존의 언론사들에는 게이트 키핑(gate-keeping) 시스템이 있어서 데스크에서 잘못된 정보나 뉴스는 자체적으로 거르기 위해 노력합니다. 그런데 유튜브 뉴스에는 이런 시스템이 없죠. 콘텐츠를 만드는 개인의 윤리 의식에 기댈 뿐입니다.

이처럼 유튜브를 통해 뉴스를 소비하는 것에는 위험한 요소들이 있습니 다. 단순히 내 마음에 든다고, 내 성향과 비슷하다고 자꾸 유튜브를 통해 뉴 스를 접하다 보면 우리가 살아가는 사회에 대해 잘못된 생각과 믿음을 가 지기 쉽습니다. 유튜브를 통해 뉴스를 볼 때는 이전에 우리가 함께 공부했 던 비판적 읽기 능력을 더 적극적으로 사용해야 합니다.

정말 쉽지 않네요. 이제는 유튜브도 마음 편히 못 볼 것 같습니다. 신경 쓸 게 더 많아졌어요.

그렇습니다. 시대의 풍조를 바르게 읽는 그리스도인이 되기 위해서는

---

* 봉미선, "유튜브와 리터러시", 『유튜브의 이해와 활용』 201.

항상 깨어 있어야 해요. 자, 그러면 이번 수업을 마무리하면서 재미있는 퀴즈를 하나 내 보겠습니다. 문제 푸는 것이 재미있다고 했으니 괜찮지요?

아, 드디어 오늘 수업이 마무리되는군요! 빨리 문제 주세요. 아무리 명강의라도 짧게 끝나는 수업을 이길 수는 없는 법입니다. 하하하!

알겠습니다. 문제 나갑니다!*

대한이와 민국이는 어렸을 때부터 같이 자란 가까운 친구입니다. 두 사람은 오랜 시간 계획했던 스페인 산티아고 순례길을 여행하고 있었습니다. 그런데 어느 날, 저녁을 먹고 여행 중에 만난 친구들과 수다를 떨고 노느라 스마트폰 충전하는 것을 깜빡 잊었습니다. 다음 날 아침에 출발할 때가 되어서야 그 사실을 깨달았습니다. 매우 난감한 상황이 찾아온 거죠. 스마트폰의 내비게이션을 지도 삼아 여행하고 있었거든요. 일단 다음 목적지로 출발을 했는데, 중간에 갈림길을 만나게 되었습니다. 목적지인 산티아고로 가려면 어느 쪽으로 가야 하는지 선택해야 하는 난감한 상황이었습니다. 다행히 갈림길 앞 벤치에 할아버지 두 분이 나란히 앉아 있는 것을 발견했습니다. 대한이와 민국이는 '아, 저기 가서 저 할아버지 두 명에게 물어보면 되겠다' 하고 할아버지들에게 다가갔습니다. 그런데 두 노인의 앞에 이런 팻말이 붙어 있었습니다.

"한 할아버지는 참말만, 다른 한 할아버지는 거짓말만 한다. 질문은 한 명에게 딱 한 번만 할 수 있다."

---

\* 저자가 문제를 약간 수정하여 수록했음. 조혜정, "4문제 이상 맞히면 당신도 추리왕!", 한겨레 인터넷 기사, 2016. 2. 3.

자, 과연 대한이와 민국이는 누구에게 어떤 질문을 해야 맞는 길로 갈 수
있을까요?

흠…. 꽤 어려운데요! 혹시 힌트는 없을까요?

그럴까 봐 객관식을 준비해 봤습니다. 다음 네 가지 선택지 중 정답은 무
엇일까요?

① 왼쪽 할아버지에게 질문한다. "왼쪽 길이 산티아고 가는 길인가요?"

② 오른쪽 할아버지에게 질문한다. "오른쪽 길이 산티아고 가는 길인가요?"

③ 아무에게나 질문한다. "산티아고 가는 길이 어느 쪽인가요?"

④ 아무에게나 질문한다. "옆에 계신 분께 산티아고 가는 길을 물으면 어느 쪽이라
   고 답하실까요?"

그렇다면 정답은 ④번 아닐까요?

그렇습니다. 만약에 대한이와 민국이가 한 할아버지를 선택해서 물어봤는데, 할아버지가 참말을 하는 분이라면 어떻게 대답하실까요?

그러면 옆에 있는 할아버지는 거짓말을 하는 할아버지니까 잘못된 길을 알려 주시겠죠. 그리고 잘못된 길을 참말로 알려 주실 겁니다.

정확해요! 반대로 두 사람이 물어본 할아버지가 거짓말을 하는 할아버지라면, 옆의 할아버지는 참말을 하는 할아버지라 제대로 된 길을 알려 주시겠지만, 답을 해 주시는 할아버지가 거짓말로 다시 잘못된 길을 알려 주시겠죠. 즉, ④번처럼 "옆에 계신 분께 산티아고 가는 길을 물으면 어느 쪽이라고 답하실까요?"라고 물으면 두 분 다 잘못된 길을 알려 주십니다. 그러므로 알려 주신 길의 반대 길을 선택해서 가면 되지요.

의외로 머리를 많이 써야 하네요. 오늘은 머리를 정말 많이 썼어요. 기분 탓인지 몰라도 머리가 아픕니다.

맞아요. 문제가 재미있기는 하지만 의외로 머리를 많이 써야 하는 머리 아픈 상황이었죠? 그렇다면 왜 머리가 아프게 느껴질까요? 지금 누가 진실을 말하는지, 누가 거짓말을 말하는지 모르는 상황이기 때문에 그렇습니다. 누가 바른말을 하는지 구분하기 어려운 상황에서는 머리를 더 써야 합니다. 머리가 아프더라도 어쩔 수 없습니다.

바로 이런 태도가 우리에게 필요합니다. 미디어 환경이 급변하면서 세상에 가짜 뉴스와 허위 정보가 쏟아져 나오기 시작했습니다. 어떤 게 진실인지, 어떤 게 가짜 뉴스인지 구분하기 어렵습니다. 이런 상황에서는 어쩔 수 없이 조금 더 머리를 써야 합니다. 우리가 이번 시간에 배운 것처럼 비판적으로 사고하며 분별할 수 있는 바른 미디어 리터러시를 길러 나가야 합니다.

오늘 지면의 한계가 있어서 더 자세한 이야기, 더 구체적인 방법을 모두 다 이야기하지는 못했습니다. 그렇지만 이번 수업이 좋은 출발점이 되었으면 좋겠습니다. 우리가 시대의 풍조를 바르게 읽어 내는 데 방해가 되는 요소들을 늘 기억하며, 시대와 하나님의 뜻을 잘 분별하는 믿음의 사람이 되시길 축복합니다!

수고하셨습니다. 오늘 수업 정말 큰 도움이 되었습니다. 다음 시간에 뵈어요!

# 토론 질문

1. 각자 스마트폰을 꺼내 유튜브 앱의 홈 화면을 비교해 봅시다. 아마 열이면 열, 다른 추천 영상들이 나올 텐데요. 자신의 홈 화면이 왜 이렇게 나타났는지, 그리고 왜 각자의 홈 화면이 다른지 이유를 이야기해 봅시다.

2. 이번 수업에서 필터 버블(filter bubble) 현상과 에코 체임버(echo chamber) 현상을 중요하게 다뤘습니다. 각자 이해한 내용을 자신의 말로 설명해 봅시다. 또한, 두 가지 현상 중 어떤 것을 더 자주 경험하는지, 그리고 사람들에게 어떤 것이 더 부정적인 영향을 미친다고 생각하는지 나눠 봅시다.

3. 자주 방문하거나 활동하는 인터넷 커뮤니티는 어디인가요? 그리고 커뮤니티를 통해 어떤 영향을 받고 있는지 솔직하게 나눠 봅시다.

4. 뉴스가 중립적이지 않다는 것에 대해 동의하나요? 그렇다면 뉴스를 볼 때 어떤 자세로 보고, 또 어떻게 대응해야 할지 각자의 생각을 이야기해 봅시다.

5. 혹시 가짜 뉴스를 접한 경험이 있나요? 어떤 가짜 뉴스였는지 이야기해 보고, 그때 어떻게 반응했는지 자신의 경험을 나눠 봅시다.

6. 가짜 뉴스 문제가 심각한데요, 법으로 규제하는 것에 대해 어떻게 생각하나요?

7. 오늘날 교회 내에도 가짜 뉴스가 많이 퍼지고 있습니다. 교회에 가짜 뉴스가 퍼지는 이유와 문제점은 무엇인지 이야기해 봅시다.

8. 사람들이 유튜브 뉴스의 객관성이나 신뢰도가 낮다는 것을 알고 있음에도, 유튜브를 통해 뉴스를 보는 이유는 무엇인가요? 그리고 이러한 문제에 대한 해법은 무엇일까요?

# IV. 네 번째 수업:
## 쓰기(창의적 표현 능력)

# 1. 너를 표현해 봐!

안녕하세요! 다시 뵙게 되어 반갑습니다.

저도 다시 만나게 되어 반갑습니다. 오늘은 날씨도 좋고, 공부하기 딱 좋은 날이네요.

하하. 정말 저와는 사고체계가 완전히 다르신 것 같아요. 날이 좋으면 '놀러 가기 딱 좋다!' 이렇게 생각하지 않나요? 공부하기 딱 좋은 날이라니요.

원래 놀기 좋은 날이 공부하기도 좋은 법입니다. 하하하! 오늘 우리가 함께 배울 내용은 지난 시간에 배운 것보다 훨씬 쉬워요. 이제 어려운 내용은 다 지나갔다고 보면 됩니다.

듣던 중 반가운 말씀이네요. 그럼 오늘 공부할 주제는 어떤 건가요?

우리가 지금 미디어 리터러시에 대해 배우고 있는데, 앞에서 공부했다시피 리터러시에는 읽기 능력만 들어가지 않습니다. 읽으면 쓸 줄도 알아야 하죠. 그러니까 오늘 함께 배울 주제는 미디어 쓰기 능력, 즉 미디어를 사용

해서 우리의 생각과 감정을 창의적으로 잘 표현하는 방법이 무엇인지 다뤄
보겠습니다.

아, 요즘 많은 사람이 관심을 가지는 1인 크리에이터 이야기를 하시는 건
가요?

물론 1인 크리에이터도 창의적 표현 능력을 이야기할 때 빠질 수 없죠.
하지만 그 주제는 좀 더 나중에 다룰게요. 먼저 조금 더 쉽고, 또 많은 사람
이 부담 없이 하고 있는 것부터 이야기하겠습니다. 혹시 현재 정기적으로
소셜 미디어를 사용하고 있나요?

네, 저는 주로 인스타그램을 사용하고 있습니다.

인스타그램을 주로 어떤 용도로 사용하나요?

다른 사람들이랑 똑같습니다. 특별한 것은 없어요. 주로 사진과 함께 간단한 글을 남깁니다. 가끔 동영상을 올리기도 하고요.

바로 그게 미디어를 통해 자신을 표현하는 행위입니다. 사진이나 동영상, 그리고 글을 올리면서 자신이 생각한 것, 느낀 것, 그리고 하는 일들을 다양한 형태로 풀어 놓는 거죠. 이게 바로 미디어 쓰기, 즉 미디어로 표현하는 능력입니다.

물론 어떤 플랫폼을 사용하느냐에 따라 형식은 크게 달라질 거예요. 인스타그램이라면 사진이 중심이고요, 페이스북은 글이 중심이지요. 또한, 짧은 글쓰기에는 트위터가 적절할 수 있고, 긴 글 또는 정보를 체계적으로 써 나간다면 블로그도 좋습니다. 그리고 영상은 유튜브가 주를 이루지만, 숏폼(short-form, 15초에서 1분 내외의 짧은 동영상)은 틱톡(TikTok)을 많이 사용하기도 해요. 이처럼 플랫폼에 따라 표현 양식은 달라질 수 있지만, 모든 것이 다 자신을 표현하는 행위입니다. 심지어 인터넷 게시물에 댓글을 다는 것도 쓰기 능력, 즉 미디어 표현 능력입니다. 그러니 우리는 미디어 리터러시의 한 가지인 미디어 표현 능력을 이미 사용하고 있는 겁니다.

미디어 기술의 발전으로 누구나 큰 자본이나 투자 없이 생각이나 개성을 마음껏 표출할 수 있는 시대가 되었습니다. 사실 예전에는 미디어 콘텐츠를 제작하려면 상당히 많은 인력과 자본이 필요했습니다. 그런데 요즘은 아이디어만 있다면 집에서 혼자 녹음하고 편집해서 음반을 제작할 수도 있고,[*] 스마트폰 한 대로 영화까지 찍는 시대가 되었습니다.[**] 게다가 이렇게 생산해 낸 미디어 콘텐츠를 대중에게 배포하기도 훨씬 쉬워졌습니다. 예전에는 방송이나 신문, 그리고 라디오 같은 통로를 거쳐야 알려질 수 있었지만, 이제는 소셜 미디어를 통해 얼마든지 홍보하고 보급할 수 있습니다. 훨씬 저렴한 비용으로 혼자서 미디어 콘텐츠를 만들어 내고, 또 훨씬 저렴하고 다양한 경로를 통해 사람들에게 알릴 수 있는 겁니다. 아이디어가 있느냐, 또한 개인이 표현할 수 있는 능력이 있느냐가 문제이지, 도구가 부족하거나 자본이 부족해서 뭘 하지 못하는 시대는 지나갔다고 봐도 되겠지요.

맞습니다. 요즘은 스마트폰 애플리케이션도 좋은 것이 많아서 스마트폰으로 찍은 영상을 바로 스마트폰으로 편집하고 공유할 수도 있거든요.

혹시 그 애플리케이션을 사용하기 위해 따로 배웠나요?

천만에요. 놀 시간도 부족한데 그걸 배울 시간이 어디 있겠어요. 그냥 해 보는 거죠. 그리고 혼자서 해 보다가 잘 안되면 유튜브에서 검색해서 해결하면 되고요.

---

[*]  강상오, "집에서 돈 안 들이고 '음반 발매', 당신도 할 수 있습니다", 오마이뉴스 인터넷 기사, 2018. 1. 28.
[**]  배성수, "박찬욱 '폰으로 영화 찍는 시대'…아이폰13 프로로 촬영한 '일장춘몽' 공개", 한경 인터넷 기사, 2022. 2. 18.

굉장히 중요한 이야기를 해 줬어요. 미디어로 자기를 표현하는 것이 중요한 미디어 리터러시 역량이라고 말하면, '미디어를 만드는 기술을 익혀야 하나?', '그런 교육이 필요한 건가?' 생각하고는 해요. 그러나 미디어 기기를 잘 다루는 것은 미디어 접근 능력이에요. 요즘 젊은이들은 안 가르쳐 줘도 알아서 잘합니다. 그러므로 미디어 표현 능력은 단순히 기술적인 부분을 익히는 것이 중요한 것이 아닙니다. 콘텐츠에 무엇을 담아낼 것인지, 콘텐츠 공유의 목적이 무엇인지, 그리고 콘텐츠가 사람들에게 어떤 영향을 줄 수 있는지를 고민하는 것이 더욱 중요합니다.*

제가 대학에서 학생들을 만나면서 느끼는 것인데요, 요즘 20대 청년들이 자신을 표현하는 데 서툴다는 느낌을 많이 받습니다. 물론 미디어 기기는 정말 잘 사용합니다. 최재붕 교수님이 언급한 것처럼 스마트폰이 낳은 신(新) 인류 '포노 사피엔스'(phono sapiens)**라 할 수 있어요. 그러나 자신을 표현하는 것은 단순히 스마트폰을 잘 사용하고, 사진과 글을 소셜 미디어에 잘 올리는 것을 의미하지 않습니다. 자기를 표현하기 위해서는 때로 깊이 있는 생각을 해야 할 때도 있고, 때로는 생각을 잘 정리해서 꽤 긴 호흡으로 표현해야 할 때도 있어요. 그런데 이런 훈련이 잘 안 되어 있는 겁니다.

미디어 표현 능력을 기르기 위해서는, 깊이 있는 성찰을 통해 자기 생각과 욕구를 들여다보는 훈련과 생각을 조직적으로 잘 드러낼 수 있도록 체계적인 대화와 글쓰기 훈련이 필요합니다.*** 그런데 우리나라 공교육에서는 그동안 훈련이 제대로 이루어지지 않았습니다. 그로 인한 부작용을 현

---

* 김양은, 『소셜 미디어 리터러시』 (서울: 커뮤니케이션북스, 2016), 72.

** 스마트폰을 신체의 일부처럼 사용하는 새로운 인류를 가리킴. 최재붕, 『포노 사피엔스』 (서울: 쌤앤파커스, 2019), 6.

*** 이숙정, "미디어 리터러시는 무엇인가," 『디지털 미디어 리터러시』 (서울: 한울아카데미, 2018), 64.

재의 청년들이 겪고 있는 것이 아닌가 싶어요.

그래서 저는 여기에서 기독교교육의 한 가지 중요한 목적을 발견합니다. 사실 기독교교육의 중요한 목적 중 하나는 학습자가 하나님의 형상을 회복하도록 돕는 일인데요, 저는 개인적으로 가장 시급하게 회복해야 할 하나님의 형상이 '창의성'이라고 봐요. 정도의 차이는 있겠지만, 우리 모두에게는 다 '창의성'이 있습니다.

교수님 전 좀 아닌 것 같은데요? 전 창의적인 생각을 하는 것이 정말 힘들더라고요. 좋은 아이디어도 없고요.

주변의 학생들을 만나 보면 의외로 그렇게 생각하는 사람이 꽤 많습니다. 그러나 우리는 모두 세상을 창조하신 하나님의 형상으로 만들어졌습니다. 그 말은 무슨 뜻입니까? 바로 세상을 창조하신 하나님의 창의성이 우리 안에 하나님의 형상으로 들어 있다는 이야기입니다.

특히 오늘날에는 창의성이 중요한 능력으로 인정받고 있습니다. 21세기를 살아가는 현대인들에게 꼭 필요한 역량이죠. 그러나 창의성을 계발하고 발휘하는 일은 쉽지 않습니다. 특히 입시 위주로 교육하는 우리나라에서는 창의성 교육이 이루어지기 어렵습니다. 그래서 저는 기독교교육에서 창의성 계발을 다루어 주어야 한다고 생각합니다. 또 다양한 미디어를

통해 표현하기를 연습하는 것은 '창의성 교육'의 핵심 커리큘럼이 되어야 한다고 생각하고요. 말이 나와서 하는 건데, 창조주 하나님의 형상으로 학생을 바라보는 기독교교육에서 창의성 교육을 맡지 않으면 어디에서 맡겠습니까?

그러므로 미디어 교육에 대한 교회의 인식도 바뀌어야 합니다. 전통적으로 한국교회는 보호주의의 관점에서 미디어 교육을 해 왔습니다. 폭력성이나 선정성과 같은 미디어의 부정적 영향을 강조하고, 미디어 사용을 통한 중독을 경계하기 위해 미디어 교육을 해 왔는데요, 이제는 패러다임에 변화가 필요합니다. 최근에는 일반 교육에서도 미디어 교육의 관점이 보호주의에서 미래 준비 교육으로 바뀌고 있습니다.* 미디어로부터 다음세대를 보호하는 교육에서 앞으로 살아갈 미디어 사회를 적극적으로 대비하고 준비시키는 쪽으로 바뀐 것이죠. 단순히 미디어를 경계하고 피하게끔 하는 것에 만족하는 것이 아니라 세상을 창조하신 하나님의 형상을 입은 자들이 하나님이 주신 은사를 적극적으로 계발하고 발휘할 수 있도록 돕는 미디어 교육이 되어야 합니다.

이러한 자기표현의 훈련은 정서적으로도 여러 가지로 유익이 있습니다. 실제로 대학생들이 자기표현 향상 프로그램에 참여했더니 우울증이 줄어들고, 대인관계 능력 및 자기표현 능력이 증진되었습니다.** 그리고 자기표현 글쓰기 프로그램에 참여한 대학생들도 있었는데요, 프로그램에 참여한

---

* 김양은, 『소셜 미디어 리터러시』, 71.
** 송소원, "자기표현향상 프로그램이 대학생의 우울, 대인관계, 자기표현에 미치는 영향", 청소년상담연구 16(2008), 113-114.

이후 자아존중감과 심리적 안녕감의 상승을 발견할 수 있었습니다.[*]

생각지 못한 장점까지 있었군요. 이제는 미디어를 통한 자기표현 능력의 훈련이 필수네요. 저도 기회가 있다면 꼭 참여해 보고 싶습니다.

맞습니다. 미디어 표현 능력은 이 시대를 살아가는 현대인에게 꼭 필요한 역량이 되었습니다. 그런데 저는 이러한 미디어 표현 능력 교육이 특정 세대에 꼭 필요하다고 생각하는데요, 혹시 어떤 세대인지 맞혀 볼래요?

아무래도 청소년 세대가 아닐까요? 앞으로 미디어 시대를 살아갈 세대 잖아요.

많은 분이 그렇게 생각하는데요, 더 중요한 세대가 있습니다. 사실 청소년은 미디어 표현 능력의 여부에 따라 삶의 질이나 만족도가 결정되지 않아요. 모두 비슷한 수준으로 미디어를 활용할 수 있고, 또 이미 활용하고 있거든요. 그런데 노년층은 다릅니다. 미디어 표현 능력이 삶의 질과 만족도를 결정할 수 있습니다.

노인 세대라고요? 저는 생각도 못 했습니다.

실제로 많은 분이 생각하지 못하시더라고요. 그런데 조금만 생각해 보

---

[*] 최재선, "자기 표현적 글쓰기가 대학생의 자아존중감과 심리적 안녕감에 미치는 영향", 리터러시연구 10(2019), 150.

면 너무나 당연하죠. 기본적으로 모든 사람은 나이가 들수록 사회적 소통의 기회가 줄어듭니다. 평생 하던 일을 떠나 은퇴하기도 하고, 친한 친구나 배우자와 사별하는 일도 일어나지요. 만날 수 있는 사람이 줄어듭니다. 게다가 노화로 인해 질환과 신체 기능 약화가 일어나기 때문에 젊었을 때처럼 활발하게 돌아다니기도 쉽지 않습니다. 사회적으로 소통하는 일이 줄어들 수밖에 없는 거예요.

이럴 때 미디어가 대안이 될 수 있습니다. 시간과 공간의 한계를 극복할 수 있는 미디어의 특성 때문에 노인도 마음껏 지인을 만날 수 있고, 외부 세계와 연결될 수 있죠. 노인이 되어도 다양한 인간관계를 만들고 유지하며 확장하는 것은 노인의 삶의 질을 높이고 고독감을 줄이는 데 중요한 역할을 할 거예요. 스마트폰과 같은 미디어 기기가 그걸 도와줄 수 있는 겁니다. 그래서 미디어 기기를 자유롭게 다루어 자기 생각과 감정을 표현하는 노인은 그렇지 못한 노인에 비해 삶의 질과 행복도가 훨씬 높게 나타납니다. 실제로 노인들의 미디어 리터러시 능력이 자기 효능감과 삶의 만족도에 어떤 영향을 주는지 살펴본 연구도 있었어요. 연구 결과, 미디어를 통한 네트워크 형성 및 확장 능력이 노인의 자기 효능감과 삶의 만족도에 긍정적인 영향을 미치는 것으로 확인되었습니다.*

그러므로 이제 교회에서 노인대학과 같은 노인들을 위한 교육 프로그램을 준비할 때 반드시 미디어 기기 활용 및 자기표현향상 프로그램이 들어가야 한다고 생각합니다. 사실 일반 교육에서는 스마트미디어를 활용한 실버 계층의 자기표현 능력 향상 프로그램이 개발되기도 했어요.** 교회도 조금 더 분발해야 합니다.

그렇군요. 미디어를 통해 자기를 표현하는 것이 이렇게 중요하고, 또 할 일이 많은 줄은 몰랐네요.

그럼 다음 주제로 넘어가 봅시다. 자기표현을 할 줄 아는 것도 중요한데요, 그것만큼 중요한 게 있어요. 잘못할 경우 그리스도인으로서 바람직하지 못한 모습이 나타날 수도 있습니다.

---

* 김경희, 유수정, "노인들의 미디어 리터러시가 자기효능감과 삶의 만족도에 미치는 영향: 미디어에 대한 접근·통제능력과 사회적 소통능력을 중심으로 장년층과의 비교 연구", 「사이버커뮤니케이션학보」 37(2020), 128-129.
** 안병룡, 이지연, 김은지, 이동화, 임정하, "스마트미디어를 활용한 실버계층의 자기표현능력 향상 프로그램 개발", 「학습과학연구」 5(2011), 119-145.

## 2. 모든 것이 가하지만···.

　우리가 미디어로 자기 생각과 감정 등을 표현할 때 유의할 점이 있는데요, '모든 것이 가하지만, 모든 것이 유익하고 덕을 세우는 것은 아님'(고전 10:23)을 기억하는 것입니다. 즉, 우리가 인터넷 공간에 자유롭게 생각을 표현할 수 있게 되었다고 해서, 아무 말이나 막 하고 아무 내용이나 다 공유하고 그래서는 안 된다는 거지요. 미디어 표현 능력은 단순히 기술적인 능력만 갖춘다고 되는 것이 아니라 반드시 바른 표현 태도와 함께 가야 합니다.

　운전을 예로 들어 설명을 해 보겠습니다. 어떤 사람이 운전면허를 땄습니다. 그러면 차를 몰고 다닐 수 있는 기술적인 능력은 갖춘 셈입니다. 그러나 면허를 따고, 운전할 줄 알게 되었다는 것과 모범 운전자가 되는 것은 전혀 다른 이야기입니다. 오히려 난폭 운전을 할 수도 있죠. 그러므로 운전을 할 때는 기술과 함께 바른 태도도 갖추어야 합니다. 미디어 표현 능력도 마찬가지입니다. 기술과 함께 바른 태도를 함께 갖춰야 합니다.

# Netiquette
## 네티켓
네트워크(Network)와 에티켓(Etiquette)의 합성어
인터넷 예절 혹은 인터넷 공간에서 지켜야 할 예의범절

혹시 네티켓(netiquette)을 이야기하시는 건가요?

오, 네티켓이라는 용어를 아나요? 요즘은 많이 안 써서 교과서나 책에서 볼 수 있는 용어가 되었어요. 이 말은 네트워크(network)와 에티켓(etiquette) 의 합성어로, "인터넷 공간에서 지켜야 할 예의범절"(위키백과)을 의미합니다. 우리가 사회에서도 지켜야 할 예의범절이 있잖아요. 타인을 깍듯하게 대하며 존대하며 존중하고, 말과 행동 모두 주변의 사람들을 의식하면서 조심스럽게 대합니다. 그런데 인터넷에서는 그런 모습이 무너지는 경우가 있어요. 인터넷이라는 가상의 공간에서, 내가 누구인지 알 수 없을 것이라 는 익명성에 숨어 욕설이나 혐오 발언을 하기도 하고, 근거 없는 루머를 퍼 뜨리기도 합니다.

저도 가끔 인터넷에서 심한 비방이나 욕설을 보면 저에게 하는 것도 아 닌데 기분 나빠질 때가 있어요. '과연 그 사람의 얼굴을 보고서도 똑같이 말 할 수 있을까?' 하는 생각도 들고요.

사실 온라인으로 자신을 표현하는 것은 긍정적인 요소가 많습니다. 댓글도 처음 도입될 당시에는 많은 기대가 있었어요. 예전에는 언론사에서 일방적으로 뉴스를 만들어서 전달하면, 뉴스의 수용자들이 자신의 의견을 표현하거나 반응하기가 쉽지 않았거든요. 방송국에 전화를 걸거나 편지나 엽서를 보내는 방법 말고는 없었죠. 실시간으로 시간과 공간의 제약을 받지 않고 쌍방향으로 소통할 수 있는 인터넷 미디어는 완전히 새로운 가능성을 열어 주었습니다. 누구든지, 언제라도 뉴스 기사 및 게시물에 자신의 의견을 표현할 수 있고요, 심지어 그렇게 댓글로 표시된 의견에 지지 혹은 반대도 표현할 수 있습니다. 말 그대로 새로운 공론장의 역할을 할 수 있게 된 것입니다.[*]

그런데 댓글 문화는 사용자들에 의해 여러 부작용이 나타납니다. 정치 분야에서는 댓글 조작 사건이 일어나 건강한 여론 형성에 방해가 되기도 했고요, 도를 넘는 악성 댓글 때문에 안타깝게도 생명을 끊은 연예인과 운동선수도 있었습니다.[**] 지난 2019년 한국언론진흥재단이 시행한 연구에 따르면 연예인들의 자살 사건에 악플이 영향을 미쳤다고 응답한 사람이 97.7%(크게 영향 미침+약간 영향 미침)로 나타났고, 인터넷 포털 사이트의 연예 뉴스 댓글을 폐지해야 한다고 생각한 사람도 85%나 되었습니다.[***]

저도 기억이 납니다. 어느 날부터인가 연예 기사와 스포츠 기사에 댓글 창이 사라졌더라고요. 예전에 댓글을 보는 것도 소소한 재미였는데, 약간

---

[*]  김경년, 김재영, 『오마이뉴스』 독자의견 분석: '난장으로서의 공론장' 가능성 탐색", 「한국방송학보」 19(2005), 11.

[**]  김수아, 『안전하게 로그아웃』 (서울: 창비, 2021), 68.

[***]  양정애, "댓글 폐지, 실검 폐지에 대한 국민 인식", 「Media Issue」 5(2019), 2-5.

아쉬운 마음도 듭니다.

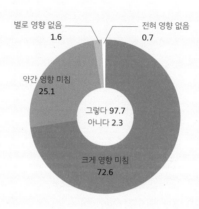

**최근 연예인들 자살 사건에 악플이 영향을 미쳤다고 보는지 여부**     (단위: %)

별로 영향 없음 1.6 / 전혀 영향 없음 0.7

약간 영향 미침 25.1

그렇다 97.7
아니다 2.3

크게 영향 미침 72.6

※ 한국언론진흥재단 미디어연구센터 온라인 설문조사
  (2019년 12월 2~8일, N=1,000)

[표12] 최근 연예인들 자살 사건에 악플이 영향을 미쳤다고 보는지 여부

맞습니다. 저도 댓글이 사라진 것에 대해 아쉬운 마음이 큽니다. 댓글이 주는 정보도 상당하고, 여론이 어떻게 흘러가는지도 가늠할 수 있게 해 주거든요. 몇몇 사람으로 인한 부작용 때문에 제도 자체가 망가져 버린 아주 안타까운 사례라고 할 수 있습니다. 그런데 최근에는 이 댓글보다 더 심각하게 나타나고 있는 문제가 있는데요, 바로 블로그나 SNS, 인터넷 커뮤니티, 뉴스의 댓글, 유튜브 등 미디어의 유형을 가리지 않고 나타나고 있는 혐오 표현(hate speech)의 문제입니다.

'혐오'는 단순히 무언가를 싫어하는 취향의 문제가 아닙니다. 그보다 훨씬 복잡한 의미가 있어요. "사회적, 구조적 의미에서 혐오는 다른 사람의 존재를 인정하지 않는 것, 차별을 당연시하는 것 등을 뜻합니다."\* 그리고 혐오 표현은 "일반적으로 인종, 민족, 종교, 성, 성적 지향 등과 같은 특정한 속성을 가진 집단에 대하여 혐오를 고취시키려는 의도와 효과를 갖는, 그리고 표적에 대해 비방, 모욕, 심지어 인격 말살의 극단적인 형태를 취하는" 표현을 가리킵니다.\*\* 문제는 이런 혐오 표현들에 우리의 청소년들과 청년들이 굉장히 많이 노출되어 있다는 것입니다. 지난 2019년 국가인권위원회에서 수행한 〈혐오 표현에 대한 청소년 인식 조사〉에 따르면 온라인 또는 오프라인에서 혐오 표현을 접한 바 있는 청소년은 전체의 68.3%였고, 혐오 표현을 경험한 청소년 중 82.9%는 소셜 미디어, 커뮤니티, 유튜브, 게임 등 온라인 공간을 통해 혐오 표현을 경험한 것으로 나타났습니다.\*\*\*

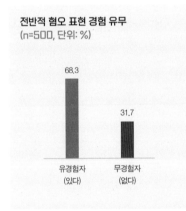

[표13] 전반전 혐오 표현 경험 유무

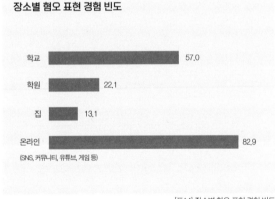

[표14] 장소별 혐오 표현 경험 빈도

---

\*    김수아, 『안전하게 로그아웃』, 71.

\*\*   박승호, "혐오표현의 개념과 규제방법", 「법학논총」 31(2019), 3.

\*\*\*  국가인권위원회, 「혐오표현에 대한 청소년 인식조사」, 13-14.

소셜 미디어에서 혐오 표현 접촉 빈도                                    (단위: %)

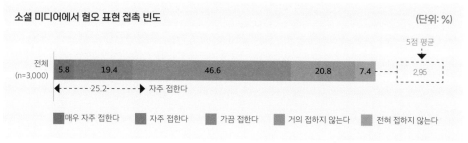

[표15] 소셜 미디어에서 혐오 표현 접촉 빈도

또한, 〈2021 소셜 미디어 이용자 조사〉에 따르면 소셜 미디어에서 혐오
표현을 자주 접한다고 응답한 사람은 전체의 1/4 정도인 25.2%로 나타났
고, 특히 20대의 경우 다른 연령대에 비해 혐오 표현을 접하는 비율이 월등
히 높아서 전체 20대 응답자의 46.0%가 소셜 미디어에서 혐오 표현을 자주

혐오 표현에 가장 많이 노출된 20대
20대 2명 중 1명은 "혐오 표현 자주 접해"                       (단위: %)
                                              (소셜 미디어 이용자 3,000명 기준)

세대별 소셜 미디어 혐오 표현 접촉 빈도

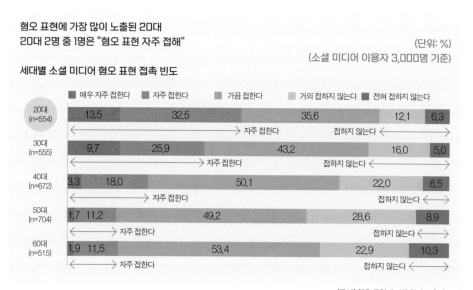

[표16] 혐오 표현에 가장 많이 노출된 20대

접하는 것으로 나타났습니다.*

　수치상으로 계산을 해 보지 않아서 모르고 있기는 했지만, 저도 생각해 보면 확실히 최근 인터넷이나 소셜 미디어를 통해 이런 혐오 표현을 보는 경우가 많이 늘어났습니다. 특히 요즘은 인터넷 밈(internet meme)**의 형식으로 재미있게 만들어서 많이 올라오는 것 같아요.

　저는 오히려 그게 더 나쁜 현상이라고 생각합니다. 혐오 표현이 더 퍼져 나가려면 사람들이 쉽고 편하게 받아들일 수 있어야 하잖아요. 혐오 표현이 나한테 하는 이야기는 아니더라도 듣기 싫은 소리는 누구나 듣기 싫으니까 혐오 표현에 유머를 섞어서 밈을 만드는 거죠. 그러면 자연스럽게 잘 퍼져 나가니까요. 게다가 이렇게 유머 코드를 섞는 것에 또 한 가지 문제가 있는데요, 다른 사람이 왜 혐오 표현을 하냐고 문제를 제기해도 '아 그냥 장난이었다', '웃자고 하는 일인데 왜 이렇게 죽자고 달려드냐' 하는 식으로 대응할 수 있습니다. 그리고 더 심한 경우 표현하는 당사자도 이게 얼마나 심각한 일인지 모르게 될 수 있습니다.

　우리의 청소년, 청년들이 많은 혐오 표현에 노출되어 있고, 심지어 유머 코드가 섞인 혐오 표현을 즐기기까지 하는 상황입니다. 좋지 않은 콘텐츠에 노출되는 것이 긍정적인 영향을 주겠습니까? 당연히 그렇지 않습니다. 결국 표현의 자유에 대한 부정적인 모습이 또 다른 심각한 문제를 일으키

---

\* 　한국언론진흥재단, 『2021 소셜 미디어 이용자 조사』, (서울: 한국언론진흥재단, 2021), 65.

\*\* 　인터넷 밈(internet meme)이란 대체로 모방의 형태로 인터넷에 퍼지는 어떤 생각, 스타일, 행동 따위를 말한다. 즉, 패러디물 형태로 인터넷(커뮤니티 또는 SNS)에 퍼진 2차 창작물로, 이에 대응하는 한국어 표현이 짤방 혹은 짤이라 할 수 있다(위키백과).

고 있습니다. 혹시 사이버 불링(cyber bullying)이라고 들어봤나요?

사이버 볼링이요?

사이버 볼링(bowling)이 아니라 사이버 불링(bullying)입니다. 처음 들어봤나 보네요. 사이버 불링은 '사이버 폭력'과 비슷한 말인데요, 온라인에서 벌어지는 집단 괴롭힘을 뜻해요. 괴롭히는 방법과 유형이 굉장히 다양하게 나타나죠. 불쾌하고 폭력적인 메시지 혹은 이미지를 보내거나, 개인의 신상 정보와 사진을 유포하기도 해요. 또는 데이터나 금전을 빼앗기도 합니다. 또한 단체 대화방에서 나가지 못하게 계속 초대하면서 지속적으로 욕설을 보내거나, 반대로 한 개인을 따돌리는 것도 사이버 불링이라 할 수 있습니다.[*]

방송통신위원회에서 지난 2021년 전국의 청소년 및 성인 16,500명을 대상으로 실시한 사이버 폭력 실태 조사 결과, 청소년의 29.2%, 그리고 성인

---

[*]  김수아, 『안전하게 로그아웃』, 54.

의 15.7%가 사이버 폭력을 경험했다고 답했습니다. 사이버 폭력을 경험한 학생과 성인 모두 우울, 불안 등 부정적인 정서를 느꼈다고 해요.* 또한, 사이버 불링 형태의 학교 폭력이 점점 심각하게 나타나고 있기 때문에 우리나라에서도 지난 2020년 '학교폭력예방 및 대책에 관한 법률'**에 사이버 불링이 포함되었습니다.***

정말 큰 문제네요. 아무리 표현의 자유가 중요하고, 미디어를 통해 마음껏 생각을 표현할 수 있는 시대라고 해도 지킬 것은 좀 지켜야죠. 이에 대한 좋은 행동의 지침이 없을까요?

좋은 지적입니다. 구체적으로 어떻게 행동하고, 어떻게 표현할 것인가 함께 고민해야겠지요. 디지털 세상에서 자신을 표현하고 타인과 소통할 때도, 아날로그 세상에서와 마찬가지로 타인에게 예의 바르게 행동하기 위해 노력해야 합니다. 인터넷 세상에서도 예의범절에 신경 써야 하는 거죠. 스크린

---

* 방송통신위원회, "2021 사이버폭력 실태조사 결과 발표 보도자료", 1-2.

** 제2조 1. "학교폭력"이란 학교 내외에서 학생을 대상으로 발생한 상해, 폭행, 감금, 협박, 약취·유인, 명예훼손·모욕, 공갈, 강요·강제적인 심부름 및 성폭력, 따돌림, 사이버 따돌림, 정보통신망을 이용한 음란·폭력 정보 등에 의하여 신체 · 정신 또는 재산상의 피해를 수반하는 행위를 말한다.
　1의3. "사이버 따돌림"이란 인터넷, 휴대전화 등 정보통신기기를 이용하여 학생들이 특정 학생들을 대상으로 지속적, 반복적으로 심리적 공격을 가하거나, 특정 학생과 관련된 개인정보 또는 허위사실을 유포하여 상대방이 고통을 느끼도록 하는 모든 행위를 말한다.

*** 김수아, 『안전하게 로그아웃』, 54.

과 랜선을 통해서 만나기는 하지만, 결국 스크린 반대편에 있는 사람도 하나의 인격체거든요. 그래서 요즘은 '디지털 시민의식'이라는 표현을 사용하기도 합니다. '디지털 시민의식'이란 디지털 환경에서의 시민의식을 가리키는 말인데요,* 디지털 세상에서도 아날로그 세상과 똑같은 시민의식을 가지고 행동해야 한다는 겁니다.**

그러므로 다양한 미디어를 통해 생각과 감정을 표현할 때 가장 중요한 원칙은 바로 이것입니다. 화면 반대편에 나와 같은, 그리고 하나님이 만드신 귀한 영혼이 있음을 기억하는 것입니다. 상대방을 직접 대면해서 만나는 것처럼 표현하는 거죠. 그렇게 하면 혐오 표현의 문제가 사라질 겁니다.

특히 그리스도인은 한 가지 더 기억해야 할 것이 있는데요, 바로 하나님 앞에서 미디어를 사용하고 있음을 기억하는 것입니다. 이걸 "코람 데오"(라틴어: Coram Deo, 신전의식(神前意識): 하나님 앞에서)라고 해요. 하나님 앞에서 미디어를 사용하고 있다는 의식을 가지면 욕설이나 심한 비방 등은 아마 꿈도 못 꿀 것입니다.

내가 온라인이라는 익명의 공간에 숨어 있는 것이 아니라 하나님 앞에, 그리고 사람들 앞에 있음을 계속 기억하는 거군요.

그렇습니다. 이번 주제를 마무리하기 전에 정말 중요한 내용 한 가지를 짚어 보도록 하겠습니다. 우리가 미디어로 자신을 표현할 때 정말 주의해

---

* 윤성혜, "대학 교양교육으로서 디지털 시민교육(digital citizenship education)의 필요성과 방향", 「교양교육연구」, 11(2017), 37.
** 박일준, 김묘은, 『디지털 & 미디어 리터러시』 (서울: 북스토리, 2019), 232.

야 하는 내용인데요, 혹시 '페르소나'(persona)라는 말을 들어 봤나요?

페르소나요? 글쎄요. 정말 교수님은 신기한 단어를 많이 알고 계시네요.

그런가요? 사실 알 만한 단어라서 물어본 건데요. 영어 단어 'person'(사람)
은 알지요? 바로 '페르소나'라는 단어에서 온 겁니다. 페르소나(persona)란 고
대 그리스 가면극에서 배우가 썼다 벗었다 하는 가면을 뜻했습니다. 그것이
심리학 용어로 발전해 더 넓은 개념으로 쓰이게 되었습니다. 심리학에서 '페
르소나'는 한 사람이 타인에게 자신을 드러낼 때 착용하는 공적인 얼굴(가면)
을 가리킵니다. 그러니까 외적인 성격이나 이미지와 같은 것이지요.

연극에서 배우가 가면을 쓰고 자신이 아닌 다른 사람을 연기하듯이, 우
리도 세상이라는 연극 무대에서 여러 개의 가면(페르소나)을 바꿔 쓰면서
여러 '나'로 살아간다 생각하는 겁니다.* 저명한 심리학자 구스타프 융(Carl

---

* 　강민희, 이승우, "멀티 페르소나의 사례와 의미 - '부캐'를 중심으로", 「한국문예창작」 19(2020), 3.

Gustav Jung)은 인간은 천 개의 페르소나(가면)를 지니고 있어서 상황에 따라 적절한 페르소나를 쓰고 관계를 이루어 간다고 주장하기도 했습니다.* 이렇게 여러 '나'를 가지고 때에 따라 정체성을 전환해 가며 살아가는 것이 최근 젊은 세대에게는 굉장히 일반적인 모습이 되었습니다. 직장인이 퇴근후에는 유튜브나 블로그에서 콘텐츠 크리에이터로 활동하기도 하고, 평범한 주부가 음악을 들을 때는 '아미'(A.R.M.Y.)**가 되기도 합니다.

그리고 무엇보다 온라인과 미디어 세상에서는 멀티 페르소나(다중 정체성)가 훨씬 더 자연스럽게 나타납니다. 기본적으로 온라인에서는 보통 실명보다 닉네임이나 아이디를 사용하지요. 굳이 자신의 자아를 드러낼 필요 없이 실제와 다른 새로운 모습을 얼마든지 만들 수 있고, 한 사람이 여러 가지 캐릭터와 계정을 만들어서 다양한 모습으로 얼마든지 활동 가능합니다. 소셜 미디어를 사용할 때도 카카오톡인지, 트위터인지, 유튜브인지, 인스타그램인지에 따라 다른 정체성으로 활동할 수 있고요.*** 소셜 미디어를 사용할 때도 친구들에게 다 알려 주고 사용하는 주 계정과 함께, 자신의 취미를 위한 계정 혹은 사생활을 위한 비공개 계정 등 다양한 부계정을 사용하기도 합니다.**** 심지어 게임이나 메타버스(metaverse)*****에서는 아예 성별을 바

---

* 위키백과, 페르소나(심리학) 항목.

** A.R.M.Y. (Adorable Representative M.C for Youth), 글로벌 아이돌 그룹 방탄소년단(BTS)의 공식 팬클럽 이름.

*** 김난도 외, 『트렌드 코리아 2020』, (서울: 미래의창, 2019), 196.

**** 이런 것을 흔히 '부캐'(부캐릭터)라고 한다. MBC 예능 프로그램인 〈놀면 뭐 하니?〉에서 방송인 유재석이 드러머, 트로트 가수, 라면 끓이는 쉐프, DJ, 댄스 가수 등 다양한 부캐를 선보이면서 대중에게도 잘 알려진 개념이 되었다. 반대는 '본캐'(본캐릭터)이다.

***** 메타버스(metaverse)는 가상, 초월을 의미하는 '메타'(meta)와 세계, 우주를 의미하는 '유니버스'(universe)를 합성한 신조어로 현실을 디지털 기반의 가상 세계로 확장해 가상 공간에서 모든 활동을 할 수 있게 만드는 가상 세계이다(위키백과).

꺼서 남성이 여성으로, 또 여성이 남성으로 자신의 캐릭터를 만드는 경우도 종종 있습니다.

'부캐'가 익숙해진 시대가 되어서 더 그런 것 같네요. 저도 인스타그램 계정을 3개나 가지고 있거든요. 그래서 아까 그 이야기하실 때 속으로 혼자 웃었습니다.

그런데 이렇게 멀티 페르소나(다중 정체성)를 가지고 살아가는 것에 문제는 없을까요? 특히 다양한 미디어를 통해 다른 '나'를 표현하는 것에 부작용은 없을까요?

글쎄요. 뭐든지 동전의 양면처럼 좋은 점도 있고, 안 좋은 점도 있지 않을까요?

그렇죠. 우선 정체성이 여러 개라는 점에서 정체성의 위기가 찾아올 수 있습니다. 심리학자 에릭슨(Erik H. Erikson)이 강조한 것과 같이 청소년기 '나는 누구인가?'라는 자아정체성을 형성하는 너무나 중요한 시기입니다. 이런 시기에 하나의 통합된 정체성이 아닌 여러 개로 분할된 정체성'들'을 가진다면 어떤 일이 일어날까요? 아마 어떤 '나'가 진짜 '나'인지 자기 스스로도 헷갈릴 수 있는 거죠.

세계적 아이돌 그룹이 된 방탄소년단(BTS)이 2019년 발표한 미니앨범 6집의 타이틀이 "MAP OF THE SOUL: PERSONA"였습니다. 그리고 첫 곡인 'Intro: Persona'는 청소년들이 가장 고민하는 주제인 '정체성'에 관한 질문을 대중에게 던집니다. 곡의 가사 일부를 소개합니다.

"Yo 나는 누구인가 평생 물어 온 질문

아마 평생 정답은 찾지 못할 그 질문

(중략)

내가 되고 싶은 나, 사람들이 원하는 나

니가 사랑하는 나, 또 내가 빚어내는

웃고 있는 나, 가끔은 울고 있는 나

지금도 매분 매 순간 살아 숨 쉬는 Persona"

　이 곡의 가사처럼 우리는 정체성을 형성하는 과정에서 '나는 누구인가'라는 질문을 계속 던집니다. 난 어떤 사람인지, 뭘 좋아하는지, 그리고 내가 원하는 내가 되어야 할지, 주변에서 바라는 내가 되어야 할지…. 고민을 이어가면서 조금씩 자신의 정체성을 형성해 나갑니다. 그런데 자신의 정체성이 분명히 형성되기 전에, 페르소나의 개념을 받아들이면 어떻게 되겠습니까? 정체성을 형성하는 데 어려움을 겪을 것입니다. 멀티 페르소나 자체가 정체성을 절대적인 것으로 생각하지 않고, 때에 따라 변할 수 있는 유동적이고 또 상대적인 개념으로 이해하기 때문입니다.*

　또한, 디지털 세상에서 멀티 페르소나를 가지고 살아가다 보면 자칫 '디지털 허언증' 증상이 나타날 수도 있습니다. 자신의 모습을 온라인이나 소셜 미디어에 그대로 보여 주는 것이 아니라 잘 지내는 모습, 행복한 모습만을 편집하거나 때로는 그런 모습을 연출까지 해서 보여 주는 거죠. 물론 이

---

* 　김난도 외, 『트렌드 코리아 2020』, 198.

런 모습은 정도의 차이가 있을 뿐 대부분의 사람이 마찬가지입니다. 인스타그램에도 여행을 가거나, 분위기 좋은 카페에서 차를 마시거나, 혹은 유명한 맛집에서 음식을 먹었을 때 사진을 올리지, 지치거나 우울할 때 혹은 좋지 않은 일을 겪었을 때는 공유하지 않지요.

## 있(有)어빌리티
있(有)다 + 어빌리티 (ability)
= 있어 보이게 하는 능력

## 인스타그래머블
인스타그램 + 할 수 있는 (~able)
= 인스타그램에 올릴 만한

최근 몇 년 사이에 나타난 신조어 중 흥미로운 것이 두 가지 있는데요, '있어빌리티'와 '인스타그래머블'(instagramable)이는 신조어입니다. '있어빌리티'는 '있음'과 능력을 뜻하는 영어 단어 '어빌리티'(ability)를 결합한 신조어로, '있어 보이게 하는 능력'으로 해석합니다.* 또한 '인스타그래머블'(instagramable)은 인스타그램과 '~할 수 있는'이라는 의미의 접미사 'able'의 합성어로, '인스타그램에 찍어 올릴 만한'이라는 뜻입니다.** 그런데 두 가지 신조어가 연관되어 있습니다. 즉, 원래의 내 모습, 현실 그대로의 내

---

* 김서연, "[키워드로 보는 2016] 있어빌리티 ① 나를 포장하는 '그럴싸함'", 한국일보 인터넷 기사, 2016. 2. 15.
** 황예정, "당신의 삶은 인스타그래머블 하신가요?", 대학신문 인터넷 기사, 2020. 4. 12.

삶은 그다지 '인스타그래머블'하지 않거든요. 그렇기 때문에 조금 더 '있어빌리티'를 발휘해야 하는 거죠. 사진 한 장을 찍어도 '있어빌리티'를 발휘해야 '인스타그래머블'한 사진이 됩니다.

그런데 아까 교수님이 말씀하셨듯이 이런 모습은 누구에게나 있지 않나요? 소셜 미디어에 올릴 거면 조금이라도 잘 나온 사진이 좋고, 조금 더 있어 보이는 게 좋잖아요.

맞아요. 우리 대부분 그런 허세가 있죠. 정신적으로 건강한 사람에게 허세는 큰 문제가 아닙니다. 그러나 자존감이 낮거나 심리적으로 안정적이지 못한 사람에게는 심각한 문제일 수 있습니다. 자존감이 낮은 사람은 자신의 약한 모습이나 부정적인

모습을 다른 사람에게 보여 주는 것이 힘들거든요. 잘 포장된 모습으로 자기를 표현하려 합니다. 그런데 그렇게 열심히 자기의 모습을 꾸며서 보일 때 두 가지 현상이 나타나요. 첫 번째는 괴리감입니다. 꾸며진 모습을 다른 사람들에게 보여 주지만, 실제 모습은 이렇지 않다는 것을 자신이 누구보다 잘 알거든요. 다른 사람에게 보여 주기 위해 거짓으로 만들어 낸 자아와 실제 자아 사이의 괴리감을 느끼며 더 괴로워하거나 우울증에 빠지기도 합

니다. 두 번째는 전혀 반대의 반응인데요, 소셜 미디어나 인터넷을 통해 자신의 모습을 꾸며 내기 시작하면 나중에는 억지로 꾸며 낸 모습이 진짜 자신이라고 믿어 버리기도 합니다.

디지털 허언증에 빠진 사람은, 처음에는 단순히 좋은 모습만 보여 주는 것에서 시작하지만, 나중에는 남들이 부러워하는 모습을 보여 주기 위해 작위적으로 연출하게 되고, 거짓말과 잘못된 행동까지 서슴지 않게 됩니다. 예를 들어, 자존감이 굉장히 낮은 한 사람

이 있습니다. 그는 자존감이 낮다 보니 인정 욕구가 굉장히 강해요. 어느 날 그가 어디 놀러 갔다가 찍은 사진을 소셜 미디어에 올렸는데, 반응이 너무 좋은 거예요. 그러면 이 사람은 순간적으로 큰 행복함을 느낍니다. 그래서 다음에도 유명한 맛집을 가거나, 다른 사람들이 부러워할 만한 체험을 한 뒤 게시해요. 그러면 또 사람들에게서 부러움을 사죠. 이런 감정을 한 번 맛보면, 더 자주 그리고 더 크게 느끼고 싶거든요. 어쩌다 한 번이 아니라 매일 느끼고 싶은 거죠. 그렇지만 경제적으로 아주 여유가 있지 않은 이상 어떻게 매일 좋은 곳에 가고, 좋은 것을 먹겠습니까? 그러면 결국 거짓으로 꾸며 내기 시작하는 것입니다. 실제와는 다른 연출을 하거나, 남의 사진을 도용해서 올리기도 해요. 거짓말이 거짓말을 낳아 계속 거짓 이야기를 꾸며 내는 거죠. 이 사람이 과연 행복할 수 있을까요? 그렇지 않죠. 언제 모든 것이 밝혀질까 두려워하며 위태위태하고 불안한 삶을 살 수밖에 없습니다.

정한아 작가의 장편 소설 『친밀한 이방인』은 주인공 유미가 평생을 거짓말과 거짓 이력으로 살아가는 이야기입니다. 소설의 내용이 정말 재미있어서 한 OTT* 회사에서 이 소설을 원작으로 드라마를 만들기도 했는데요, 이런 거짓으로 점철된 삶의 모습이 바로 디지털 허언증에 빠진 모습과 같습니다.

심각하네요. 그런데 이렇게 지나친 모습은 소설 속에서나 나오는 것 아닌가요? 현실에서는 이 정도까지 하는 사람은 없을 것 같은데요?

안타깝게도 그렇지 않습니다. 가구 회사에서 내려받은 사진들을 자신의 아파트 사진이라고 올리고 다른 사람의 소셜 미디어 계정에서 해외여행 사진을 내려받아 마치 자신이 다녀온 것처럼 꾸몄던 30대 여성, 친구 소유의 외제 차와 시계 사진을 올리며 부유한 미혼의 의사 행세를 했던 30대 유부남 직장인도 있었습니다. 나경세 정신건강의학과 교수에 의하면 소셜 미디어에 계속 거짓된 내용을 올려 거짓말쟁이가 됐다는 자책감과 우울증을 호소하며 상담을 받는 환자가 5년 전보다 3배가량 늘었다고 합니다.**

그리고 마지막으로 한 가지만 더 살펴보겠는데요, 멀티 페르소나와 그리스도인으로서의 우리 신앙이 어떤 관계가 있는지 생각해 봅시다. 그리스도인은 다른 의미에서 항상 멀티 페르소나로 살아가고 있습니다. 이 세상 나

---

* OTT(Over the Top)는 직역하면 "셋톱박스(Top)을 넘어"라는 뜻으로 셋톱박스(Top)라는 하나의 플랫폼에만 종속되지 않고 PC, 스마트폰, 태블릿 컴퓨터, 콘솔 게임기 등 다양한 플랫폼을 지원한다는 의미로 하나의 콘텐츠를 다양한 플랫폼에서 시청(소비)할 수 있는 실시간 방송과 VOD, 인터넷 방송을 포함한 차세대 방송 서비스를 말한다(나무위키).

** 임선영, 권혁재, "'있어빌리티' 욕구…30대 유부남, 돈 많은 총각 의사인 척", 중앙일보 인터넷 기사, 2016. 5. 21.

라에 속해 있지만, 동시에 하나님 나라의 백성으로 살아가기 때문입니다. 그리고 각자 자신의 직업을 가지고 일하며 살아가지만, 동시에 자신의 자리에서 하나님 나라 복음을 전하는 선교사로서 살아가기 때문입니다. 사도 바울이 복음을 전하는 사도였지만, 천막 만드는 일을 했듯(행 18:3) 우리도 여러 가지 정체성과 신앙을 가지고 살아갑니다. 중요한 것은 우리의 신앙이 멀티 페르소나로 살아가는 우리에게 어떤 역할을 하느냐는 것입니다. 우선 아래의 그림을 봐 주세요.

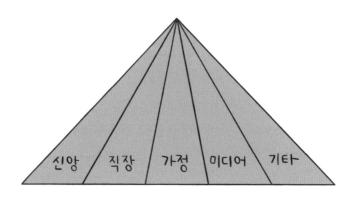

이 모습은 신앙인인 우리가 흔히 취하는 잘못된 멀티 페르소나의 모습입니다. 교회에서는 신실한 교인이자 혹은 리더로 그리스도인의 정체성을 분명하게 보여 주지만, 직장에서나 가정에서는 신앙이 영향력을 발휘하지 못합니다. 미디어를 사용할 때도 마찬가지입니다. 다양한 '나'의 모습을 소셜 미디어와 인터넷 커뮤니티에서 보여 주며 다중 정체성의 삶을 살아가지만, 그 속에서 신앙은 어떤 영향력도 발휘하지 못하고 철저하게 분리되어 있습니다. 결국 어느 곳에서도 신앙인으로서 통합된 정체성을 나타내지 못합니다.

신앙인으로서의 페르소나와 각 영역의 페르소나가 분리되어 있으면 각 영역에서 얼마든지 다른 태도를 취할 수 있습니다. 교회에서는 직분자로 또 신실한 성도로 역할을 할 수 있지만, 직장에서는 갑질하며 다른 사람에게 피해를 줄 수도 있어요. 교회에서는 '사랑합니다, 축복합니다'라고 이야기하지만, 미디어 세상에서는 공격하는 댓글과 혐오 표현으로 다른 사람에게 심각한 상처를 주는 역할을 할 수도 있는 것입니다.

우리의 멀티 페르소나에서 신앙이 단순히 한 영역에만 국한되어 있을 때 더 심각한 문제가 나타나기도 합니다. 세상 사람에게는 그리고 미디어 세상에서는 내가 보여 주고 싶은 부분만 보여 줄 수 있습니다. 때로는 자신의 모습을 훨씬 더 나은 모습으로 포장해서도 보여 줄 수 있습니다. 심지어 그렇게 포장된 '괜찮은' 나의 모습이 진실이라고 스스로 믿기도 합니다. 그러나 하나님 앞에서는 불가능합니다. 우리가 보여 드리고 싶은 모습만 보여 드릴 수 없고, 어떤 것으로도 포장할 수 없습니다. 우리의 죄를 숨길 수 없고, 어떤 방법으로도 하나님을 속일 수 없습니다. 그분은 우리의 중심을 보십니다. 그러므로 그리스도인으로서 우리가 취해야 할 바람직한 멀티 페르소나는 아래의 그림과 같습니다.

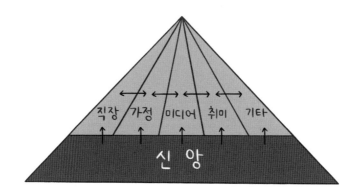

이 그림과 같이 신앙이 모든 멀티 페르소나의 기초를 이뤄야 합니다. 직장인으로 살아갈 때도, 가정의 구성원으로 살아갈 때도, 그리고 무엇보다 미디어 세상에서 가상의 계정을 만들어 살아갈 때도, 우리가 믿는 바른 기독교 신앙이 기초를 이루어야 합니다. 그리고 궁극적으로는 모든 영역이 신앙 안에 하나가 되어, 균형 있고 또 통합된 그런 정체성을 이뤄 가야 합니다.

그리스도인도 현실에서, 그리고 미디어 세상에서 얼마든지 멀티 페르소나로 살아갈 수 있습니다. 그러나 그리스도인은 결코 멀티 페르소나를 '위해서' 살아갈 수는 없습니다. 멀티 페르소나는 삶의 목적이 될 수 없습니다. 우리를 향한 가장 높은 부르심을 위한 도구로 사용할 뿐이죠. 이 사실을 미디어를 통해 자신을 표현할 때마다 늘 기억해야 합니다.

그렇군요. 멀티 페르소나를 이런 식으로 정리해 주실 줄은 생각도 못 했습니다. 그림을 보니 머릿속에 잘 정리가 되네요.

지금까지 온라인이나 소셜 미디어를 통해 자기 자신을 표현할 때 무엇이 중요한지 알아봤는데요, 그중에서도 정말 중요한 것이 있어서 한 가지만 따로 짚어 보도록 하겠습니다.

# 3. 소셜 미디어와 중독

중요한 이야기들을 다 해 주신 것 같은데요…. 또 어떤 주제를 꺼내실지 궁금하네요.

그렇죠. 어쩌면 노파심에 이야기하는 것 같기도 한데요, 요즘 많은 사람에게, 특히 청소년들에게 문제가 되는 이야기라 안 할 수가 없네요. 자, 한번 생각해 볼까요? 우리가 인터넷 커뮤니티 활동이나 인스타그램 같은 소셜 미디어를 하는 이유는 무엇일까요?

대체로 다른 사람들과 소통하기 위해 사용하고요. 정보나 재미를 위해서 하기도 해요. 소셜 미디어를 하다 보면 정말 시간 가는 줄 모르고 집중하게 되더라고요.

맞습니다. 많은 사람이 다른 사람과 소통도 하고, 여가를 이용해 쉬기도 하고, 재미있는 것을 보기도 할 겸 해서 인터넷과 소셜 미디어를 사용합니다. 그런데 이런 목적으로 사용하고 있는 소셜 미디어가 오히려 우리를 우울하게 만들고, 우리에게 부정적인 영향을 준다는 이야기를 들어 봤나요?

네?! 소셜 미디어 때문에 우리의 기분이 안 좋아진다고요? 정말 말도 안됩니다. 그러면 오히려 하지 않는 것만 못하지 않나요?

그렇죠. 하지만 안타깝게도 이러한 현상이 실제로 일어나고 있어요. 스웨덴의 저명한 정신과 의사이자 작가인 안데르스 한센(Anders Hansen)이 쓴 『인스타 브레인』이라는 재미있는 책이 있는데요, 인스타그램뿐만 아니라 다양한 소셜 미디어, 그리고 스마트폰 사용 등이 우리의 뇌에 어떤 영향을 주는지 충격적인 내용을 다루고 있습니다. 저자는 인스타그램과 같은 소셜 미디어를 사용할 때 우리의 기분이 더 우울해진다고 이야기합니다.

정말요?

네, 믿기지 않겠지만 사실이에요. 한 연구에서 미국인 약 2,000명을 관찰한 결과 소셜 미디어를 오래 사용하는 사람일수록 외로움을 더 많이 타는 것으로 나타났어요. 그리고 또 다른 연구에서 5,000여 명을 대상으로 시간 활용에 따른 삶의 질을 조사한 결과 실제 관계에 더 많은 시간을 보낼수록 더 잘지냈고, 페이스북과 같은 소셜 미디어에서보내는 시간이 많을수록 삶의 질이 더 나빴습니다.[*]

---

[*] 안데르스 한센, 『인스타 브레인: 몰입을 빼앗긴 시대, 똑똑한 뇌 사용법』 김아영 역, (서울: 동양북스, 2020), 152-153.

오, 흥미로운데요? 왜 이런 일이 일어날까요?

여러 설명이 가능하겠지만 저는 뇌과학의 관점으로 접근해 보려고 합니다. 사실 우리의 기분은 뇌에서 분비되는 다양한 신경전달물질들의 영향을 받아요. 무엇보다 세로토닌이라는 신경전달물질이 가장 큰 영향을 미칩니다. 세로토닌

은 평온, 조화, 내면의 힘과 연관이 있어서 '행복 호르몬'으로 불리기도 하는데요, 세로토닌 신경이 잘 발달하고 그 수치가 높은 사람일수록 평상심(平常心)을 유지하고 행복한 감정을 잘 지속합니다. 그래서 우울증과 불안장애, 강박장애 등을 치료할 때 SSRI(Selective Serotonin Reuptake Inhibitor, 선택적 세로토닌 재흡수 억제제)라는 약물을 사용해요.[*] 즉, 세로토닌이 재흡수되어 사라지는 것을 줄이고, 증가하도록 하는 것이죠.

재미있는 것은 세로토닌이 사회적 지위의 영향을 받는다고 합니다. 한 연구진이 버빗원숭이 무리를 관찰해 봤는데요, 원숭이 무리에서 우두머리 수컷은 서열이 낮은 다른 원숭이들보다 2배 가까이 세로토닌 수치가 높았다고 합니다. 또한, 미국의 기숙사에 머무는 학생들을 대상으로 조사를 해 봤는데요, 그곳에서 리더 역할을 한 학생들의 세로토닌 수치가 갓 입사한 학생들보다 훨씬 높게 나타났습니다.[**] 사람은 자신이 다른 사람보다 높은 지위에 있음을

---

[*]  위키백과, '선택적 세로토닌 재흡수 억제제' 항목.

[**]  안데르스 한센, 『인스타 브레인』 155.

느낄 때 세로토닌 수치가 높아집니다. 그리고 세로토닌 수치가 높아지면 당연히 기분이 좋아집니다. 반대로 내가 다른 사람들보다 낮은 지위에 있으면 세로토닌 수치도 낮아지고 기분이 우울해지는 거죠.

확실히 맞는 것 같아요. 내가 주변 사람보다 더 낫다는 생각이 들면 기분이 좋아지죠. 그런데 이게 우리가 소셜 미디어를 사용할 때 우울해지는 것과 무슨 상관이 있을까요?

기본적으로 우리는 항상 다른 사람과 비교하고 경쟁합니다. 이러한 경쟁 구도는 오늘날에만 존재하는 것이 아니에요. 옛날에도 늘 비교와 경쟁이 있었습니다. 그런데 문제가 뭐냐면요, 비교와 경쟁의 범위가 완전히 달라졌다는 겁니다. 예전에는 비교하고 경쟁해 봐야 학교 친구나 동네 이웃, 혹은 친인척 정도였어요. 사촌이 땅을 사면 배가 아프단 말도 그래서 나왔을 거예요. 그런데 이제는 소셜 미디어를 사용하기 때문에 주변 사람들을 넘어 전 세계 수십억의 사람과 비교하고 경쟁하는 시대가 된 것입니다.

물론 우리도 가끔 좋은 곳으로 여행을 가고, 아주 힙(hip)한 카페에서 차도 마시고, 유명 맛집에서 맛있는 음식도 먹습니다. 그런데 온라인과 소셜 미디어 세상을 들여다보면 내가 간 곳보다 더 좋은 곳으로 여행을 가고, 더 힙한 카페를 가고, 더 맛있는 음식을 먹는 사람이 '항상' 있습니다. 결국, 누군가보다는 '항상' 부족하다는 느낌을 받을 수밖에 없어요.

특히 우리가 인스타그램 같은 소셜 미디어에 사진이나 영상을 올릴 때를 생각해 보세요. 주로 어떤 상황, 어떤 내용을 올리나요? 맨날 반복되는 뻔한 일상, 지루한 삶의 모습, 그리고 힘들고 우울한 내용을 포스팅하나요? 그렇지 않습니다. 어쩌다 한번 있는 재미있는 일, 좋은 곳에 간 경험, 맛있었던 음식, 내 삶에 일어난 기가 막힌 행운, 그리고 긴 시간 노력의 보상으로 얻어 낸 성취들…. 이런 것들을 올립니다. 스포츠 뉴스에서 긴 경기를 다 보여 주는 것이 아니라 가장 중요하고 재미있는 장면을 하이라이트로 보여 주는 것처럼, 소셜 미디어에 올라와 있는 것들은 지루하고 반복되는 일상이 아닌 굉장히 반짝반짝하고 눈부신 모습입니다. 소셜 미디어에 접속해서 계속 다른 사람들이 올린 글들을 보다 보면 어떤 일이 일어날까요? 자연스럽게 나의 삶과 소셜 미디어 속 다른 사람들의 화려한 모습을 비교하면서 패배감과 열등감을 느낄 수밖에 없습니다.

어떤 의미인지 이제 이해가 됩니다. '나는 다른 사람들보다 많이 부족하게 사는구나'라고 느끼고, 점점 우울해질 수밖에 없겠네요.

아까 이야기했듯이 행복 호르몬인 세로토닌은 자신이 생각하는 사회적 지위에 영향을 받거든요. 그러니 소셜 미디어를 통해 자신과 다른 사람의 인생을 비교하는 사람은, 당연히 세로토닌이 줄고 우울감이 늘어납니다. 그런데 이렇게 소셜 미디어를 통해 비교하고 경쟁하는 것은 단순히 우리를 우울하게 만드는 것을 뛰어넘어 영적으로도 해로운 결과를 가져옵니다. 최악의 경우 우리의 인생을 파괴할 수도 있습니다.

성경을 보면 다른 사람과 자꾸 비교하고 열등감에 빠져 시기하다 파멸의 길을 가는 사람이 나오는데요, 바로 우리가 잘 알고 있는 이스라엘의 초대 왕 사울입니다. 사울 왕은 우리가 잘 알다시피 처음 왕이 될 당시에는 굉장히 뛰어난 인물이었습니다. 사무엘상 9장에 사울 왕이 처음 등장할 때의 모습을 보면 외모나 키도 굉장히 뛰어났지만, 부모님의 명령에 순종하는 착한 성품을 가지고 있었습니다. 사무엘 선지자에게 이스라엘을 다스리게 될 것이라는 이야기를 들었을 때도 자신의 미약함을 고백하며 겸손하게 낮아지는 모습을 보여 주었습니다(삼상 9:21). 그러던 그가 왕이 된 후에 사무엘을 기다리지 못하고 스스로 번제를 드리고(삼상 13:8-9), 하나님의 명령에 불순종하여 아말렉과의 전쟁에서 전리품을 남깁니다(삼상 15:1-9). 이스라엘 백성의 노랫소리는 그를 더욱 자극했습니다. "사울이 죽인 자는 천천이요 다윗은 만만이로다"(삼상 18:7). 점점 하나님의 눈 밖에 나기 시작한 그는 결국 다윗을 시기하고 질투하면서 인생이 무너져 내리기 시작합니다. 그때부터 사울은 나라를 돌보는 것보다 다윗을 죽이는 일에 힘을 쏟습니다. 그러다 결국 자신이 먼저 전쟁터에서 비참하게 죽고 맙니다.

사울 왕을 생각하면 참 나쁜 사람이라는 생각이 드는데요, 한편으로는 이해가 되기도 합니다. 사람들이 "사울이 죽인 자는 천천이요 다윗은 만만

이로다"라고 노래한 것을 요즘 소셜 미디어로 비유한다면 사울은 '좋아요'를 천 개 받고, 다윗은 '좋아요'를 만 개 받은 것과 같잖아요. 당연히 기분 나쁘기는 하겠죠.

하하, 그렇게 예를 드니 더 확 와닿네요. 사울 왕은 비교와 경쟁의식 때문에 인생이 망가져 버린 가장 안타까운 사례 중 하나입니다. 우리 그리스도인은 "평온한 마음은 육신의 생명이나 시기는 뼈를 썩게 하느니라"라고 하신 잠언 14장 30절 말씀을 항상 잊지 않도록 노력해야 할 것입니다. 자, 그러면 이런 문제들을 어떻게 해결할 수 있을까요? 계속 소셜 미디어를 하면 어떻게든 비교하고 시기하게 되니 그냥 확 끊어버려야 할까요?

흠⋯. 아예 끊어버리면 해결될 것 같기는 한데, 그게 쉽지는 않잖아요. 요즘 같은 시대에 소셜 미디어를 아예 사용하지 않는 것은 거의 불가능해 보입니다. 다른 방법이 없을까요?

맞아요. 저도 아예 끊어버리는 것은 실현 가능성 없는 해결책이라고 생

각합니다. 그러나 '디지털 디톡스'(digital detox)*는 추천하고 싶어요. 미국 펜실베이니아 대학(University of Pennsylvania)의 대학생 143명을 두 그룹으로 나누어 연구를 진행했어요. 총 3주 동안 한 그룹의 학생은 평소에 사용하던 대로 소셜 미디어를 사용하도록 했고, 다른 한 그룹의 학생은 페이스북, 인스타그램, 스냅챗을 각각 10분씩, 합해서 하루 최대 30분만 사용하게 했습니다. 그렇게 3주의 시간이 지나고 봤더니, 소셜 미디어 사용을 제한했던 그룹의 학생은 소셜 미디어를 사용한 학생에 비해 외로움과 우울감이 의미 있게 줄어들었음을 발견했습니다.** 지난 2015년 덴마크에서는 1,095명의 성인을 대상으로 재미있는 연구가 수행되었습니다. 연구자가 참여자를 두 그룹으로 나눠 일주일 동안 한 그룹은 페이스북을 계속 사용하게 했고, 다른 한 그룹은 페이스북을 잠시 쉬도록 했습니다. 그랬더니 페이스북을 잠시 쉰 그룹에 소속된 사람들의 삶의 만족도가 더욱 높아졌으며, 감정적으로도 긍정적인 모습이 나타났다고 보고했습니다. 특히 페이스북을 사용할 때 다른 사람들에게 질투의 감정을 많이 느낀 사람들이 있었는데요, 이들에게 더 큰 긍정적인 변화가 나타났습니다.***

우와! 신기하네요. 어떻게 바로 효과가 나타날까요?

저도 연구 결과들을 보며 굉장히 놀랐습니다. 일주일, 그리고 3주 정도

---

* '해독'을 뜻하는 단어 디톡스(detox)를 디지털과 연결해, 디지털 기기의 사용을 줄이거나 끊는 것을 의미한다. 디지털 단식이나 디지털 금식으로 표현하기도 한다.

** Melissa G. Hunt, Rachel Marx, Courtney Lipson, and Jordyn Young, "No More FOMO: Limiting Social Media Decreases Loneliness and Depression", *Journal of Social and Clinical Psychology 37*(2018), 751.

*** Morten Tromholt, "The Facebook Experiment: Quitting Facebook Leads to Higher Levels of Well-being", *Cyberpsychology, Behavior, and Social Networking 19*(2016), 661-666.

소셜 미디어 사용을 제한했을 뿐인데, 확실히 긍정적인 효과가 나타났거든 요. 이를 토대로 우리가 소셜 미디어를 사용할 때 유념할 것들을 꼽아 보았 습니다. 첫째, 소셜 미디어 사용 시간을 어느 정도 제한해야 합니다. 각자 자신이 하루에 어느 정도 인터넷과 소셜 미디어를 사용하는지 먼저 확인해 야 하는데요, 아마 확인하면 깜짝 놀랄 정도로 많이 쓰고 있음을 발견할 겁 니다. 그다음 자신이 목표로 하는 사용 시간을 정합니다. '하루에 30분' 혹 은 '하루에 1시간' 이렇게 최종 목표를 잡습니다. 그럼 줄여야 할 시간이 얼 마인지 나오죠. 중간 단계 없이 한번에 확 줄이기보다는 적절한 중간 목표 를 세워 차근차근 줄여 나가는 것이 좋습니다. 그 외에도 소셜 미디어 사용 시간을 줄일 수 있는 현실적인 팁들이 있는데요, 다음 기회에 설명하도록 할게요.*

둘째, 비교하지도 않고, 자랑하지도 않는 것입니다. 고린도후서 10장에 서 사도 바울은 당시의 거짓 교사들을 경계하며 고린도 교회 성도에게 다 음과 같이 권면합니다. 한번 읽어 줄래요?

> 우리는 자기를 칭찬하는 어떤 자와 더불어 감히 짝하며 비교할 수 없노라 그러나
> 그들이 자기로써 자기를 헤아리고 자기로써 자기를 비교하니 지혜가 없도다 (고후
> 10:12)

저는 이 말씀과 18절까지의 말씀을 볼 때마다 '사도 바울 시대에도 소셜 미디어가 있었나?' 하는 생각이 들어요. 소셜 미디어를 통해 우리가 얻고자

---

* 그리스도인으로서 지혜롭게 미디어를 사용하는 방법과 원리에 관련해 다룰 내용이 많은데, 본 책의 주제에서 벗어나는 내용이 많으므로 다음 책에서 다룰 것이다.

하는 것이 무엇인지 정확하게 지적하고 계시거든요. 오늘날 많은 사람이 소셜 미디어를 통해 자기 자신을 드러내고, 인정받고, 칭찬받으려 해요. 사도 바울은 이런 사람들과 같이 되는 것이 지혜 없고 어리석은 행동이라고 분명히 말합니다. 또한 예수님도 "사람에게 보이려고 그들 앞에서 너희 의를 행하지 않도록 주의하라"(마 6:1)라고 말씀하시면서 다른 사람의 인정을 구하는 것을 경계하라고 제자들에게 말씀하셨죠.

그러므로 우리 그리스도인은 소셜 미디어를 사용할 때 항상 신중하고 사려 깊어야 합니다. 다른 사람이 올린 글과 사진을 보면서 자신과 비교할 필요도 없고요, 또한 반대로 우리가 올리는 내용이 다른 사람을 상처받게 하거나 시기를 유발하게 만들 수도 있음을 기억하며 지나친 자랑이 되지 않도록 노력해야겠죠.

그리고 셋째, 소통보다도 관계가 우선임을 기억해야 합니다. 처음 소셜 미디어가 등장했을 때 목표로 한 것은 다른 사람과의 관계를 잘 유지하고, 새로운 관계를 만들어 가는 것이었습니다. 우리가 잘 알고 있는 페이스북도 마크 주커버그(Mark Zuckerberg)라는 청년이 하버드 대학의 소셜 네트워킹, 즉 인맥 사이트를 만들면서 시작되었죠.* 그런데 아이러니하게도 소셜 미디어 때문에 관계가 깨어지거나 나빠질 수 있습니다. 우리가 가볍게 올리는 포스팅을 통해 누군가는 비교 의식에 빠지거나 상처를 받을 수도 있고요, 시기하는 마음 때문에 멀어지는 일이 생길 수도 있습니다.

저는 종종 재미있는 모습을 봅니다. 카페에 모인 사람들이 이야기를 나누는 것이 아니라, 각자 스마트폰을 붙들고 따로 노는 것입니다.

---

* 정지훈, "거의 모든 인터넷의 역사(47) - 페이스북 창업자 마크 주커버그"

아…. 약간 찔리는데요. 그게 저인 것 같아요. 오프라인에서 친구를 만나는 것도 중요하지만, 온라인의 관계도 중요하기 때문에 함께 관리하는 거죠.

저도 온라인의 관계도 중요하고 관리해야 한다는 점에는 동의합니다. 그러나 온라인 관계는 혼자 있을 때도 충분히 할 수 있죠. 그러나 사실 온라인 관계를 관리한다기보다는 자신을 드러내며 소통하기 위해 소셜 미디어를 이용하는 경우가 많거든요. 그러므로 불특정 다수의 사람에게 잘 보이려고 하기보다는 내 손과 눈이 닿는 범위 내에 있는 관계, 즉 오프라인에서 만난 친구와 이웃들과의 관계에 더 집중하는 것이 좋습니다. 독일 베를린 예술대학교 한병철 교수는 『사물의 소멸』이라는 책에서 스마트폰의 사용이 "바라봄으로서의 타인을 소멸"시키고 있다고 지적합니다.[*]

"바라봄으로서의 타인을 소멸"시킨다고요?

아, 어려운 말이죠? 아주 복잡하고 어려운 개념은 아닙니다. 우리가 다른 사람과 관계를 맺고 살아갈 때 서로를 바라보는 것은 인간관계에서 가장 기본입니다. 그런데 우리가 스마트폰과 소셜 미디어에 빠지면 서로를 바라보지 못하게 됩니다. 어린아이를 돌보는 부모가 스마트폰을 들여다보고 있고, 친구와 만났음에도 각자 소셜 미디어

[*]  한병철, 『사물의 소멸』 (서울: 김영사, 2022), 37.

에 빠져 있기 때문에 '지금 여기' 존재하는 사람을 제대로 바라보지 못하게 되는 거죠. 그렇게 서로를 제대로 바라보지 못하면 결국 그 관계는 건강하게 유지될 수 없겠죠. 실제로 지난 2018년 켄트대학교의 한 연구에 의하면 스마트폰의 사용이 소통의 질을 떨어뜨리고, 관계의 만족도에 부정적인 영향을 준다는 것이 밝혀졌습니다.* 그러므로 우리가 다른 사람과 만날 때 소셜 미디어를 사용하는 것은 코미디와 같은 일입니다. 소셜 미디어는 관계 때문에 만들어졌는데, 그걸 사용하다가 관계가 깨지거나 나빠질 수 있기 때문입니다. 그래서 저는 종종 젊은 분들에게 오프라인 모임에서 폰 스택 (phone stack) 게임을 해 볼 것을 제안합니다.

폰 스택(phone stack) 게임? 그건 뭔가요?

생소할 수 있는데요, 미국 뉴욕에서부터 시작된 아주 간단한 게임이에요. 식당이나 카페에 모여 식사를 하거나 차를 마실 때 각자의 스마트폰을 테이블 한가운데 쌓아 둡니다. 그리고 식사를 하고 차를 마시다가 가장 먼저 스마트폰을 가져가 확인하는 사람이 모임의 식사비 또는 찻값을 내는 게임이에요.

우와, 정말 신박한데요? 다음에 친구들과 모이면 한번 해 볼게요!

게임을 처음에 시작한 사람이 누구인지는 모르겠지만, 그 사람도 서로

---

\* Varoth Chotpitayasunondh & Karen M. Douglas, "The Effects of "Phubbing" on Social Interaction", *Journal of Applied Social Psychology* 48(6), 1-13.

스마트폰만 쳐다보는 모습들이 좋지 않게 느껴졌나 봅니다. 저도 이 게임을 해 봤는데요, 서로 집중해서 소통하다 보니 더 즐거운 시간을 보낼 수 있었습니다. 그리고 은근 경쟁이 붙어서 재미도 있어요. 정말 강력하게 추천합니다.

마지막으로 넷째, 우리가 소셜 미디어를 사용할 때 유념할 것은 소셜 미디어를 사용하는 우리의 영적 상태를 지속적으로 돌아봐야 한다는 것입니다.

교수님, 이건 지나친 걱정이 아닐까요? 소셜 미디어를 하면서 영적 상태까지 신경 써야 한다니 너무 과해요. 식사 전에 기도하는 것처럼, 기도하고 소셜 미디어를 해야 할까요?

물론 그렇게 생각할 수도 있죠. 그렇지만 소셜 미디어와 스마트폰의 특징을 바르게 이해한다면 제가 왜 이런 당부를 하는지 이해가 될 겁니다. 기본적으로 소셜 미디어와 스마트폰은 끊임없이 우리의 의식을 분산시킵니다. 한번 스스로 생각해 볼래요? 하루에 몇 번이나 스마트폰을 만지나요?

글쎄요…. 많이 만지기는 하는데, 세어 본 적은 없어서 잘 모르겠습니다.

아이폰을 만드는 애플사의 통계에 따르면 일반 사용자가 하루에 잠금을 해제하고 사용하는 횟수가 평균 약 80회라고 합니다. 잠자는 시간을 제외하면 1시간에 5번 정도 사용하는 것이고요, 1년이면 약 3만 회에 이르는 수치이지요.[*][**] 쉴 새 없이 울리는 전화와 각종 소셜 미디어의 알림 때문에 끊임없이 주의를 빼앗기는 거죠. 그러다 보니 주의를 집중하는 시간은 극도로 짧아지고, 한 가지에도 제대로 집중할 수 없는 산만함의 시대를 살아가고 있습니다. 『8초 인류』의 저자 리사 이오띠(Lisa Iotti)에 의하면 오늘날 사람들이 어떤 것에 관심을 기울이는 시간은 8초 정도라고 합니다. 금붕어가 집중력을 지속하는 시간이 9초 정도라고 하니 금붕어보다도 집중하는 시간이 짧은 겁니다.[***]

금붕어보다 못하다니 정말 충격적인데요.

---

[*] 리사 이오띠, 『8초 인류: 산만함의 시대, 우리의 뇌가 8초밖에 집중하지 못하는 이유』, 이소영 역, (서울: 미래의창, 2022), 45.

[**] 안데르스 한센이 쓴 『인스타 브레인』을 보면 하루에 2,600번 이상 휴대전화를 만지고, 깨어 있는 동안 평균 10분에 한 번씩 들여다본다고 하는데, 이 통계는 웹 기반 조사 플랫폼인 디스카우트(Dscout)에서 조사한 수치를 인용한 것으로, 사람들이 스마트폰을 클릭하고, 스와이프하고, 확대 및 축소하기 위해 스마트폰을 터치한 모든 횟수를 합한 통계이다. 그러므로 2,600번 이상 잠금을 해제하고 사용했다고 이해하면 안 된다. 안데르스 한센, 『인스타 브레인』 75; Dscout, "Mobile Touches: Dscout's Inaugural Study on Humans and Their Tech", 2016.

[***] 애덤 알터, 『멈추지 못하는 사람들』 홍지수 역, (서울: 부키, 2019), 44.

그러니까요. 정말 안타까운 일입니다. 이렇게 소셜 미디어와 스마트폰에 마음을 빼앗기며 살아가는 우리의 모습이 과연 영성에 이로울까요? 그렇지 않죠. 끝없는 알림의 홍수 속에 스마트폰의 스크린만 들여다보면 자연스럽게 하나님을 잊고 살아가게 됩니다. 이는 우리의 영적 건강에 아주 치명적이에요. 프랑스의 수학자이자 신학자였던 블레즈 파스칼도 이 문제를 정확하게 지적했습니다. "나는 인간의 모든 불행이 오직 한 가지 사실, 즉 이들이 자기 방에서 조용히 머물지 못한다는 사실에서 비롯된다는 것을 깨달았다."* 예수님 주변에는 수많은 무리가 끊임없이 찾아왔어요. 예수님은 매일 바쁜 일정을 보내셨지만, 항상 한적한 곳을 찾아가 기도하며 하나님과 독대하는 조용한 시간을 보내셨어요(눅 5:15-16). 세상에서 벗어나 하나님과의 만남, 그 고독을 즐기는 것이 영성의 기본인데 이것을 놓치고 있지는 않은지 점검해야 하는 거죠.

또한, 우리가 소셜 미디어를 사용하는 의도를 영적인 차원에서 계속 점검해야 할 필요가 있습니다. 그러니까 스스로 질문해 보는 겁니다. '나는 왜 소셜 미디어를 사용하는가?'

흠…. 생각해 본 적이 없는 것 같아요. 사실 별다른 이유가 있는 건 아니지 않나요? 다른 사람들과 소통도 하고, 잠깐 여유가 생겼을 때 시간을 때우기도 하고…. 여러 이유가 아닐까요?

물론 표면적으로는 그런 이유로 소셜 미디어를 사용합니다. 그러나 한

---

* Blaise Pascal, *Thoughts, Letters and Minor Works*, ed. Charles W. Eliot, trans. W. F. Trotter, M. L. Booth, and O. W. Wight (New York: P. F. Collier & Son, 1910), 63; 토니 라인키, 『스마트폰, 일상이 예배가 되다』, 오현미 역, (서울: CH북스, 2020), 52에서 재인용.

편으로는 필요와 욕구를 채우기 위해 사용하는 사람이 많습니다. 다른 사람들로부터 칭찬받고, 인정받고, 무엇보다 관심과 애정을 받고 싶어 하는 욕구입니다. 이러한 욕구는 모든 사람이 가지고 있고, 그 자체가 잘못된 것은 아니에요. 문제는 그러한 욕구를 소셜 미디어나 다른 사람으로부터 채우려고 할 때 생깁니다. 진정한 필요와 사랑, 인정은 하나님만이 채워 주실 수 있거든요. 물론 사람들로부터 어느 정도 채울 수 있기는 하지만, 하나님만이 완벽하게 채워 주실 수 있습니다. 그러나 필요와 욕구를 소셜 미디어나 다른 사람들로부터 채우려 하면 끝없는 목마름이 생깁니다. 마치 바닷물을 마시면서 갈증을 해결하려는 모습과 같지요. 건강하지 않은 방식으로 소셜 미디어를 사용할 수밖에 없고 나중에는 중독의 문제까지 나타납니다.

듣고 보니 정말 심각하네요. 저도 미디어에 중독된 것이 아닌가 하는 생각이 들 때가 있었는데요, 그렇게 중요한 이유가 있었던 거군요. 그럼 미디어 중독은 어떻게 해결해야 할까요?

중독과 관련된 문제는 간단하지 않아요. 게다가 이번 수업의 주제인 미디어 표현 능력에서 벗어나는 이야기라 다음 책에서 깊이 있게 다루려 합니다. 중요한 주제이니만큼 이야기가 나온 김에 가장 중요한 핵심 원리 위주로 이야기해 보겠습니다.

최근 현대인의 삶의 모습을 보면 담

배나 알코올 등의 물질 중독뿐만 아니라 도박, 운동, 쇼핑, 일, 게임, 그리고 인터넷과 미디어 중독 등 다양한 행위 중독도 나타나고 있습니다. 그중에서도 미디어 중독은 굉장히 심각한 상황입니다. 왜 미디어 중독이 심각하냐면요, 미디어는 언제 어디에서나 접근할 수 있고, 무엇보다 완벽하게 합법적이며, 정상으로 여겨지기 때문입니다.* 어떤 중독보다 빠지기 쉽지만, 정작 중독에 빠져도 심각성을 느끼지 못하는 경우가 많습니다. 어떤 사람이 매일 잠시도 쉬지 않고 술병을 들고 다닌다고 생각해 보세요. 주변 사람이 '저 사람은 심각한 알코올 중독이구나' 하고 생각할 겁니다. 그런데 스마트폰은요, 거의 모든 사람이 매일, 잠시도 몸에서 떼지 않는데도 이상하게 보지 않습니다. 그러다 보니 스마트폰을 이용해 소셜 미디어나 동영상 서비스, 게임 등을 지나치게 이용하는 사람들이 많아지고 있어요.

실제로 여성가족부와 한국청소년정책연구원이 2022년 5월 25일에 공개한 '2022년 청소년 통계'(21년의 통계를 정리해 22년에 발표한 자료)에 따르면 스마트폰 과의존 위험군(잠재적 위험군과 고위험군을 합친 그룹)으로 분류된 청소년이 무려 37%에 달했는데요, 2019년의 30.2%, 2020년의 35.8%에 비해 꾸준히 느는 추세임을 알 수 있습니다.

또한 이렇게 많은 사람이 스마트폰과 미디어 중독에 빠져 있기 때문에 새롭게 등장한 단어들이 있는데요, 혹시 '노모포비아'(nomophobia)와 '스몸비'(smombie)라는 단어를 들어 봤나요?

네? 그건 또 무슨 이야기인가요? 이전 수업에서 '키오스크 포비아'(kiosk phobia)를 배운 건 기억나는데요, '노모포비아'도 비슷한 뜻인가요? 그리고

---

\* 노상헌, 『중독과의 이별: 뇌와 영성 그리고 중독』 (서울: 홍성사, 2021), 91.

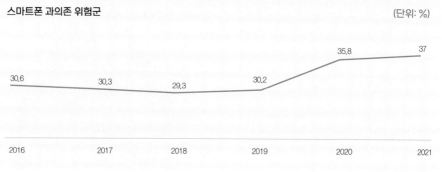

스마트폰 과의존 위험군 (단위: %)

| 2016 | 2017 | 2018 | 2019 | 2020 | 2021 |
| --- | --- | --- | --- | --- | --- |
| 30.6 | 30.3 | 29.3 | 30.2 | 35.8 | 37 |

[표17] 스마트폰 과의존 위험군

'스몸비'는 생전 처음 들어 봐요.

잘 기억하고 있군요. 맞습니다. 이전에 설명했듯이 뭔가 불안하고 공포를 느끼는 것을 '포비아'(phobia)라고 하고요, 앞에 붙은 '노모'는 'no-mobile phone', 즉 휴대전화가 없는 상태를 의미합니다. 그러니까 스마트폰이 없으면 불안과 공포감을 느끼는 일종의 금단 현상을 가리키는 말로, 스마트폰에 빠져 있는 우리의 모습을 잘 표현합니다.* 2018년에는 영국 케임브리지 사전이 뽑은 '올해의 단어'에 선정되기도 했어요. 그리고 '스몸비'(smombie)는요, '스마트폰'과 '좀비'의 합성어로 스마트폰에 지나치게 몰입해, 마치 좀비처럼 걸어 다니는 사람을 가리키는 말입니다. 두 단어 모두 오늘날 현대인에게 스마트폰과 미디어가 얼마나 심각한 중독의 문제를 일으키는지 보여 주지요.

자, 그렇다면 우리는 스마트폰과 미디어 중독을 어떻게 바라보고 대처해야 할까요? 중요한 것은 어떤 중독이든, 중독이 어떤 모습으로 어떻게 나타

---

* 애덤 알터, 『멈추지 못하는 사람들』, 홍지수 역, 30.

나든 모든 중독에는 근본적인 원인이 있
다는 것입니다. 원인을 제대로 해결하
지 않으면 결코 중독의 문제를 해결할
수 없어요. 가장 깊은 곳에 있는 근본
적인 원인과 문제는 바로 '우상 숭배'입
니다.

중독이 우상 숭배의 문제라고요? 너무 막 던지시는 것 아닌가요?

아닙니다. 제가 설명하는 중독의 원인과 결과를 들으면 동의할 겁니다.
먼저 원인부터 생각해 볼게요. 우리에게는 다른 사람들로부터 관심과 애정
을 받으려는 욕구가 있습니다. 그러나 사람으로부터는 온전히 채워지지 않
기 때문에 끊임없는 목마름이 생겨요. 그러다가 소셜 미디어 중독에 이르
게 된다고 설명했죠. 바로 이것이 우리에게 중독이 생기는 근본적인 원인
입니다. 즉, 중독은 하나님만이 주실 수 있는 것을 하나님이 아닌 다른 것을
통해서 얻으려 하기 때문에 생기는 것입니다.

하나님만이 주실 수 있는 것을 하나님이 아닌 다른 것을 통해 얻으려 한
다고요?

그렇습니다. 예를 들어 게임에 중독된 사람의 경우를 생각해 볼게요. 하
루에도 수 시간을 게임에 매달리고 있는 사람이 있어요. 그는 게임을 하면
서 짜릿한 스릴을 느낄 때 자신이 살아 있다는 느낌을 받습니다. 그리고 게

임 레벨을 올려 나가며 성취감도 느껴요. 그런데 우리의 진정한 생명력은 생명의 주인이신 하나님 안에서만 얻을 수 있습니다. 진정한 성취감 역시 우리에게 사명을 주시고 삶을 이끄시는 하나님 안에서만 얻을 수 있습니다. 다른 예로, 쇼핑에 중독된 사람도 있습니다. 지나친 쇼핑으로 카드 빚이 늘어 신용불량자가 될 위기에 처해 있음에도 쇼핑몰을 들락날락하지요. 쇼핑 중독에 빠지는 이유는, 무언가를 손에 넣음으로 기분전환을 하고, 무엇보다 자신이 존중받는다는 느낌을 받기 위해서입니다. 실제로 노르웨이 베르겐대 세실 슈 안드레센 박사와 연구진은 쇼핑 중독이 낮은 자존감과 깊이 연관되어 있다는 연구 결과를 발표했습니다.[*] 그런데 이러한 기분 전환과 존중받고 싶은 욕구 역시 우리의 마음을 새롭게 하시는 하나님, 그리고 우리를 존귀한 자녀 삼으시는 하나님 안에서 채울 수 있습니다.

하나님만이 채워 주실 수 있는 욕구들을 자꾸 하나님이 아닌 다른 곳에서 채우려 하니 채워지지 않는 겁니다. 혹시 주변에 "밤새 게임 실컷 하고 났더니 이제 충분해. 더 이상 하고 싶지 않아", "쇼핑 원 없이 하고 났더니 이제 살 것도 없고, 사고 싶지도 않네", "유튜브를 하도 오래 봤더니 지긋지긋해. 그만 보고 싶어" 이런 이야기하는 사람을 본 적이 있나요?

하하, 그러네요. 정말 그런 사람은 한 번도 본 적이 없어요. 그렇게 중독되는 것이군요.

그렇습니다. 중독의 문제는 단순히 겉으로 드러나는 행위나 상태의 문

---

[*] Cecilie S. Andreassen, Mark D. Griffiths, Ståle Pallesen, Robert M. Bilder, Torbjørn Torsheim and Elias Aboujaoude, "The Bergen Shopping Addiction Scale: Reliability and Validity of a Brief Screening Test", Frontiers in Psychology (2015), 9

제라기보다는 내면에 숨겨진 잘못된 갈망, 잘못된 영성이 근본적인 원인입니다. 하나님만이 주실 수 있는 것을 다른 곳에서 얻으려 하는 잘못된 추구에서 시작돼요. 중독에 아무리 깊이 빠져들어도 욕구가 채워지지 않는 이유입니다. 마치 첫 단추를 잘못 채운 옷처럼 절대로 좋은 결과를 얻을 수 없습니다.

중독의 결과 역시 영적인 문제임을 보여 줍니다. 무언가에 중독된 사람은 다음과 같이 반응합니다. "나도 이래서는 안 된다는 걸 알아, 하지만……." 이러면서 행동과 삶이 통제와 지배를 받습니다. 예를 들면 이런 거죠.  지나친 쇼핑에 중독된 사람의 경우 "나도 이러면 안 된다는 것을 알아…. 아마 이걸 사면 이번 달 카드 대금을 결제하지 못할 거야. 이러면 안 되는데……." 이렇게 생각은 하지만, 이미 신용카드를 긁고 있습니다. 자신의 의지가 아닌 무엇인가 다른 힘에 지배당하고 있는 것이지요. 스마트폰과 소셜 미디어에 중독된 경우도 비슷합니다. "나도 이러면 안 된다는 것을 알아. 내가 지나치게 사용하고 있는 것을 인정해. 하지만…" 이렇게 생각하면서도 여전히 스마트폰을 손에 쥐고 있고, 심지어 스마트폰이 꺼질까 봐 보조 배터리까지 챙깁니다. 왜 이런 모습이 나타날까요? 이 역시 자기를 자신의 힘으로 통제하지 못하고, 다른 힘에 지배당하고 있는 것입니다.

이처럼 무언가에 중독되면 우리는 중독된 것의 강력한 힘 아래 붙잡히고, 그 힘의 통제를 받으며 살아갑니다. 중독의 결과가 무엇입니까? 바로 하나님 아닌 다른 무언가가 우리를 통제하는 것입니다. 이런 이유로 "중독은 우상 숭배의 문제다"라고 한 겁니다.

정말 그렇네요. 중독에 빠지는 원인도 하나님이 아닌 다른 것을 통해 무언가를 채우려는 것이고, 중독의 결과 역시 하나님이 아닌 다른 것이 내 삶을 통제하는 것이니 결국 우상 숭배나 다를 바가 없네요.

그렇습니다. 중독이라는 단어도 의미심장합니다. 중독은 영어로 'addiction'인데요, 단어는 라틴어 'addictus'에서 왔습니다. 그런데 이 단어는 어떤 대상에게 '헌신하다'(to devote) 그리고 '포기하다'(to give up)라는 뜻입니다. 그런데 단어들이 귀에 익숙하지 않나요?

그렇네요. '헌신'과 '포기'라니, 교회에서 매주 듣는 단어 같은데요!

맞습니다. '헌신하다' 그리고 '포기하다'라는 단어는 교회에서 많이 이야기하는 말 중 하나입니다. 우리가 하나님께 헌신하고, 하나님을 온전히 섬기기 위해 자신을 내려놓고 포기하는 것은 기독교 신앙의 기본이거든요. 이 개념이 중독의 개념과 연결된다는 것은 시사하는 바가 큽니다. 단순히 취미나 기호의 문제가 아니라 꽤 깊이 있는 영적 문제라는 사실을 알 수 있기 때문이죠.

우리가 자신을 포기하고 누군가에게 바치면 어떤 일이 벌어질까요? 그렇죠. 우리는 곧 그 사람의 종이 됩니다. 이게 중독에 빠질 때 우리에게 일어나는 일입니다. 중독된 대상의 종이 되어 그 영향력의 지배를 받으며 살아가게 되지요. 놀랍게도 위에서 살펴본 라틴어 'addictus'의 동사형 'addico'에는 '종으로 삼다', '노예로 만들다'(to enslave)라는 의미가 들어 있습니다.* 또한 베드로 사도는 베드로후서 2장 19절에서 "누구든지 진 자는 이긴 자의 종이 됨이라"라고 말합니다. 우리가 중독에 빠져 통제하고 있지 못하다면, 이미 중독의 종이 된 것입니다. 그러므로 중독의 문제를 대할 때 우리는 스스로에게 질문을 던져 봐야 합니다. "누가 나의 진정한 주인인가?", "누가 나의 주인 노릇을 하는가?", "소셜 미디어와 스마트폰이 나의 주인 노릇을 하지 않는가?"

'나는 내가 원하면 언제든 그만둘 수 있어…. 다만 아직 그만두고 싶지 않을 뿐이야'라고 생각할지도 모릅니다. 그러나 이는 애써 자신이 다른 힘에 의해 지배받고 있음을 인정하지 않으려는 태도입니다. 언제든 의지로 그것을 끊을 수 있고, 자유로울 수 있다면 중독이 아닙니다. 반면, '그만두지 않는' 것이 아니라 '그만두지 못하는' 것이라면 이미 중독의 종이 된 것입니다.

그렇군요. "언제나 의지로 그것을 끊을 수 있고, 자유로울 수 있다면"이라는 말이 굉장히 묵직하게 울립니다. 저도 스마트폰에 중독되어 종노릇을 하고 있지 않은지 반성하게 되네요. 스마트폰 사용을 조절하지 못한다는 느낌이 들 때가 종종 있거든요. 그렇다면 중독의 문제를 어떻게 해결해야 할까요?

중독에 대한 해결책 역시 쉽지가 않은데요, 이번 수업에서는 핵심만 다

---

* 노경희, "불멸에 이르는 중독", 『인문잡지 한편 7. 중독』 (서울: 민음사, 2022), 132.

루기로 했기 때문에 다양한 해결 지침보다는 중독 문제를 해결하는 데 가장 기본이 되는 원리 하나만 말씀드리겠습니다. 제가 중독의 근본적인 원인과 문제가 바로 우상 숭배라고 말씀드렸는데요, 이처럼 중독이 영적인 문제이고 무엇보다 관계의 문제이기 때문에, 이 문제들을 먼저 풀지 않으면 중독의 문제를 해결하기 어렵습니다.

마태복음 12장을 보면 재미있는 비유가 하나 나오죠. 어떤 사람에게서 한 귀신이 나갔는데, 그 귀신이 이리저리 돌아다녀도 갈 데가 없는 거예요. 그래서 문득 자기가 원래 있던 사람을 다시 찾아갔어요. 그런데 그 사람이 귀신이 나간 자리를 깨끗하게 청소하고 수리까지 해놓은 거예요. 그 공간은 여전히 비어 있고요. 그래서 귀신이 자기보다 더 악한 일곱 귀신을 데리고 들어가서 다시 그 집을 차지해 버렸답니다. 결국 그 사람의 형편은 이전보다 훨씬 안 좋아졌죠(마 12:43-45).

이 비유는 중독의 특징과 또 해결책에 대한 굉장히 중요한 힌트를 우리에게 줍니다. 중독을 끊으려고 노력하다 보면, 줄일 수도 있고, 단기간은 쉽게 끊을 수 있습니다. 그런데 참 아이러니하게도, 끊는 과정에서 다른 중독에 빠지는 경우가 있어요. 예를 들면 담배가 몸에 해로워서 담배를 끊기 위해 금연 껌을 씹는 사람들이 있는데요, 나중에는 금연 껌에 중독되어

서 끊기가 힘들다는 분들도 있습니다.* 이처럼 무언가에 중독된 사람이 하

---

\* 이현종, "담배 끊었더니, 이번엔 보조제 니코틴 껌 중독…", 서울신문 인터넷 기사, 2016. 1. 10.

나의 중독을 끊으면 또 다른 것에 중독이 되기도 하고요, 한 가지에만 중독이 되는 것이 아니라 동시에 여러 가지에 중독되는 경우도 많습니다.

예전에 어떤 연예인이 금연하다 금연 껌에 중독되어 금연 껌을 6년 동안 씹었다고 절규하던 방송을 본 기억이 나네요. 그때는 재미있어서 낄낄거리면서 봤는데, 사실 심각한 문제였군요.

맞습니다. 왜 이런 문제가 생기냐면요, 결국 관계의 문제가 본질적으로 해결되지 않았기 때문입니다. 인간에게는요, 여러 가지 욕구와 바라는 것들이 있지만 결국 궁극적으로, 그리고 완벽하게 채워 주실 수 있는 분은 만물을 충만하게 하시는 하나님밖에 없습니다(엡 1:23). 다른 것으로는 아무리 채우려 해도 채워지지 않기에 끊임없는 갈증에 시달릴 수밖에 없습니다. 그런 사람은 결국 또 다른 것에 자신을 바치고 그것의 노예가 될 겁니다. 아까 살펴본 마태복음 12장의 비유에서 집이 비어 있었더니, 그 귀신이 다른 귀신들을 데리고 들어가서 형편이 더 어려워졌듯이 하나님으로 우리를 채우지 않으면 중독의 문제는 해결하기 힘들어요.

그러므로 중독의 문제를 해결하기 위해서는 결국 하나님과의 친밀한 관계를 회복하고, 하나님으로 마음을 가득 채워야 합니다. 하나님 안에서 얻는 안정감과 평안, 하나님이 주시는 진정한 사랑과 인정, 그리고 하나님이 주신 사명을 이루어 가는 가운데 얻는 자존감과 성취감 등으로 가득 채울 때 진정으로 우리의 욕구들이 채워집니다. 결국 그렇게 영적인 건강을 회복할 때 중독의 문제도 해결되기 시작합니다. 그리고 이는 중독의 예방 차원에서도 굉장히 중요합니다. 결국 하나님과 친밀한 관계를 유지하고, 영적인 건강을 잘 유지하는 사람에게는 어떤 것도 심각한 중독으로 발전하지 않습니다.

그렇군요. 하나님과의 관계 회복이 가장 중요하군요. 오늘 정말 중요한 것을 배웠습니다. 중독에 이렇게 깊은 의미와 영적인 이슈가 있는지 미처 몰랐습니다. 오늘 내용은 정말 모든 그리스도인이 꼭 알았으면 좋겠습니다.

저도 그렇게 생각합니다. 우리가 습관처럼 사용하는 다양한 소셜 미디어가 있지요. 페이스북, 인스타그램, 그리고 우리가 좋아하는 유튜브. 이런 것들은 절대로 공짜가 아니에요. 그것을 즐기는 대가로 우리의 인생, 그리고 우리의 시간을 지불하고 있는 것입니다. 그러니 부정적인 모습으로 사용하거나 혹은 중독에 빠지는 것이 아니라 우리에게 시간을 맡기신 하나님께 부끄럽지 않도록 지혜롭게 잘 사용해야겠습니다.

이번 시간에는 미디어를 사용하고 또 미디어를 통해 우리 자신을 표현할 때 우리가 주의해야 할 점이 무엇인지 하나하나 생각해 봤는데요, 노파심에 말이 조금 길어졌습니다. 이제 다시 미디어 표현 능력으로 돌아와서, 미디어 사용에 대해 조금 더 자세히 이야기해 보겠습니다.

# 4. 도전! 크리스천 1인 크리에이터

이번에는 크리에이터와 관련된 이야기를 해 보도록 하겠습니다.

드디어 이 주제를 다뤄 주시는군요. 사실 궁금해서 이것부터 물어보고 싶었는데, 자꾸 다른 주제를 먼저 이야기하시더라고요.

그래도 참을성 있게 기다려 주어서 고맙습니다. 잘 알다시피 정보 통신 기술의 발달과 스마트폰의 보급은 미디어 시장의 판도를 뒤바꿔 놓았는데요, 무엇보다 1인 미디어가 콘텐츠 산업의 새로운 중심으로 떠올랐습니다. 그런데 사실 1인 미디어는 유튜브나 스마트폰이 등장하기 이전부터 활발하게 활동하고 있었습니다. 가장 먼저 등장한 1세대 1인 미디어는 블로그에서 활동하는 텍스트 중심의 1인 미디어입니다. 특히 좋은 글과 사진 그리고 우수한 정보를 제공하는 파워 블로거의 활동이 활발하게 이어지면서 큰 영향력을 발휘했는데요, 최근에는 예전 같은 지배력을 갖지 못하는 모양새입니다. 그리고 2세대 1인 미디어는 오디오 중심의 1인 미디어로, 팟캐스트를 통해 기존의 라디오와는 차별된 콘텐츠를 만들어 냈습니다. 팟캐스트 방송은 오늘날도 활발하게 진행되고 있는데요, 우리나라 최대의 팟캐스트 사이트인 '팟빵'은 현재 26,000개가 넘는 방송과 220만 개 이상의 에피소드를 보

유하고 있다고 합니다.[*]

저도 크리에이터라고 하면 무조건 유튜버부터 생각했는데, 생각해 보니 이전에도 1인 크리에이터가 있었네요.

그렇게 생각할 만하기는 합니다. 이전에도 1인 미디어라고 할 만한 크리에이터들이 있기는 했지만, 결국 1인 미디어가 본격적으로 활성화되기 시작한 것은 유튜브나 아프리카TV와 같은 실시간 동영상 스트리밍 서비스가 확산한 것이 계기가 되었거든요.[**] 틱톡(TikTok)과도 같은 짧은 동영상 서비스도 젊은 층을 중심으로 인기를 끌고 있기는 하지만, 가장 대표적인 1인

---

[*]  백봉삼, "팟빵 듣는 콘텐츠 '팟캐스트', 새 대안 매체로 주목", ZDNet Korea 인터넷 기사, 2022. 3. 29.
[**]  이강석, "1인 미디어 시대의 영상 콘텐츠 산업의 현황과 발전 방안에 관한 연구", 「디지털콘텐츠학회 논문지」, 23, 525.

미디어는 역시 유튜브입니다. 실제로 지난 2021년 앱·리테일 분석 서비스 업체 와이즈앱·리테일·굿즈에서 한국인이 가장 많이, 가장 오래, 가장 자주 사용하는 스마트폰 앱 순위를 발표했는데요, 유튜브는 가장 많이 사용하는 앱 2위, 그리고 가장 오래 사용하는 앱 1위를 기록했습니다.*

많은 사람이 유튜브의 영상을 즐기고 있다 보니 유튜브에 영상 콘텐츠를 올리는 1인 크리에이터들이 영향력을 가지게 되었습니다. 수백만의 구독자를 거느린 일부 크리에이터는 연예인이 못지않은 인기와 대중 영향력을 가지며 상당한 소득을 거둡니다. 그래서 국세청은 2019년 9월 '미디어 콘텐츠 창작업'과 '1인 미디어 콘텐츠 창작업' 업종코드를 신설하고, 유튜버의 종합소득을 신고하도록 했는데요, 2020년 5월 평균 수입을 보니 상위 1%에 해당하는 27명의 수입이 181억 2,500만원, 즉 1인당 평균 6억 7,100만 원으로 나타났습니다. 그리고 상위 10%에 속하는 277명의 1인당 평균 수입금액은 2억 1,600만 원 정도였고요.**

이렇게 1인 크리에이터 중에서 유명세도 얻고, 또 많은 소득을 얻는 사람들이 나오다 보니 1인 크리에이터를 장래의 직업으로 선택하려는 사람들이 갑자기 늘어, 초등학생이 가장 선호하는 직업 중 하나로 뽑히는 상황도 벌어지게 되었습니다. 교육부와 한국직업능력개발원이 조사한 초등학생 희망 직업 순위를 보면 유튜버, 즉 크리에이터가 2018년 5위, 2019년 3위, 그리고 2020년 4위 등 매년 5위 이내에 자리잡은 것을 볼 수 있습니다.***

*   이은비, "한국인 가장 많이 쓰는 앱 '카톡'… 유튜브 가장 오래 사용", YTN 인터넷 기사, 2021. 10. 19.
**   한영혜, "유튜버 첫 소득신고…상위 1% 27명, 평균 6억 7000만원 벌어", 중앙일보 인터넷 기사, 2021. 2. 14.
***  김영은, "의사, 초등생 장래 희망 2위로… 유튜버 4위", 데일리메디(Dailymedi) 인터넷 기사, 2021. 2. 24.

**초등학생 희망 직업 상위 10위**
(단위: %)

| 순위 | 2018 | | | 2019 | | | 2020 | |
|---|---|---|---|---|---|---|---|---|
| 1 | 운동선수 | 9.8 | → | 운동선수 | 11.6 | → | 운동선수 | 8.8 |
| 2 | 교사 | 8.7 | → | 교사 | 6.9 | | 의사 | 7.6 |
| 3 | 의사 | 5.1 | | 크리에이터 | 5.7 | | 교사 | 6.5 |
| 4 | 조리사 (요리사) | 4.9 | | 의사 | 5.6 | | 크리에이터 | 6.3 |
| 5 | 인터넷방송 진행자(유튜버) | 4.5 | | 조리사 (요리사) | 4.1 | | 프로게이머 | 4.3 |
| 6 | 경찰관 | 4.3 | | 프로게이머 | 4 | | 경찰관 | 4.2 |
| 7 | 법률 전문가 | 3.6 | | 경찰관 | 3.7 | | 조리사 (요리사) | 3.6 |
| 8 | 가수 | 3.5 | | 법률 전문가 | 3.5 | | 가수 | 2.7 |
| 9 | 프로 게이머 | 3.3 | | 가수 | 3.2 | | 만화가 (웹툰작가) | 2.5 |
| 10 | 제과/ 제빵사 | 2.8 | | 뷰티 디자이너 | 2.9 | | 제과/ 제빵사 | 2.3 |

자료: 한국직업능력개발원

[표18] 초등학생 희망 직업 상위 10위

저도 그 마음이 이해돼요. 공부하기 싫고, 나중에 어떻게 취업하나 답답할 때면 '그냥 유튜브나 할까?' 하는 생각을 하기도 하거든요.

지금 알고 했는지 모르겠는데요, 방금 직장인들의 2대 허언 중 하나를 이야기했네요.

퇴사할거야

유튜브 할거야

직장인 2대 허언

네? 직장인들의 2대 허언이라고요?

그렇습니다. 요즘 직장인들이 많이 하는 2대 허언이 있는데요, 첫 번째는 "나 퇴사할 거야"이고, 두 번째가 "나 유튜브 할 거야"입니다. 뭐 농담으로 하는 이야기인데요, 그 정도로 많은 직장인이 유튜브에 대해 한두 번쯤 생각해 봤다는 겁니다. 구인구직 매칭 플랫폼 '사람인'에서 성인남녀 3,543명을 대상으로 유튜버에 도전할 의향이 있는지 물었는데 63%의 응답자가 긍정적으로 답을 했고요, 20대는 무려 70.7%의 응답자가 유튜브를 해볼 생각이 있다고 응답했습니다.*

이렇게 많은 사람이 1인 크리에이터를 꿈꾸고 도전해 보려고 하는데요, 저는 개인적으로 좋은 1인 크리에이터가 앞으로 많이 나왔으면 좋겠고요, 무엇보다 더 많은 그리스도인이 1인 크리에이터에 도전해 봤으면 좋겠습니다.

---

\* 고석용, "성인남녀 10명 중 6명 '유튜버 도전해보고파'", 머니투데이 인터넷 기사, 2019. 10. 21.

의외네요. 저는 교수님이 비판적으로 생각하고 판단하라 하실 줄 알았는데, 적극적으로 해 보라고 하시니 조금 놀랐습니다.

제 이미지가 이성적이고 까탈스러운 사람으로 잡힌 것이 아닌가 싶네요. 하하. 그런데 이건 지극히 현실적인 해법이 아닌가 싶습니다. 우리가 친구에게 인라인스케이트 타는 방법을 가르쳐 준다고 예를 들어 볼게요. 먼저는 말로 설명을 해 주지요. 그런데 친구가 가르쳐 준 대로 잘 못 타고 있으면 지적도 해 줍니다. 그렇지만 아무리 말로 설명해도 해도 배우는 입장에서는 이해가 안 될 수도 있습니다. 그때 가장 좋은 방법은, 바른 자세로 인라인스케이트를 타는 방법을 시범으로 보여 주고 그대로 따라 하도록 하는 것입니다.

미디어 세상에서 콘텐츠를 만들어 내는 것도 이와 비슷합니다. 어떤 콘텐츠가 좋은 콘텐츠인지, 어떻게 미디어를 만들어야 하는지, 그리고 무엇을 목적으로 콘텐츠를 만들어야 하는지 바른 방향을 제시해 주는 것도 중요하지만, 몸소 보여 주는 것이 중요하죠. 즉 단순히 비판만 할 것이 아니라 대안도 함께 제시해야 합니다.

이제는 미디어를 안 보고 살기 힘든 세상이 되었습니다. 신앙인이 적절하지 않은 콘텐츠를 분별하고, 중독에 빠지지 않도록 스스로 조절하고 절제하는 훈련을 하는 수동적인 자세도 필요하지만, 동시에 우리의 삶과 신앙을 더욱 풍성하게 만들어 줄 대안적인 문화와 미디어를 만들기 위해 힘쓰는 적극적인 자세도 필요합니다. 그런 이유로 크리스천 크리에이터가 많이 나왔으면 하는 겁니다.

저도 교수님의 말씀에 동의합니다. 이미 꽤 많은 기독 유튜버가 활동하고 있지 않나요?

그렇다면 기독교 유튜브 채널 중 가장 큰 사랑을 받는 채널은 무엇일까요? 그리고 기독 유튜브 콘텐츠 중에서 가장 많은 조회 수를 기록한 콘텐츠는 어떤 걸까요?

글쎄요…. 그걸 조사한 사람이 있나요?

유튜버 검색 서비스인 '블링'(vling)에서 찾아보니 구독자 수로는 2023년 1월 기준으로 '새롭게하소서CBS'(63.1만 명), 'CGNTV'(60만 명), '잘잘법: 잘 믿고 잘 사는 법'(50만 명), 'CBSJOY'(47.3만 명)의 순서로 나타났는데요, 아무래도 기독교 방송국의 채널이 많은 구독자를 보유하고 있었습니다. 그리고 기독교 방송국을 제외하면 'MARKERS WORSHIP'(38만 명)이나 '다니엘기도회'(33.2만 명) 등의 찬양팀과 대형 교회 관련 채널이 많은 구독자를 가지고 있는 것으로 나타났습니다.

조회 수로 따져 보면 재미있는 현상이 보입니다. 구독자 수는 방송국 관련 유튜브 채널이 더 많지만, 조회 수는 찬양 채널인 'MARKERS WORSHIP'이 더 높았습니다. 소셜 블레이드(Social Blade)의 분석에 의하면 '새롭게하소서CBS' 채널은 1억 8천만 뷰, 'CGNTV'는 1억 9천만 뷰, '잘잘법: 잘 믿고 잘 사는 법'은 5천 2백만 뷰, 그리고 'CBSJOY'는 1억 2천 6백만 뷰로 나타났지만, 'MARKERS WORSHIP' 채널은 2억 8천 6백만 뷰를 기록했습니다. 또한 지난 2020년 목회데이터연구소에서 대형 교회 400여 곳의 채널을 소셜 블레이드에서 분석해 봤는데요, '한성교회 Happy People' 채널이 1억 20만 뷰로 가장 많은 조회 수를 기록했다고 합니다.*

어! 제가 생각하는 초대형 교회는 아니네요.

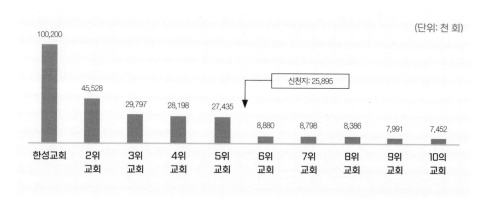

[표19] 한국교회 유튜브 조회 수

그렇게 느낄 수 있는데요, 한성교회의 유튜브 채널은 찬양팀 영상들, 그중에서도 찬양 인도자 김윤진 간사의 조회 수가 높았습니다. 특히 2016년 9월에 업로드한 '아무것도 두려워말라 + 하나님이시여' 영상은 무려 1,700만 회가 넘는 조회 수를 기록했습니다.

---

* 목회데이터 연구소, "유튜브, 최다 조회 수는 '찬양 콘텐츠!'", Numbers 제 53호, 7. 참고로 2022년 8월 기준으로는 약 1억 9천만 뷰를 기록 중이다.

분석해 보니 기독교 관련 유튜브 채널들의 특성이 나타나는데요, 기독교 방송국의 채널을 제외하면 대형 교회 목회자의 '설교'와 '찬양'이 주 콘텐츠입니다. 아까 언급한 목회데이터연구소의 주간보고서에 의하면 누적 조회 수 상위 4개 교회의 최다 조회 수를 살펴보니, 3개 교회는 1~10위의 모든 콘텐츠가 '찬양'이었고, 3위 교회만 1~10위가 '설교'였다고 합니다.[*]

그리스도인으로서 설교나 찬양을 들으면 은혜도 받고 새로운 힘과 격려도 얻을 수 있기에 좋은 현상입니다. 그러나 한편으로는 조금 더 콘텐츠의 다양화가 이루어졌으면 좋겠다는 생각이 들어요. 매일 예배하는 마음과 자세로 살아가기는 하지만, 매일 전통 예배의 형식으로 살아가지는 않잖아요. 우리는 각자 주어진 일상을 다양한 모습으로 살아갑니다. 일도 하고, 공부도 하고, 쉬기도 하고, 무엇보다 웃고 즐기기도 하죠. 그런 모든 순간에 도움이 될 수 있는 다양한 내용과 주제의 기독 콘텐츠가 나왔으면 합니다.

저도 말씀하신 내용에 동의합니다. 유튜브를 켜면 처음에는 은혜로운 콘텐츠를 보려고 노력하는데요, 계속 찬양과 설교만 볼 수는 없으니 다른 영상에 조금씩 눈이 돌아가요. 나중에 '아차' 하고 정신을 차려 보면, 그다지 유익하지 않은 영상을 계속 보고 있는 저를 발견합니다.

저는 거기에서 한 발 더 나가고 싶어요. 언뜻 보고 재밌을 것 같아서 클릭했는데, 내용은 분명한 기독교 세계관에 기초한 콘텐츠가 많아졌으면 좋겠습니다. 하나님을 믿지 않는 비신자가 기독교 콘텐츠를 보는 일은 드물거든요. 섬네일에 기독교의 색채가 강하면 그들은 클릭하지 않을 거예요.

---

[*] 목회데이터 연구소, "유튜브, 최다 조회 수는 '찬양 콘텐츠!", 8.

그러니, 대놓고 하나님과 성경 이야기를 하지는 않지만 기독교의 가치관과 생각들이 잘 녹아 있어서 교회를 안 다니는 사람도 부담 없이 보다가 성경적 세계관과 복음의 가치에 물들게 만드는 채널이 있으면 좋겠습니다.

가랑비에 옷 젖는 줄 모르게요?

바로 그거죠! 제가 개인적으로 좋아하는 드라마 PD가 있는데요, 바로 '응답하라' 시리즈와 '슬기로운 OO생활' 시리즈로 tvN 드라마의 전성기를 연 신원호 PD입니다. 이분이 연출한 드라마의 특징이 뭐냐면요, 악역이 없다는 거예요. 보통 드라마는 주인공을 힘들게 하는 악역 때문에 갈등이 고조되면서 재미를 만들지만, 이분은 심각한 갈등 없는 따뜻한 드라마를 만들어 냅니다. 그러면서도 아주 재미있고요. 그러다 보니 '현실감이 없다', '판타지 같다'* 등의 평가가 있기도 한데요, 오히려 판타지 같은 이야기들을 통해서 우리의 삶에 대해 깊이 생각하게 됩니다. 이런 좋은 콘텐츠들을 크리스천 크리에이터가 많이 만들어 냈으면 해요.

이제 유튜브는 세대를 가리지 않고 가장 많은 사람이 모이는 공간이 되었습니다. 귀한 공간을 세속적 가치관에 물든 콘텐츠에 그냥 내 줄 수는 없

---

\* 성수영, "신원호 PD '악역 없이 흘러가는 드라마, 현실에 있을 법한 판타지죠'", 한경 인터넷 기사, 2021. 10. 10.

잖아요. 하나님이 주신 귀한 은사를 가진 많은 기독 크리에이터들이 나와서 미디어 세상을 하나님의 나라로 바꾸기 위해 열심히 부딪쳐 봤으면 좋겠습니다. 조금 부끄럽기는 하지만 저도 이런 생각을 가지고 약 2년 전부터 유튜브를 시작했습니다. 채널을 운영하면서 좋은 기독교 콘텐츠의 중요성을 더욱 깨닫게 됐어요.

*네? 교수님이 유튜브를 하신다고요? 진짜요? 채널명이 어떻게 되죠? 제가 구독할게요!*

진정하세요. 제가 채널을 홍보하기 위해 이야기를 꺼낸 건 아니에요. 다만 제가 유튜브 채널을 운영하면서 느낀 것들을 나누고 싶은 겁니다. 저는 지금 아신대학교에서 기독교교육과 미디어를 가르치고 있고요, 목사 안수도 받았어요. 그렇지만 기독 콘텐츠를 하고 싶지는 않더라고요. 기독 콘텐츠는 다른 목사님들도 잘하고 계시니까요. 대신 아까 이야기한 것처럼 비신자에게 자연스럽게 다가갈 수 있는, 기독교적인 생각이 깊은 곳에 깔린 콘텐츠를 만들어 보고 싶었습니다. 대학생이 과제와 공부에 도움받을 수 있는 내용, 책을 통해 자신을 더 발전시키기를 원하는 분들에게 도움이 될 만한 콘텐츠를 만들어서 올리기 시작했습니다. 그러다 보니 콘텐츠 내용이 그렇게 재미있지는 않은데요, 다행히 구독자 수는 꾸준히 늘어 현재는 15,000명 정도 됩니다(2023년 7월 기준).

대단하신데요? 1천 명 넘기도 쉽지 않은데, 1만 명을 넘으셨네요.

정말 감사한 마음입니다. 제가 유튜브 채널을 운영하며 깨달은 것들이 많은데요, 먼저는 유튜브 채널 운영이 장난이 아니라는 것입니다. 신경 쓸 것이 많고요, 새로 배워야 할 것도 정말 많습니다. 우선 기본적으로 영상을 편집할 줄 알아야 시작이라도 할 수 있는데요, 영상을 만들 수 있다고 다 되는 것도 아닙니다. 유튜브의 트렌드를 읽으면서 콘텐츠와 채널의 방향도 잘 기획해야 하고, 홍보도 신경 써야 합니다. 또한, 혹시라도 수익이 나면 세금과 관련해서 신경 쓸 것도 생기고요, 저작권법을 비롯한 법률적인 지식이 필요할 때도 있습니다. 그래서 기독 유튜버에 도전해 보라고 이야기하는 것도 무책임한 게 아닌가 생각이 들기도 해요.

하지만 교회마다 영상 일에 은사를 가진 청년과 청소년이 꽤 있거든요. 그동안 한국교회는 그런 청년들을 교회 방송실에서 사역하게 하고, 교회의 유튜브 채널을 운영하라고 했어요. 물론 그런 사역도 꼭 필요합니다. 그러나 거기서 그치지 않았으면 좋겠습니다. 은사를 가진 청년들이 자신의 유튜브 채널을 운영할 수 있도록 실질적인 지원을 해 주면 좋겠습니다. 특히 코로나 팬데믹 이후로 많은 교회가 영상 예배를 송출하기 위한 장비를 갖추었는데요, 평일에 장비와 공간을 사용하게 해 주는 것만으로도 큰 도움이 됩니다.

또한, 교단적 차원의 노력도 필요해 보입니다. 해마다 여러 미디어 관련 국가 기관에서는 1인 크리에이터를 대상으로 각종 지원 사업을 엽니다. 저도 2021년에 한 지원 사업에 신청해 선정되었는데요, 약 6개월 동안 무려 1,000만 원의 제작비와 컨설팅 및 강의를 제공받았습니다. 물론 국가사업

처럼 많은 금액을 지원하기는 힘들 수도 있습니다. 그렇지만 가능한 예산 범위에서 기독 크리에이터의 채널 운영을 돕는다면, 큰 열매를 거두리라고 생각합니다. 예를 들어 '1만 명 구독자를 둔 유튜버 10명을 키우겠다' 이런 목표를 교단에서 세우고 지원하는 거죠. 전쟁을 대비해 10만 양병설을 주장했던 율곡 이이 선생의 주장처럼, 미디어 세계에서의 영적 전쟁을 대비할 1만 명 구독자의 기독 유튜버 10명을 키운다면 10만의 사람에게 영향을 주는 엄청난 일이 될 것입니다.

그리고 마지막은 약간 황당할 수 있는데요, 기독 유튜버들을 위한 기독교 MCN(Multi Channel Network)*이 생기면 좋겠다 하는 생각도 합니다.

MCN이요? 샌드박스 같은 체계를 이야기하시는 건가요?

---

\* 멀티 채널 네트워크 또는 다중 채널 네트워크(MCN, Multi-channel network)는 페이스북이나 유튜브, 트위치TV, 아프리카TV 등 인터넷 스트리밍 플랫폼에서 활동하는 사람들의 기획사를 말한다. 크리에이터들이 특정 MCN과 계약하면 그 MCN의 소속이 된다. 이는 방송인들의 소속사(SM, YG, JYP 등 엔터테인먼트 기획사)와 유사한 개념으로 볼 수 있다. 즉 유튜브 크리에이터의 소속사이다(위키백과).

그렇습니다. 앞으로 유튜브에 기독교 콘텐츠, 그리고 기독교 세계관을 갖춘 건강한 기독 유튜버가 많아지기 위해서는 결국 체계적인 지원 시스템이 필요합니다. 잘 알겠지만 MCN은 유튜브 크리에이터들을 위한 소속사 같은 개념이에요. 크리에이터의 발굴 및 육성, 콘텐츠 유통·판매, 저작권 관리, 광고 유치, 자금 지원 등에 도움을 주고, 콘텐츠 수익을 창작자와 나누어 갖습니다. MCN은 크리에이터가 콘텐츠에만 집중할 수 있도록 협력하는 시스템이죠. 지금의 유튜브 시장에 기독 MCN이 나온다면 상황을 굉장히 긍정적으로 바꿀 수 있는 게임 체인저(game changer)가 될 수도 있다고 생각합니다.

한국콘텐츠진흥원에서 지난 2021년 구독자 1,000명 이상을 보유한 크리에이터 450명을 설문조사한 결과에 의하면 MCN에 소속되어 있는 크리에이터는 15.8%에 불과했습니다.[*] 일반 유튜버 중에서도 85% 정도는 혼자서 맨땅에 헤딩하면서 힘들게 유튜브를 하는 겁니다. 이런 상황에서 기독 크리에이터들을 체계적으로 지원하는 시스템이 만들어진다면 기독교 유튜브 콘텐츠들이 양적으로, 질적으로 경쟁력을 갖추는 데 확실한 도움이 될 겁니다.

그리고 또 한 가지, 기독 MCN이 필요하다고 생각하는 이유는요, 1인 크리에이터로 활동하는 것이 상당히 외롭고 힘들기 때문이에요. 모르는 게 많은데 물어볼 사람도 없고, 해야 할 일은 많거든요. 기독 유튜버들이 기독 MCN 안에서 함께 교제하고, 서로 돕고, 연대하며 나아간다면 가는 길이 외롭고 힘들지 않을 것입니다. 게다가 이 공동체야말로 그리스도인들의 전공이잖아요! 그러니 MCN의 바른 모델도 우리가 세상에 보여 주면 좋겠습니다.

---

[*]   한국콘텐츠진흥원, 「개인 미디어 콘텐츠 크리에이터 실태조사」, XIII.

교수님 말씀을 들으니 저도 '유튜브를 해야 하나?' 생각이 드네요. 어떻게 생각하세요? 저도 좋은 유튜버가 될 수 있을까요?

당연히 잘 해낼 수 있다고 생각합니다. 전에 이야기한 것처럼 우리는 세상을 창조하신 하나님의 형상으로 만들어졌기 때문에 창의성을 기본으로 갖추고 있거든요. 얼마든지 크리에이터의 기본 자질이 있다고 생각합니다. 그런데 크리에이터가 되는 데 있어서 중요한 것이 또 있어요. 바로, 책임감과 성실함입니다. 매주 한두 편의 콘텐츠를 완성해서 업로드하는 일이 쉽지만은 않아요. 하지만 노력할 가치는 충분하죠! 말씀이신 예수님이 우리 가운데 오셨던 것처럼, 우리도 하나님의 미디어로서 세상 사람들이 알아들을 수 있는 언어로 나아가는 성육신의 노력을 계속해 나가야 합니다.

저는 탁월한 크리스천 크리에이터들이 나와서 다채로운 주제의 콘텐츠로 유튜브 세상을 변화시켜 나가는 꿈을 꾸는데요, 정말 생각만 해도 가슴이 뛰어요. 함께 같은 소망을 품어 주어 정말 고맙네요. 그럼 이 주제는 여기까지 하고, 말씀이신 예수님 이야기가 나온 김에 이번에는 교회로 우리의 시선을 옮겨 볼까요?

## 5. 미디어를 모르면 사역도 어렵다?

그런데 왜 갑자기 교회로 돌아오셨나요? 미디어 세상 이야기하다가 교회 이야기하려니 약간 생뚱맞게 느껴지네요.

아니에요. 꼭 돌아와야 했습니다. 최근 들어 이 미디어 쓰기 능력, 즉 미디어 표현 능력이 가장 필요해진 곳이 있는데요, 그게 바로 교회입니다. 코로나 팬데믹이 일어나자, 한국교회는 예배 및 그동안 소중하게 지켜 왔던 크고 작은 모임을 할 수 없게 되었습니다. 어쩔 수 없이 예배를 온라인으로 중계하고, 실시간 화상 채팅 프로그램을 이용해서 교육과 훈련 및 다양한 소그룹 모임을 가져야 했습니다.

그런데 여기에 문제가 있었습니다. 이런 엄청난 변화가 오랜 시간의 준비 끝에 패러다임의 전환과 함께 이루어진 것이 아니라, 갑작스러운 팬데믹과 방역 정책 때문에 등 떠밀려 시행되었다는 것입니다. 목회자들은 신학을 전공했지 미디어를 전공한 게 아니잖아요. 미디어를 잘 다루는 분이 얼마나 되겠습니까? 이전부터 잘 준비된 방송 사역팀이 있었던 교회는 그나마 상황이 나았지만, 그렇지 못한 교회는 장비도 없고, 또 장비가 있다 해도 장비를 잘 운용할 인력이 없었던 상황이죠.

제가 다니는 교회도 온라인 예배를 드렸거든요. 그런데 어른 예배는 괜찮았는데, 교육부서 예배는 제대로 된 방송 시설도 없고 또 제대로 미디어를 다룰 수 있는 사람이 없어서 어려움이 많았습니다. 선생님들이 스마트폰을 작은 삼각대에 연결해서 중계한 적도 있었는데요, 화질도 좋지 않고 소리도 잘 안 들려서 예배에 집중하기 어렵다는 불만이 많았습니다. 그렇게 불만을 이야기해도 상황을 나아지게 만들 능력자가 없다 보니 나중에는 그냥 포기하게 됐어요.

맞아요. 꽤 많은 교회들이 비슷한 상황을 겪었어요. 그래서 실제로 코로나 팬데믹 기간 동안 많은 교회가 교회학교 예배를 포기하고, 함께 어른 예배를 드리기도 했어요.* 상황이 안 좋다 보니 사역자들의 미디어 리터러시, 특히 그중에서도 미디어 표현 능력이 새롭게 주목받았습니다. 교회의 사역이 잘 돌아가느냐 그렇지 못하느냐는 사역자들의 손에 달린 경우가 많으

---

* 주일학교사역자연구소에서 전국 교회의 주일학교 담당 교사와 목사·전도사 등 사역자들을 대상으로 온라인 설문 조사를 한 결과 '가정예배로 흡수'(13.2%), '교회학교 예배 폐지'(7.9%), '장년 오프라인예배 흡수'(9.2%) 등 무려 30.3%의 교회가 교회학교 부서 예배는 포기하는 모습을 보였습니다. 우성규, "주일학교 사역, 코로나19 기간 사실상 중단됐다", 국민일보 인터넷 기사, 2020. 05.07.

니까요. 원래 교회에 여러 사역자가 있잖아요. 담임목사님, 부목사님, 그리고 심방 전도사님이나 교육 전도사님도 계시지요. 각각 주어진 사역을 함께 감당하는데요, 코로나19가 터지니까 사역자의 구별이 의미가 없어졌습니다. 결국에는 두 종류의 사역자로 나뉘었다고 해요. '영상을 만들 수 있는 사역자'와 '영상을 만들 수 없는 사역자'. 이처럼 코로나 팬데믹 기간에 교회 내에도 웃지 못할 자조 섞인 농담이 돌았습니다.

그리고 또 한 가지 나타난 변화가 있어요. 교회에서 사역자를 청빙할 때 요구하는 것이 바뀌었습니다. 저도 예전에 교회에서 교육 전도사부터 사역을 시작했었거든요. 그런데 그때는 교육 전도사가 되려면 반드시 갖추고 있어야 할 스펙이 바로 운전이었습니다. 예배 전에 성도님들을 모시고 와야 하기 때문에 교회 승합차를 운전해야 하는 경우가 많았거든요. 그래서 사역자를 청빙할 때 1종 보통 운전면허 소지 여부를 조건으로 삼고는 했습니다. 그런데 요즘에는 달라졌다고 해요. 청빙 시 영상을 만들 줄 아는지 물어본다고 하네요. 요즘 사역자 청빙 공고를 보면, 영상 편집 가능자, 혹은 미디어 사역 유경험자를 찾는다는 공고가 많습니다.[*] 미디어를 다루고, 무엇보다 미디어를 통해 다양한 콘텐츠를 만들어 낼 수 있는 능력이 앞으로의 사역자가 반드시 갖추어야 할 필수 은사와 덕목(?)이 된 것입니다.

미디어 실력에도 부익부 빈익빈 현상이 있더라고요. 영상과 미디어를 잘 다루는 사역자는 예배 중계뿐 아니라, 설교나 교육을 할 때도 영상을 편집해서 잘 사용하는데 그렇지 못한 경우는 주변에서 도와주지 않으면 아무

---

[*]  백상현, "요즘 부교역자 청빙 때 1순위 질문은… 미디어 사역할 수 있나요", 국민일보 인터넷 기사, 2021. 10. 21.

것도 할 수 없지요.

정말 중요한 이야기를 해 줬습니다. 이 주제와 관련해 제가 다른 박사님들과 함께 연구한 적이 있습니다. 연구를 통해 발견한 중요한 내용을 이야기해 드릴게요. 코로나19 때문에 한국교회가 어쩔 수 없이 온라인으로 예배를 드리게 되었는데요, 그동안 얼마나 잘해 왔는지, 그리고 그러한 온라인 예배와 교회교육 프로그램에 얼마나 만족하고 있는지 궁금했거든요. 그래서 한국교회 교역자, 교사, 부모 총 1,000명을 대상으로 조사했습니다. 예상한 대로 교회교육 프로그램에 만족도는 높지 않았습니다. '관심도 없고 참여도 저조하다'라고 응답한 사람이 13.7%, 그리고 '잘 참여했지만 관심이 식었다'라고 응답한 사람이 43.1%로, 전체 응답자의 56.8%가 비대면 교회교육 프로그램에 대해 부정적인 응답을 했습니다.*

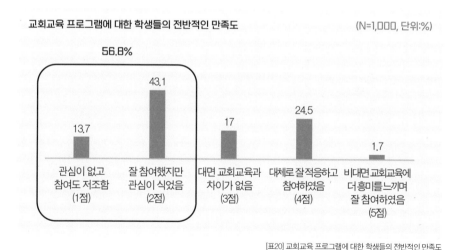

[표20] 교회교육 프로그램에 대한 학생들의 전반적인 만족도

---

\* 이숙경, 전병철, 이수인, 서혜란, 『뉴노멀 교회교육 리포트』 (서울: 한국NCD미디어, 2022), 176-177.

또한 학생들의 만족도가 교육부서 사역자들의 미디어 리터러시 능력이 좋고 나쁜 것과 얼마나 관련이 있는지 살펴봤습니다. 그랬더니 놀라운 결과가 나타났어요. 교육부서 담당 사역자의 미디어 능력이 높으면 높을수록 학생들의 만족도가 높았고요(약간 못함: 1.80, 보통 수준: 2.49, 조금 잘함: 2.56, 매우 잘함: 2.82), 통계상으로 유의미한 차이가 나타났습니다(F=4.792, p=0.003).[*]

**사역자의 미디어 능력과 만족도**

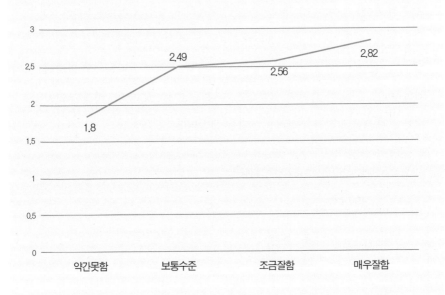

[표21] 사역자의 미디어 능력과 만족도

사역자의 미디어 능력이 높아질수록 만족도가 높아지는 게 신기할 정도네요.

---

[*] 이수인, 최술, "코로나19 이후 비대면 교회교육 현황연구: 교회학교 교사들의 인식을 중심으로", 「신학과 실천」 78(2022), 463.

그렇습니다. 이 결과는 기독교교육 지도자는 물론 교단의 지도자, 그리고 신학교의 교수들에게도 많은 생각할 거리를 던져 줍니다. 그동안 교회의 사역자들에게 미디어는 할 줄 알면 좋지만 아니어도 상관없는 것이었거든요. 그런데 상황이 완전히 바뀐 거죠. 이제는 교회 양육 및 교육 프로그램에서 미디어를 반드시 활용해야 하는 상황이 되어 버린 겁니다. 완전히 바뀐 기독교교육과 교육 목회의 콘텍스트 속에서 잘 사역해 나가려면, 미디어 표현 능력을 갖춰야 합니다.

특히 예배도 그렇지만 온라인으로 이루어지는 다양한 비대면 모임은, 섬기는 사람의 미디어 표현 능력이 더 중요합니다. 비대면으로 교육 프로그램을 운영하는 게 쉽지 않죠. 우선 비대면 교육 프로그램을 진행하기 위해서는 가르치는 사람과 배우는 사람 모두 일정 수준의 미디어 조작 능력을 갖추어야 합니다. 특히 코로나19 이후로 실시간 화상회의 프로그램을 많이 사용하고 있죠. 저도 수업을 위해 사용하지만, 능숙하게 조작하여 효과적으로 수업이나 교육 프로그램을 진행하는 건 정말 쉽지 않아요. 프로그램을 완전히 익히기 위해서 적지 않은 시간과 노력을 투자해야 합니다. 또한 예배와 달리 비대면으로 교육 프로그램을 운영하면 대체로 소그룹 형식의 모임을 인도하는 경우가 많은데, 예배와 달리 이러한 소그룹 모임에서는 더 활발한 양방향 소통이 필요합니다. 그런데 온라인 모임은 대면 모임보다 활발한 소통이 훨씬 더 어렵습니다.* 결국 가르치는 사람의 탁월한 진

---

* 일반적으로 교사들은 학생들이 자신의 수업을 잘 따라오는지 수많은 미묘한 신호, 즉 학생들의 몸짓 언어나 얼굴 표정을 통해 파악합니다. 그런데 온라인 수업 환경에서는 그러한 미묘한 신호들을 파악하기 어렵기 때문에 교실의 분위기를 파악하고, 학생들이 지금 잘 따라오고 있는지를 감지하기가 어렵습니다. 이러한 이유로 교사들의 수준과 실력의 차이도 온라인 수업에서 더 확실하게 드러나는 경우가 많습니다. 더그 레모브, TLAC팀, 『최고의 교사는 온라인에서 어떻게 가르치는가』 (서울: 해냄, 2021), 66.

행 능력과 미디어 조작 능력이 중요한 거죠. 그러니 미디어 사역을 준비하기 위해 신학교의 커리큘럼과 사역자 훈련의 내용도 변화해야 합니다.

이제는 미디어를 모르면 사역하기도 어려운 시대가 되었네요. 그런데 신학교의 커리큘럼까지 꼭 바뀔 필요가 있을까요?

저도 신학교에 있기 때문에 신학교의 커리큘럼이 쉽게 바뀔 수 없다는 것을 누구보다 잘 알고 있습니다. 그러나 이 시대는 미디어가 일종의 '언어'로서 역할을 하고 있습니다. 우리가 언어를 배우지 못하면 다른 사람과 소통할 수 없듯이, 이제는 미디어를 사용하지 못하면 소통하기 어려운 시대가 되었어요. 목회자와 사역자가 미디어라는 새로운 시대의 '언어'를 사용하지 못한다면 어떤 사역이든 온전히 감당하기 어려울 것입니다.

예를 들어 어떤 사람이 선교사가 되기로 헌신하고 훈련을 받는다 생각해볼게요. 먼저 어떤 훈련을 받을까요? 물론 성경과 신학, 선교학도 공부하겠지만 또 열심히 공부하고 익혀 나가야 할 것이 있습니다. 바로 파송될 나라에서 사용하는 '언어'입니다. 선교지의 '언어'를 익혀야 그곳에서 제대로 복음을 전하고 사역을 감당할 수 있기 때문에 오랜 시간 언어 훈련을 받습니다.

미디어도 같은 관점으로 바라봐야 합니다. 이 시대는 청소년이나 청년

만 미디어를 통해 소통하는 것이 아니라, 장년과 노년층도 미디어를 통해 소통하고 있습니다. 특히 우리 다음세대에게는 더욱 중요하지요. 이들은 단순히 미디어를 사용하기만 하지 않습니다. 아예 미디어 세상에서 살아갑니다. 이들과 소통하려면 반드시 미디어라는 이 시대의 언어를 훈련받아야 합니다. 선교사가 선교지의 언어를 중요하게 여기는 만큼, 사역자를 훈련할 때도 미디어 훈련에 중요성을 두어야 합니다.

그래도 다행인 것은, 미디어 훈련에는 선교사가 외국어를 공부하는 것만큼의 오랜 시간과 노력이 필요하지 않습니다. 기존의 신학교 커리큘럼이나 훈련 프로그램의 주된 축을 뒤흔들 정도의 큰 변화가 없어도 가능하다는 것입니다.

그런데 신학생들은 괜찮을 수 있는데, 이미 나이가 많으신 목사님이나 사역자에게는 아무래도 조금 어렵지 않을까요?

그렇게도 생각할 수 있습니다. 그런데 제 생각에는 나이보다는 개인의 성향의 문제가 아닐까 싶습니다. 나이가 많다고 무조건 미디어를 못 다루고, 젊다고 무조건 잘하지는 않습니다. 나이와 상관없이 미디어에 관심이 많고, 무엇보다 자신이 의지를 가지면 할 수 있어요. 자기는 할 수 없다고 말하며 시도도 하지 않고 다른 사람에게 떠넘기는 사람은 발전이 없으니까요.

이번에 코로나19 때문에 학교도 온라인으로 수업을 진행했어야 했는데요, 학교 현장에 있는 선생님의 경험에 의하면, 젊은 교사라고 무조건 온라인 수업을 잘하고 나이가 많다고 해서 무조건 힘들어하지는 않았다고 합니다. 그것보다 개인의 성향에 따라 다른 경우가 많고, 일단 한번 적응하고 나면 그 이후에는 큰 어려움이 없이 잘 진행했다고 하더라고요.*

그래서 저는 기존의 사역자에게도 주변을 의지하기보다는, 스스로 배우려고 노력하고 도전하는 자세를 가지라고 조언하고 싶습니다. 교회에 미디어를 아주 잘 다루는 사역자나 청년이 있으면, 그분에게 맡기기만 하시는데요, 그러지 말고, 스스로 기본적인 부분은 다룰 수 있도록 연습하고 배워보는 것이 좋습니다.

계속 강조하듯이 미디어는 이제 언어와 같은 역할을 하거든요. 자꾸 다른 사람에게 미디어를 만들어 달라고 부탁하는 것은 언어를 통역해 달라는 것과 같습니다. 물론 필요한 도움은 받아야지요. 그러나 통역의 도움 없이 내가 스스로 조금이라도 말할 수 있는 것과 아예 말을 할 수 없는 것은 굉장히 큰 차이가 납니다. 그리고 사역을 하다 보면 도움을 받을 수 없는 상황도 있어요. 그때 아무것도 못 하고 마냥 기다릴 수만은 없잖아요.

또한, 기본적인 미디어 표현 능력이 있어야 일을 부탁할 때도 매끄럽습

---

* 류창기, "팬데믹이 가져온 학교의 변화", 『코로나 이후 학교의 미래』 (서울: 오브바이포, 2020), 28-29.

니다. 어떤 일을 부탁할 때, 그 일에 대해 기초지식이 없으면 터무니없는 요구를 할 때가 있어요. 그 일을 하는 데 얼마의 시간, 자원, 기술, 인력이 필요한지 모르니 말도 안 되는 요구를 하는 겁니다. 영상을 만들고 미디어를 만드는 일도 마찬가지예요. 일의 기본 프로세스에 대해 알면, 일을 맡길 때도 합리적으로 부탁할 수 있습니다. 한 사람에게 촉박한 시간과 함께 3, 4명 몫의 일을 맡기는 사역자를 가끔 보는데요, 그게 얼마나 일하는 사람을 힘들게 하는지 모르기 때문인 거죠.

제 친구 중에 교회에서 영상 편집으로 섬기는 친구가 있는데요, 비슷한 이야기를 들은 적이 있어요. 기쁜 마음으로 교회를 위해 봉사하는데, 가끔 그런 일로 상처를 받는다고 하더라고요.

맞습니다. 저희 학교에도 교회에서 영상 사역을 하는 학생들이 많거든요. 그 친구들이 저에게 와서 신세한탄할 때가 참 많습니다. 그 친구들의 믿음이 적어서, 신앙이 약해서 그런 게 아니에요. 일을 시키는 사역자가 그 일을 잘 모르기 때문에 생기는 겁니다.

그리고 말이 나온 김에 한마디 더 하겠는데요, 교회 사역자 또는 청년, 영상 간사에게 일을 맡길 때 간단한 일인 것처럼 이야기하지 말라고 간곡히 부탁드리고 싶습니다. 그러니까 이런 식이에요. "이번 주 광고 시간에 영상이 하나 나가야 하거든? 간단한 거야. 짧게 만들면 되는 거니까 해

줄 수 있지?" 이런 식으로 부탁하는 겁니다.

그런데 제가 분명히 말씀드립니다. 아예 궁서체로 말씀드릴게요. 세상에 간단한 편집은 없습니다. 영상 편집은요, 절대로 간단하고 쉽게 할 수 있는 일이 아닙니다. 많은 시간과 에너지가 들어가는 소모적인 작업이에요. 짧은 영상은 짧기 때문에 더 힘들어요. 임팩트 있게 만들어야 하거든요. 그리고 긴 건 길어서 힘듭니다. 절대로 남이 하는 헌신을 가벼운 것이라 생각하면 안 됩니다. 그게 다 직접 영상 편집을 해 보지 않았기 때문에 그래요. 스스로 해 보면 그 일이 얼마나 고된 작업인지, 그리고 얼마나 소중한 헌신인지 알게 됩니다.

최근에 한국교회에 여러 가지 심각한 문제가 있는데요, 그중에 하나가 청년이 교회를 떠나는 문제입니다. 그렇게 청년이 교회를 떠나는 이유 중 하나가 일방적인 헌신과 봉사를 요구하기 때문이에요.[*] 그런데 영상이나 미디어 관련 사역은 이런 문제를 일으킬 확률이 높습니다. 특히 그 일을 맡기는 목사나 사역자가 잘 모르고 일을 막 시키다 보면 청년은 서운함을 느끼거나 상처를 받기 쉽습니다. 그런 상처가 누적되면, 교회를 떠나거나 사역자의 리더십에 의문을 가집니다. 따라서, 사역자는 직접 일들을 다 하지는 않더라도, 기본적인 미디어 표현 능력을 갖추어야 합니다.

그동안 답답한 게 많으셨나 봐요. 화가 나신 건 아니죠?

그럼요. 중요한 문제라 강조했더니 그렇게 느껴졌나 보네요. 아무튼, 앞

---

[*] 신승범, 이종민, "기독 청년들의 교회를 떠나고 싶은 이유에 관한 질적 연구", 「기독교교육논총」 66(2021), 294-295.

으로의 교회 사역에 있어서 미디어는 정말 중요한 통로가 될 겁니다. 그렇기 때문에 결국은 이 일을 감당할 사람이 중요해요. 사람과 관련된 이야기를 하다 보니 약간 흥분했습니다.

앞으로 미디어 표현 능력을 갖춘 탁월한 사역자를 많이 키워내야 합니다. 아까 잠깐 언급했던 비대면 교회교육 현황에 대한 연구를 진행하면서, 연구 참여자들에게 코로나19 이후 비대면 교회교육에서 가장 먼저 필요한 것이 무엇일지 질문했습니다. 그때 20.3%의 응답자가 '양질의 교육 미디어 콘텐츠'가 필요하다고 응답해 가장 높은 비율을 차지했고요, 다음으로 많이 나온 응답이 '미디어 활용능력과 신학적 기초를 갖춘 사역자'(18.6%)였습니다. 저는 여기서 이 두 가지 요구, 양질의 콘텐츠와 역량 있는 사역자에 대한 요구가 결국은 하나라고 봅니다. 좋은 사역자를 많이 키워 내면, 결국 양질의 콘텐츠도 채워지거든요. 앞으로 한국교회의 미래를 잘 감당할 미디어 감각과 능력을 갖춘 사역자를 많이 키워 내는 것이 저 같은 신학교 교수에게 주어진 숙제가 아닐까 싶습니다.

이 주제와 관련하여, 제가 섬기고 있는 아신대학교 이야기를 잠깐 할게요. 제가 미디어 리터러시에 관해 이야기하고 있지만, 제 주전공은 기독교교육이고요, 아신대학교도 전통 신학교와 동일한 기독교교육을 가르치고 있었습니다. 그런데 기독교교육 전공 교수님들이 함께 공부하고 회의하는 가운데, 변화가 필요하다고 한마음을 모으게 되었어요. "앞으로는 미디어가 더욱더 중요해질 것이고, 미디어를 모르고서는 교육을 할 수 없는 시대가 될 것이다. 그러니 교육과 미디어를 함께 가르치는 학교가 되자." 그래서 기독교교육학과에서 교육미디어커뮤니케이션 학부로 학제를 변경했습니다.

그 결과 지난 2022년 입시부터 교육미디어커뮤니케이션 학부로 신입생들을 모집했고, 학부에 들어오는 학생은 '기독교교육'과 '미디어 콘텐츠 개발' 중 하나를 주전공으로 선택하고, 나머지를 부전공으로 선택해 융합적으로 배울 수 있게 되었습니다. 그리고 30년 이상 공중파 방송국에서 수많은 프로그램을 연출하신 PD님과 현직 기독교방송국의 PD님이 직접 학생을 가르치고 계세요. 바른 신학과 기독교 세계관에 기초한 기독교교육, 현장 실무 능력을 겸비한 미디어 표현 능력을 함께 가르치기 위해 노력하고 있습니다.

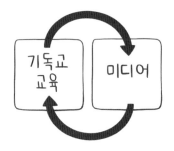

말씀을 들으니 재밌을 것 같아요. 저도 가고 싶어지네요! 그런데 이거 학교 홍보 아닌가요?

하하하! 학교에 와 준다면 언제든 환영합니다. 그렇지만 학교 홍보를 위해서 이런 이야기를 하는 건 아니에요. 이런 변화의 노력이 앞으로 한국교회, 특별히 신학교에 필요함을 강조하기 위해 말씀을 드린 겁니다. 학교는 결국 사회가 필요로 하는 인재를 키워 내야 하거든요. 즉, 사역의 현장에서 미디어 표현 능력을 갖춘 사역자를 필요로 한다면, 학교에서는 그런 능력을 갖춘 사역자를 키워야 합니다. 그런 이유로 저희도 큰 변화의 도전을 했던 거고요.

앞으로의 교육 목회 현장은 "무릇 있는 자는 받아 풍족하게 되고 없는 자는 그 있는 것까지 빼앗기리라"(마 25:29) 하신 말씀*이 이루어지는 그런 사역의 현장이 될 수 있습니다. 무슨 이야기이냐면요, 앞으로는 미디어가 더욱 중요할 것이기 때문에 미디어 리터러시를 갖춘 사역자에게는 더 많은 사역의 기회가 생길 것입니다. 그러나 오히려 그렇지 못한 사역자에게는 있던 기회마저 사라지는 상황이 될 수 있지요. 앞으로 한국교회와 다음세대를 탁월한 미디어 표현 능력으로 섬기는 귀한 사역자가 많이 세워지길 정말 간절히 소원하고 기대합니다!

자, 이렇게 네 번째 수업도 마무리할게요. 미디어 표현 능력과 관련된 여러 가지 이야기를 함께 나눴는데요, 도움이 좀 되었는지 모르겠습니다.

정말 많은 도움이 되었습니다. 하나님이 우리에게 허락하신 미디어라는 도구를 보다 적극적으로 잘 사용해야겠다고 생각했어요. 동시에 조심하고 주의해야 할 것들을 잘 지켜야겠습니다. 수고하셨습니다!

네, 수고하셨습니다. 다음 수업에서 만나요.

---

* 실제로 사회학자들은 이러한 부익부 빈익부 현상을 '마태효과'(Matthew Effect)라고 한다. 디지털 교육환경 속에서는 마태효과가 일반 교육을 비롯해 대규모 학습 분야에서 매우 일반적으로 나타날 것이다. Justin Reich, *Failure to Disrupt: Why Technology Alone Can't Transform Education*, (Cambridge, MA: Harvard University Press, 2020), 149.

## 토론 질문

1. 최근 다양한 미디어로 자신을 표현하는 사람들이 많아졌는데요, 각자 자기 자신을 표현하는 데 있어 가장 즐겨 사용하고, 또 자신 있는 미디어는 무엇인지 나눠 봅시다.

2. 인터넷이나 미디어를 사용하다가 욕설이나 혐오 표현 등 부정적인 표현을 경험해 본 적이 있나요? 이런 문제를 어떻게 해결하면 좋을까요? 혹시 주변의 지인 중에 이러한 행위를 하는 사람을 알고 있다면 그들에게 어떻게, 그리고 무슨 말로 조언을 하면 좋을까요?

3. 책에서 멀티 페르소나의 개념에 대해 다뤘는데요, 자신이 가지고 있는 페르소나는 어떠한 것들인지 함께 이야기해 봅시다. 그리고 자신의 정체성을 가장 잘 나타내는 페르소나는 어떤 것인지 나눠 봅시다.

4. 디지털 허언증에 빠지면 '현실과의 괴리에서 오는 자괴감'과 '거짓 삶을 현실이라고 생각하는 잘못된 믿음'이 생길 수 있다고 했습니다. 그런데 두 가지 부작용 중우리의 삶과 신앙에 더 해로운 것이 있다면 어떤 것일까요?

5. 책에 "멀티 페르소나로 살아갈 수는 있지만, 멀티 페르소나를 위해서 살 수는 없다"라는 말이 나오는데요, 이 말은 어떤 의미일까요?

6. 오늘날 많은 사람이 다양한 소셜 미디어를 사용하고 있는데요, 소셜 미디어의 장단점은 무엇인가요? 그리고 소셜 미디어를 지혜롭게 사용하는 방법은 무엇인지 이야기해 봅시다.

7. 오늘날 중독에 빠져 괴로움을 호소하는 사람이 많습니다. 중독에 빠지는 근본적인 원인과 그들을 도울 수 있는 방안에 대해 생각해 봅시다.

8. 1인 크리에이터가 되고 싶다고 생각해 본 적이 있나요? 어떤 채널을 만들어서, 어떤 영향력을 끼치고 싶은지 생각을 나눠 봅시다.

9. 자신이 가장 즐겨보는 기독교 유튜브 채널을 소개해 봅시다. 그리고 기존 기독교 유튜브 채널들의 아쉬운 점이 있다면 무엇인지 이야기해 봅시다.

10. 오늘날 많은 교회가 미디어 사역을 위해 노력하고 있는데요, 교회 내의 미디어 사역의 가장 큰 문제점 혹은 개선할 점이 무엇이라 생각하는지 나눠 봅시다.


11. 앞으로 교회와 하나님 나라를 섬길 탁월한 미디어 사역자들이 많이 필요한데요, 이 일을 위한 좋은 아이디어가 있다면 함께 이야기해 봅시다.

# V. 다섯 번째 수업:
## 소통하기(사회적 소통 능력)

 1. 공공의 장에서 소통하기

 2. 사람을 잇고, 하나님을 잇는 미디어

 3. 하나님 나라에도 미디어가 있을까?

# 1. 공공의 장에서 소통하기

잘 지냈지요? 드디어 마지막 수업입니다.

그러게요. 벌써 시간이 그렇게 되었네요. 중간에는 땡땡이를 좀 쳐 볼까 생각하기도 했었는데요, 미디어가 워낙 우리 삶과 밀접하게 연결되어 있다 보니, 집중하게 되더라고요. 벌써 마지막 수업이라니 서운한 기분도 듭니다.

집중해서 들어 주는 모습에 저도 더 열심히 했어요. 고맙습니다. 자, 이제 마지막 수업을 시작할 텐데요. 마지막 수업이기도 하니 영화 이야기로 시작해 보겠습니다. 혹시 지난 2015년에 개봉했던 〈스포트라이트〉라는 영화를 아나요?

전 안 본 영화인데, 2015년이면 벌써 8년 전에 나온 거네요.

그렇다면 한번 보기를 추천해요. 지금 보면 더 신선할 수 있어요. 마블 영화에 나오는 배우들이 주인공으로 나오거든요. 영화는 실화를 바탕으로 하는데요, 주제가 굉장히 충격적입니다. 미국 일간지 「보스턴 글로브」 (Boston Globe)의 '스포트라이트'팀 기자들이 주인공인데요, 이들은 지난 2002년 수십 년에 걸쳐 벌어진 가톨릭 사제들의 아동 성추행 스캔들과 이를 조직적으로 은폐한 가톨릭의 비리를 밝혀냅니다. 그러니까 사제들이 수십 년 동안 아동과 청소년들을 성추행해 왔던 겁니다. 이것도 말이 안 되는데, 더 큰 문제는 가톨릭의 대응이었어요. 그들은 성범죄 사건이 일어날 때마다, 사건을 철저하게 조사하고 재발을 방지하기 위해 노력한 것이 아니라, 그저 사건을 쉬쉬하면서 덮는 데 주력합니다. 적당한 보상금으로 피해자들을 회유하고, 영향력을 발휘해 사건이 누설되지 않게 해요. 그리고 가해자를 전출시키며 사태를 계속 무마시키기에 급급합니다. 그런데 문제는 다른 곳으로 전출되어 간 사제가 그곳에서 또 성범죄를 저지르는 겁니다.

보스톤 글로브의 가톨릭 사제 아동 성폭행 폭로 기사

그럼 또다시 입막음하여 문제를 덮고…. 그렇게 수십 년간 범죄가 반복됐습니다. 2018년에 나온 펜실베이니아주 대배심원의 조사 보고서에 의하면 1950년부터 발생한 피해자가 17,000명에 달하고, 고발된 사제가 7,000명에 달했다고 합니다. 엄청난 스캔들이 세상에 알려지며* 이 사건을 보도한 기자들은 퓰리처상을 받았습니다.

그렇게 엄청난 사건이 있었다니……. 영화가 궁금해지네요.

네, 그래서 추천하는 겁니다. 그리고 또 하나의 사건을 이야기해 보겠습니다. 지난 2015년 미국의 사우스캐롤라이나주(South Carolina)의 노스찰스턴(North Charleston)에서 네 아이의 아버지였던 50세의 흑인 월터 스콧이 백인 경찰이 발포한 총에 맞아 사망하는 사건이 벌어졌습니다. 사건을 일으킨 경찰은 교통위반 단속을 하다가 스콧에게 차량을 멈추라고 했는데, 스콧은 불응했습니다. 스콧이 경찰의 전기 충격기를 빼앗고 달아나려 했으며, 경찰은 그런 스콧에게 생명의 위협을 느껴 총을 쏘았다고 주장했습니다.** 그러나 이는 거짓말이었습니다. 총격 상황을 휴대폰으로 촬영했던 행인이 영상을 스콧의 가족들에게 보냈고, 유가족은 영상을 뉴욕타임스로 넘겼습니다. 그렇게 당시의 상황이 공개되었는데요, 경찰은 등을 지고 달아나는 스콧의 등에 무려 8발의 총탄을 발사했고, 스콧은 현장에서 즉사했습니다. 경찰이 스콧에게 책임을 돌리기 위해 죽은 그의 시신 옆에 전기 충격기를 떨어뜨리며 현장을 조작하는 장면도 그대로 찍혀 있었습니다. 영상이 공개

---

* 나무위키 "가톨릭 아동 성범죄 논란" 항목.
** 이상렬, "'테이저건 빼앗겨 쐈다' 경관 거짓말, 동영상이 밝혀내", 중앙일보 인터넷 기사, 2015. 4. 9.

되자 흑인에 대한 경찰의 과잉진압과 반인권적 폭력이 다시 한번 입증되었고, 경찰은 살인 혐의로 기소되었습니다. 분노한 시민들은 항의시위를 열기 시작했고, 사우스캐롤라이나주 의회는 여론을 달래기 위해 경찰들에게 몸에 카메라를 부착하도록 하는 법안을 통과시켰습니다.*

어떻게 그런 일이 있을 수 있지요? 시민을 위해 봉사해야 할 경찰이 시민을 해치다니…. 행인이 영상을 찍지 않았더라면, 피해자는 정말 억울할 뻔했네요.

미디어가 있어서 참 다행이라는 생각이 듭니다. 지금 소개한 두 가지 사건은 공통점을 가지고 있어요. 권력이 감추려고 했던 추악한 진실을 미디어가 밝혀냈고, 그 결과로 사회에 변화가 일어났다는 점입니다.

사실 미디어에는 소셜 미디어처럼 개인적인 생각이나 감정을 주변의 몇몇 사람과 나누는 분야도 있지만, 우리가 살아가는 사회에 영향을 미치는 중요한 소식을 전하는 매스 미디어도 있습니다. 두 미디어를 상호 보완적으로 활용해야 합니다. 빠른 시간 내 많은 사람에게 전달하기에는 매스 미디어가 좋지만, 적극적으로 각자의 의견을 표현하는 데에는 소셜 미디어가 더 많이 사용됩니다. 현대인들은 소셜 미디어와 매스 미디어를 통해 소식을 듣고, 사회적 사안에 대해 서로 의견을 나누면서 여론을 형성하고, 때로는 사회의 시스템을 바꾸기도 합니다.

마지막 시간에 우리가 함께 공부할 소통하기(사회적 소통 능력)는 바로 이

* 김광희, 김면수, 이선희, 정형근, 홍윤빈, 『미디어 리터러시 수업: Z세대를 위한 미디어 교육 길잡이』, (서울: 휴머니스트, 2019), 204.

과정에서 발휘되는 능력입니다. 미디어를 통해 사회적 사안을 듣고, 자신의 의견을 개진하고, 다양한 사회적 연결망들을 통해 공론화 과정에 참여하는 능력이 바로 미디어를 통한 사회적 소통 능력입니다.[*]

> 미디어를 통해 사회를 유지 혹은 변화시키는 능력이라고 할 수 있겠네요.

우와! 핵심을 찌르는 설명이네요. 저보다 간결하게 잘 정리한 것 같아요. 사회적 소통 능력은 우리가 미디어 리터러시를 생각할 때 간과하기 쉬운데요, 우리가 살아가는 사회를 움직이고 변화시킨다는 점에서 그 어떤 미디어 리터러시 능력보다 중요합니다.

이 사회적 소통 능력은 앞에서 설명한 정의에서 알 수 있듯이 몇 가지 요소를 가지고 있는데요, 기초 요소는 바로 사회에 대한 관심입니다. 우리 사회에 무슨 일이 일어나고 있는지, 어떻게 돌아가고 있는지 지속적인 관심을 가지고, 적극적으로 정보를 탐색해야 합니다.

우리가 일반적으로 미디어를 사용하는 동기는 재미, 흥미, 기분 전환 등입니다. 그게 나쁜 건 아니에요. 그 결과 기분이 좋아지고, 호기심이 충족된다면 나름 미디어를 잘 사용하는 것이죠. 문제는 재미와 오락만을 추구하면서, 사회에 무관심해지는 것입니다. 이건 꽤 심각한 문제가 될 수 있고, 사회의 구성원으로서 의무를 다하지 않는 것이라고 말할 수 있어요.[**]

영어 단어 중에 'idiot'이라는 단어가 있는데요, 혹시 무슨 뜻인지 아나요?

---

[*]  이숙정, "미디어 리터러시는 무엇인가", 67.
[**]  이숙정, "미디어 리터러시는 무엇인가", 67.

물론 알고 있습니다. '바보' 혹은 '멍청이'라는 뜻 아닌가요? 이 단어를 모르면 정말 'idiot'인 거죠.

하하, 잘 알고 있네요. 그런데 이 단어가 어디에서 유래했느냐 하면, 그리스어 '이디오테스'(idiotes)입니다. 고대 그리스에서 '이디오테스'는 '공적인 일에는 관심이 없고 오직 사적인 일에만 신경을 쓰는 사람'을 가리키는 말입니다. 당시 직접 민주주의를 실현한 고대 그리스에서는 공공의 일에 관심이 없는 사람을 '이디오테스'라고 불렀는데요, 이 단어에서 '바보', '멍청이'라는 단어가 나왔다는 것은 오늘 우리에게 시사하는 바가 큽니다.[*]

# Idiotes
## 이디오테스
### 공적인 일에는 관심이 없고
### 오직 사적인 일에만 신경을 쓰는 사람

그러니까 사회 문제에 나 몰라라 하며 관심을 가지지 않으면 '멍청이'가 되는 거네요. 이건 좀 무서운데요….

역설적이게도 나라를 다스리는 통치자들은 국민이 사회 문제에 별로 관심을 가지지 않는 것이 편할 겁니다. 그래서 예로부터 독재자들은 우민화 정책(愚民化政策)을 많이 썼는데요, 가장 대표적인 예로 들 수 있는 것이 바로

---

[*] 구본권, 『뉴스를 보는 눈: 가짜 뉴스를 선별하는 미디어 리터러시』 (서울: 풀빛, 2019), 109.

'3S정책'입니다. 3S정책은 대중을 3S, 즉 스크린(screen: 영화), 스포츠(sports), 섹스(sex)에 빠지게 해서, 정치나 사회 문제에 무관심하도록 유도하여 지배자가 마음대로 대중을 조작할 수 있게 하는 정책을 말해요.* 그러므로 우리가 '이디오테스', 그리고 우민(愚民)이 되지 않으려면 필요한 것이 있는데요, 바로 '사회학적 상상력'입니다.

'사회학적 상상력'이라고요? 그건 또 뭔가요?

미국의 사회학자 C. 라이트 밀스(C. Wright Mills)에 의해 처음 사용된 개념인데요, '개인적인 경험과 보다 넓은 사회 사이의 관계를 인식하는 능력'입니다.** 어려운 개념이니 조금 더 쉽게 설명해 보겠습니다.

우리의 삶은 대체로 미시적인 수준에서 일어납니다. 작은 동네에서 소수의 사람과 어울리는 가운데 일어나는 소소한 사건 속에 살아가지요. 그러한 미시적 수준의 삶은 결국 거시적인 틀 안에서 일어납니다. 우리가 집 앞 마트에서 물건을 사는 것도 정부와 중앙은행이 결정한 경제 정책(기준 금리나 통화량)에 의해 영향을 받을 수밖에 없고요, 새로 개업한 식당이 잘되느냐, 망하느냐 하는 것도 나라의 정책에 영향을 받습니다. 코로나19 때 방역 정책의 영향을 받았던 것처럼요. 그러므로 사회학적 상상력이라는 것은 우리가 미시적인 수준에서 살아가며 겪는 개인적인 경험을 개인의 것으로만 치부하며 바라보는 것이 아니라, 조금 더 거시적인 틀에서 바라보고, 사회 전체에서 어떤 의미를 가지는지 생각해 보는 거예요.

---

* 두산백과, "3S정책" 항목.

** 위키백과, "사회학적 상상력" 항목.

설명을 들으니 무슨 말인지는 알 것 같은데요, 구체적으로 어떻게 '사회학적 상상력'을 사용해야 하는지는 아직 감이 안 옵니다.

그럴 수 있죠. 실제적인 사례를 들어서 설명해 볼게요. 예를 들면 우리가 친구들과 커피를 마시러 가기로 했어요. 그때 우리는 대부분 '뭘 마시지?', '언제 마시지?', '어디에서 마시지?', '요즘 힙한 카페가 어디더라?' 등의 생각을 할 겁니다. 그런데 잘 알다시피 우리나라는 커피를 수입하잖아요. 때로는 이런 생각도 할 수 있습니다. '우리나라에 1년 동안 수입되는 커피의 양이 얼마일까?', '커피의 원가는 얼마일까?', '지금 마시는 커피는 어떤 과정을 통해 우리에게 왔을까?', '이 커피는 공정무역을 통해 생산 및 유통된 커피일까?' 등의 생각도 할 수 있어요. 즉, 처음에 언급한 평소 우리의 생각들은 미시적인 차원이지만, 후에 소개한 생각들은 조금 더 거시적인 차원입니다. 이게 바로 사회학적 상상력을 발휘한 생각들입니다.

미디어도 마찬가지입니다. 미디어를 소비하면서 '요즘 뭐가 재미있지?', '최근에 떡상한 유튜브 채널이 뭐야?', '누구랑 영화를 보러 갈까?'와 같은 개인적이고 미시적인 차원에서만 생각하는 것이 아니라 조금 더 거시적인 차원에서도 생각해 보는 겁니다. '왜 요즘 사람들이 이런 유튜브 채널을 좋아하는 걸까?', '이 영상이 사회에 어떤 영향을 줄까?', '왜 이 언론의 기사는 다른 언론사들과 내용이 다를까?' 등을 생각해 보는 거예요. 이러한 생각들이 바로 사회학적 상상력이라고 할 수 있습니다. 그리고 이러한 생각들이 바로 사회적 소통 능력의 중요한 기초인 '사회에 대한 관심'입니다.

쉽게 이야기하면 흥미 위주의 미디어를 보면서 생각 없이 살지 말고 사회에 관심을 가지라는 거군요. 제가 바르게 이해했나요?

직설적이긴 하지만, 핵심을 잘 짚어 주었어요. 괜히 제가 쉬운 이야기를 어렵고 장황하게 설명한 것은 아닌지 모르겠네요. 사회에 대한 관심은 가장 기초가 되는 요소이고요, 사회적 소통 능력의 두 번째 요소는 바로 공공의 장소에서 자신의 의견을 표현하는 것입니다. 인간이 살아가는 데 있어서 자신의 의사와 생각을 표현하는 것은 중요한 일입니다. 의견을 표현하지 않으면 알 수가 없거든요. 인간은 하나님처럼 다른 사람의 중심을 꿰뚫어 보지 못하잖아요. 그렇다 보니 꼭 표현을 해야 합니다. 심지어는 가까운 친구나 연인 사이에도 우정과 애정을 표현해야 관계가 잘 유지됩니다.

가까운 사람들끼리 관계를 맺고 살아갈 때는 의견을 표현하지 않아도 큰 문제가 되지 않을 수도 있습니다. 서로 배려해 주고, 생각을 물어봐 주고, 혹은 상대방의 생각과 마음을 어림짐작할 수 있기 때문이에요. 그러나 공공의 장에서는 표현하지 않으면 의견이 없다고 여기는 경우가 많거든요. 그러니 공적인 장소나 미디어를 통해 자신의 의견을 공개적으로 표현하는 행위가 꼭 필요합니다.

특히 미디어는 공개적으로 많은 사람에게 의견을 표현할 수 있게 만들어 주었습니다. 메신저 프로그램의 단체 대화방이나 인터넷 커뮤니티, 혹은 소셜 미디어에 글을 올리면 광장에 모인 수많은 사람 앞에 서지 않더라도 생각과 의견을 많은 사람에게 전할 수 있어요. 그렇지만 이것은 의견을 전달하는 새로운 방법이 생긴 것일 뿐이지, 우리에게 저절로 다른 사람과 공적으로 소통하는 능력을 키워 준 것은 아니거든요.

그러므로 우리가 잘 소통하기 위해서는 우선 자신의 의견을 잘 정리하고 가다듬어서 누가 들어도 자신의 생각을 분명히 알 수 있도록 해야 합니다. 그리고 사사로이 대화하는 것이 아니기 때문에 자신이 그렇게 생각하는 이유와 근거도 잘 제시되어야 하고요. 그리고 근거들도 출처나 정확성이 불분명한 '카더라'보다는 검증된 정보와 사실을 제시하는 것이 좋습니다. 특히 미디어로 자신의 생각을 전달할 때는 내용이 자신의 의도와 상관없이 확산이 되거나, 아무리 삭제하려고 노력해도 삭제되지 않을 수 있다는 것을 명심해야 합니다. 신중하게 자신의 의견을 표현해야 해요. 한순간의 치기로 지나치게 감정적인 글을 올리거나 잘못된 정보를 유포하면, 법적 책임을 지거나 커리어를 망치는 일이 생길 수도 있거든요.

요즘은 의도적으로 '박제'하는 사람들이 있더라고요.

'박제'를 한다고요?

네. 나중에 보면 부끄러워할 만한 사건이나 흑역사를 스크린샷, 아카이브, PDF 등으로 저장하거나, 각종 위키 등을 통해 문서화하여 대중적으로 알리고 보존하여 망신 주는 것을 뜻해요.*

아, 그런 표현이 있군요. 아무튼, 조금 더 조심하고 신중해야겠죠?

* 나무위키, "박제" 항목.

또한 공공의 장소에서 소통하는 것은 자신의 의견에 찬성하는 사람들끼리 대화하는 것을 의미하지 않습니다. 서로 동의하는 사람들끼리 모여서 이야기하고, 조금이라도 다른 이야기를 하는 사람을 배척한다면 그것은 진정한 의미에서의 사회적 소통이라 볼 수 없어요.* 공공의 장은 누구나 올 수 있는 열린 공간이기 때문에 당연히 나와 생각과 의견이 다른 사람도 올 수 있고요, 그렇게 나와 생각이 다른 견해를 가진 사람과도 얼굴을 붉히지 않고, 서로의 의견을 존중하고 환대하며 나눌 수 있어야 합니다. 그러므로 여러 다른 의견을 공감하며 경청하고, 서로의 의견이 어떤 면에서 어떻게 다른지 파악하며, 생각의 차이를 좁혀 나가기 위해 서로의 견해를 조율해 나갈 수 있는 능력이 바로 사회적 소통 능력의 핵심입니다.

그런데 안타깝게도 최근에 우리 주변에서 사회적 소통 능력이 부족한 사람을 많이 만납니다. 특히 정치적인 주제로 서로 갈등하고 대립하는 모습이 많이 나타나는데요, 흥미롭게도 대부분 한 사회에 여러 가지 생각과 정치적인 입장이 공존해야 하지 않겠냐고 물으면 대체로 다 동의합니다.

사회에 다양한 정치적 입장이 있어야 한다는 것은, 같은 정치적 철학을 가진 사람들끼리만 모이고 소통해서는 안 된다는 것을 뜻합니다. 서로의 견해와 주장이 다르기는 하지만, 서로 존중하고 환대하는 가운데 사회를 위한 더 나은 대안을 제시해 내기 위해 소통하고 노력해야 함을 의미합니다. 그러므로 이러한 사회적 소통의 문제에 있어서 작은 변화의 물결이 나타나야 하고, 그 물결을 우리 그리스도인이 이끌어야 한다고 생각합니다.

정말 어려운 문제인데, 과연 그리스도인이 변화를 이끌 수 있을까요?

---

* 이숙정, "미디어 리터러시는 무엇인가", 69.

가능하다고 생각합니다. 기본적으로 그리스도인은 어떤 정치적인 입장에도 설 수 있어요. 그리고 더 중요한 것은 그리스도인은 궁극적으로 세상의 정치적 가치보다 더 높은 가치에 지배를 받는 사람입니다. 즉, 하나님 나라와 예수 그리스도의 복음이라는 가장 높은 가치를 최우선으로 생각하는 사람이에요. 따라서 세상의 가치관이 부딪히고 갈등을 일으킬 때, 그 문제를 풀어 나갈 수 있는 사람은 그리스도인밖에 없습니다.

또한 우리 그리스도인에게 예수님의 명령도 사회적 갈등을 풀어 나가는 데 중요한 지침이 됩니다. "나는 너희에게 이르노니 너희 원수를 사랑하며 너희를 박해하는 자를 위하여 기도하라"(마 5:44), "그러므로 무엇이든지 남에게 대접을 받고자 하는 대로 너희도 남을 대접하라 이것이 율법이요 선지자니라"(마 7:12)라고 예수님께서 우리에게 말씀하셨으니까요. 예수님의 말씀처럼 우리와 생각이 다른 사람을 사랑하고 그들을 위해 기도하고, 우리가 대접받고 싶은 대로 그들을 대접한다면, 아무리 견해와 주장이 달라도 마음을 열고 대화해 나가는 데 큰 어려움을 겪지 않을 겁니다.

이처럼 우리가 가진 기독교 신앙이 공공의 장소에서 다른 사람과 소통하는 데 큰 도움이 될 수 있어요. 그런데 약간 아이러니한 점이 있어요. 우리의 신앙이 때로는 다른 사람과 사회적으로 소통하는 데 방해가 되기도 합니다.

말이 좀 이상하게 들리는데요. 보통 도움이 되면 도움이 되는 거고, 방해가 되면 방해가 되는 거지, 도움이 되면서 동시에 방해가 된다니요.

제가 생각해도 역설적인데요. 설명을 들으면 이해가 될 겁니다. 기독교 신앙에는 두 중심축이 있습니다. 우리의 마음과 목숨과 뜻을 다해 하나님을 사랑하는 '하나님과의 관계'가 첫 번째 축이고요, 두 번째 축은 우리의 이웃을 우리 자신과 같이 사랑하는 '이웃(세상)과의 관계'입니다(마 22:37-40). 하나님과의 수직적 관계와 이웃과의 수평적 관계가 바른 균형을 이루는 것이 바른 기독교 신앙의 기초인 거죠. 그런데 한국교회는 균형이 무너져 하나님과의 개인적 관계에 중심축이 놓여 있는 것으로 보입니다.*

교회 다니는 사람이 세상에 나가서 '소금과 빛'으로 영향력을 발휘하기보다는, 교회 내에서 믿는 사람들끼리만 모여서 예배하고, 성경 공부하고, 교제하는 쪽에 조금 더 집중하는 겁니다. 그런데 이런 경우 어떤 문제가 나타날 수 있냐면요, 사회적 소통에 어려움이 생길 수 있습니다. 교회 안에서 신앙이 있는 사람들끼리 신앙의 언어로만 이야기를 하다 보니, 세상에 나가서 비신자와의 소통이 힘들어지는 거예요.

교회 다니는 사람끼리는 성경, 죄, 은혜, 하나님의 역사, 간증, 속회, 권속, 구속경륜 등의 기독 용어를 쓰면서 얼마든지 대화를 나눌 수 있어요. 그런데 비신자들에게 그런 말을 쓰면, 전혀 알아들을 수 없는 외계어처럼 느껴질 거예요.

---

* 이런 현상을 신앙의 '사사화(私事化, privatization) 현상'이라고 하는데 많은 교계의 리더와 연구가가 한국교회의 사사화 현상의 문제들을 지적하고 있습니다. 김도일, "손양원의 삶으로 본 사회적 신앙에 대한 기독교교육적 고찰", 「장신논단」 46(2014), 336-337; 김영동, "공적선교신학 형성의 모색과 방향", 「장신논단」 46(2014), 299; 안창덕, "세속성자 수요모임의 예배에서 드러난 신앙 공공성에 대한 연구", 「신학과 실천」 59(2018), 185; 이도영, 『페어처치』, (서울: 새물결플러스, 2017), 211-212; 이상일, "공적 신앙 형성과 회중찬송", 「신학과 실천」 58(2018), 193; 이원규, "한국교회의 사유화 극복과 공공성 회복의 길", 27-28; 이준우, "공공신학 관점에서 본 한국교회 사회복지실천의 성격과 과제", 「한국기독교신학논총」 104(2017), 334; 장신근, "교회의 민주시민교육 – 공교회와 공적 신앙의 관점에서", 「기독교교육논총」 21(2009), 128; 정재영, "사적 신앙에서 공적 신앙으로", 『한국교회, 개혁의 길을 묻다』, (서울: 새물결플러스, 2013), 346-347; 최정민, "교육의 영역에서 교회의 공적 책임 회복을 위한 기독 학부모의 역할", 「선교와 신학」 40(2016), 484-485.

잠깐요, 권속? 구속경륜? 이건 저도 모르겠는데요.

하하. 그럴 수 있습니다. 교회에 다니는 사람도 생소한 단어이니, 비신자는 더욱 이해하지 못하겠죠.[*] 그리고 비신자의 경우, 알아듣고 이해할 수는 있는데 상처가 되는 말도 있어요. 만약 교회에 다니는 친구에게 마음을 열고 요즘 자신이 겪고 있는 어려움과 고민을 털어놨어요. 그런데 교회 다니는 친구가 그 말을 듣더니 이렇게 말하는 겁니다. "네가 교회 안 다녀서 그래. 하나님이 너 돌아오게 하시려는 거야." 과연 이 말을 들은 비신자는 어떻게 반응할까요? 이 말은 교회를 다니는 사람끼리 해도 상처가 될 수 있는 말인데, 비신자야 말할 것도 없겠죠.

이렇게 개인적인 관계 안에서도 우리가 사용하는 교회의 언어는 믿지 않는 사람과 소통하는 데 방해가 됩니다. 그렇다면 모든 사람이 모여 소통하

---

[*] 이 책을 읽으시는 분 중에도 용어들이 무슨 뜻인지 모르실 수 있으나, 비신자의 답답함에 공감하자는 취지로, 뜻을 설명하지 않겠다.

는 공공의 장에서 이런 기독교 언어를 사용하면 어떨까요? 당연히 소통이 안 될 겁니다.

구체적인 사례를 하나 들어서 설명해 보겠습니다. 코로나 팬데믹 기간 동안 정부의 방역 수칙 때문에 대면 예배로 모이지 못하던 때가 있었습니다. 대부분의 교회가 방역 수칙을 잘 지키는 성숙한 모습을 보여 주었죠. 그런데 그 기간 동안 뉴스 댓글이나 온라인 커뮤니티에는 왜 교회가 그렇게 대면으로 모이려고 하는지에 관한 질문과 비판의 글도 많았습니다. 당연히 비신자들 눈에는 탐탁지 않게 보일 수 있었겠죠. 그런데 이런 글에 답하면서 '주일'이라는 단어를 사용하고, '모이기를 폐하는 죄'와 같은 표현을 사용하면 비신자는 그리스도인과 소통이 잘 안된다고 느낄 수 있습니다. 우리에게는 굉장히 익숙한 단어이지만, 그들은 전혀 쓰지 않는 말이니까요. 그러므로 우리 신앙인들이 교회가 아닌 공공의 장소에서 비신자들과 소통하기 위해서는 이중 언어를 할 수 있어야 합니다.

이중 언어요? 외국어를 한다는 건가요?

다른 나라의 말을 해야 한다는 것은 아니고요. 교회 안에서는 신앙의 언어를 이야기하며 믿는 사람들과 소통하지만, 교회 밖에서는 일상의 언어를 통해 세상 사람들과 이야기 나눌 수 있어야 한다는 겁니다.

성경에도 이렇게 이중 언어를 사용하는 예가 있습니다. 열왕기하 18장 26-28절을 보면 이스라엘을 침략한 앗수르의 장군인 랍사게가 예루살렘 성 앞에서 이스라엘에게 항복을 요구하는 장면이 나옵니다. 그런데 그 장면에서 랍사게는 성벽 위에서 듣고 있던 유다 백성에게 겁을 주기 위해 유다 말로 협박을 해요. 그러자 힐기야의 아들들이 급하게 이렇게 이야기합니다. 한번 읽어 줄래요? 26절입니다.

> 힐기야의 아들 엘리야김과 셉나와 요아가 랍사게에게 이르되 우리가 알아듣겠사오니 청하건대 아람 말로 당신의 종들에게 말씀하시고 성 위에 있는 백성이 듣는데서 유다 말로 우리에게 말씀하지 마옵소서(왕하 18:26)

즉, 백성이 동요할까 걱정하여 유다 말로 하지 말라는 겁니다. 대신 자기들이 당시 앗수르 제국의 공용어였던 아람어를 할 수 있으니 아람어로 이야기해 달라고 부탁하는 거죠. 그러자 랍사게는 27절에서 힐기야의 아들들에게 아람어로 이렇게 대답합니다. 27절도 읽어 주세요.

> 랍사게가 그에게 이르되 내 주께서 네 주와 네게만 이 말을 하라고 나를 보내신 것이냐 성 위에 앉은 사람들도 너희와 함께 자기의 대변을 먹게 하고 자기의 소변을 마시게 하신 것이 아니냐 하고(왕하 18:27)

랍사게는 힐기야의 아들들에게 자신의 목적이 바로 유다 백성에게 겁을 주기 위함이라고 말합니다. 그래서 28절부터 유다 말로 협박을 계속해 나갑니다. 결국 힐기야의 아들들은 분노하며 히스기야 왕에게 랍사게의 말을 전합니다(37절).

이 장면에 두 대화가 나타납니다. 첫 번째는 '성벽 위의 대화'인데요, 이는 랍사게와 힐기야의 아들들의 대화로, 당시의 국제 공통어인 아람어로 나눈 대화였습니다. 그리고 두 번째는 '성벽 안에서의 대화'로 예루살렘 성 안에서 힐기야의 아들들과 히스기야 왕이 나눈 대화입니다.* 두 대화의 모습은 우리에게 중요한 교훈을 줍니다. 본문에 등장하는 힐기야의 아들들은 당시의 국제적 통용어인 아람어로 이방인들과 소통할 수 있었고, 모국어인 유다 말로 하나님의 백성과도 소통할 수 있었습니다. 즉, 이들은 성벽 밖에 있는 비신자들과도 잘 소통했고, 성벽 안에 있던 믿음의 공동체와도 잘 소통했던 것이죠.

사도 바울에게도 비슷한 모습을 발견할 수 있습니다. 사도행전 17장을 보면, 사도 바울은 당시 그리스-로마 종교, 문화, 철학의 중심지였던 아테네에서 몇몇 철학자를 대상으로 복음을 전합니다. 그런데 이때 바울은 이방인 철학자들에게 복음을 전하면서 그들에게 익숙한 헬라 철학의 개념과 수사학을 사용하여 복음을 전합니다. 특히 헬라인 청중을 고려하여 구약을 인용하지 않고 헬라의 철학자와 시인을 인용하며 복음을 증명하려고 노력합니다.** 사도 바울도 성도에게는 신앙공동체의 언어를 사용했지만, 교회

---

* 월터 브루거만, "분파주의적인 해석학의 타당성: 열왕기하 18~19", 제자직과 시민직을 위한 교육, (서울: 한국장로교출판사, 1999), 23-25.

** 크로스웨이 ESV 스터디 바이블 편찬팀, 『ESV 스터디 바이블』, (서울: 부흥과개혁사, 2014), 2164-2165.

밖 사람들에게는 그들이 이해할 수 있는 언어를 사용한 겁니다.

이런 모습이 우리에게도 필요합니다. 우리가 성안에 있는 성도 공동체와 교류하고 소통하다 보면, 우리의 생각이나 말들이 성 밖에 있는 사람들과 큰 차이가 날 수밖에 없습니다. 그러다 보면, 비신자들이 섞여 있는 공공의 장에서 소통할 때 어려움을 겪겠죠. 교회 안에서 신앙의 언어도 잘 사용해야겠지만, 교회 밖에서는 우리의 믿음과 생각을 신앙의 언어가 아닌 일상의 언어로 잘 풀어서 세상과 소통하려는 노력이 필요해요. 그것이 바로 그리스도인이 사회적 소통 능력을 높일 때 중점을 두어야 할 부분입니다.

그렇군요. 이런 것까지 미디어 리터러시에 들어갈 것이라고는 생각하지 못했습니다. 정말 미디어 리터러시는 배울수록 어렵네요.

하하, 어려워하지 않아도 됩니다. 잘 따라오고 있어요. 사실 미디어 리터러시가 어렵다기보다는 미디어 리터러시를 이루고 있는 핵심적인 요소가 다양하고 영향력이 광범위하기에 우리가 고민하고 고려할 것이 많은 겁니다. 자, 그럼 다음 주제로 넘어가 봅시다.

# 2. 사람을 잇고, 하나님을 잇는 미디어

이제 미디어 리터러시의 사회적 소통 능력이라는 주제에서 가장 중요한
내용을 다루는 시간입니다. 그리스도인이 사회와 소통할 때 가장 중요한
주제가 뭘까요?

글세요. 딱 하나를 고르려니 쉽지 않은데요?

그럼 질문을 바꿔 볼까요? 그리스도인이 세상 사람들과 가장 많이 소통
하고, 이야기해야 할 주제가 뭘까요?

혹시 예수님이나 복음을 이야기하시는 건가요?

그렇습니다. 땅끝까지 이르러 예수 그리스도의 증인으로 살아가는 것(행 1:8)이 우리의 사명인 만큼 우리가 세상 사람들과 가장 많이 이야기해야 할 것은 바로 예수 그리스도의 복음입니다. 아마 여기에 동의하지 않을 그리스도인은 없으리라 생각합니다. 우리 관심의 초점은 '전도를 할 것인가, 말 것인가'가 아닌 'How', 즉 '어떻게 복음을 전할 것인가'이지요. 그리고 미디어는 전도와 선교의 효과적인 통로로서 높은 가능성을 가지고 있습니다.

우리가 함께 살펴봤듯이 미디어는 가운데에서 양쪽을 매개하고 이어 주는 다리 역할을 합니다. 미디어는 사람과 사람 사이도 이어 주지만, 사람과 하나님 사이도 이어 주는 거죠. 따라서 미디어는 오늘날 가장 효과적이고 동시에 효율적인 복음의 통로가 될 수 있어요.

물론 미디어를 통한 전도나 선교에 부정적인 생각을 가지고 계신 분들도 있습니다. 기본적으로 기독교는 하나님과 사람의 만남, 사람과 사람의 만남이 중심이기 때문에 전도도 항상 인격 대 인격이 직접 만나야 한다고 생각하는 건데요, 이분들의 주장도 일리는 있습니다. 그러나 우리가 잊지 말아야 할 것은, 예나 오늘날이나 전도의 방법이 다양하다는 것입니다. 대표적인 것이 지하철이나 번화가에서 "예수 천당, 불신 지옥"이라고 쓴 피켓을 들고 큰 소리로 사람들에게 전도하는 것인데요, 이런 분들 만난 적 있지요?

아, 그럼요. 당연히 본 적 있어요. 제가 만난 분은 옷에 앞뒤로 "예수 천당 불신 지옥"이라고 큰 글씨로 새겨 넣으셨더라고요.

맞습니다. 이런 전도도 한국교회에서 꽤 오랫동안 이루어지고 있는데요, 미디어를 통한 전도의 방법과 비슷한 부분이 있습니다. 또한 미디어를 통해 만난다고 해서 인격과 인격의 만남이 이루어지지 않는 것도 아닙니다. 만나서 대화하고, 식사하는 인격과 인격의 사귐이 일반적이기는 하지만, 때와 상황에 따라 직접 만나지 않고 미디어를 통해 교제를 나누기도 합니다.

가장 대표적인 것이 전화나 카카오톡 같은 메신저 프로그램이죠. 메신저를 통해 우리는 직접 만나지 못하더라도 안부도 주고받고 대화도 나눕니다. 그런데 우리가 이런 미디어들을 통해 만나면 인격과 인격의 만남이 일어나지 않는 것인가요? 그렇지 않죠. 물론 직접 만나는 것보다는 못하지만, 매체를 통해 인격과 인격이 만나고 사귀는 일이 가능합니다. 심지어 온라인으로 만나서 결혼하는 사람들도 있어요.

사도 바울의 사역도 마찬가지입니다. 그는 3차에 걸친 선교 여행을 통해, 많은 교회를 세우고 많은 성도를 목양했습니다. 그러나 여러 가지 상황으로 직접 교회에 방문할 수 없는 경우, 그는 사랑하는 교회에 긴 편지를 써서 성도를 권면하고 돌봤습니다. 신약성서에서 상당 부분을 차지하고 있는 사도 바울의 서신서가 바로 이러한 정황에서 쓰인 겁니다. 사도 바울이 편지라는 미디어를 사용해 소통했다고, 사도 바울과 교회가 인격 대 인격으로 소통하지 못했다고 이야기할 수 있을까요? 그렇지는 않습니다.

다양한 사례를 볼 때, 미디어를 통한 복음 전도의 결과가 부정적이지 않음을 알 수 있습니다. 실제로도 2010년 10월 남아공 케이프타운에서 열렸던 제3차 로잔대회에서 '케이프타운 서약 행동 지침'을 발표했는데, "복음의 통로로서 미디어 사역의 가능성"이 다음과 같이 논의되었습니다.

"미디어 사역: 통전적인 성경적 세계관을 통해 그리스도의 복음을 전하기 위해 '전통적인' 미디어와 '기성' 미디어와 '새로운' 미디어의 상호작용을 위한 창의적이고 통합적인 용도를 개발한다."*

사실 저는 '미디어 전도'에 좋은 부분만 있을 거라고 생각했거든요. 부정적인 시각을 새롭게 알게 되었습니다. 설명해 주시는 내용을 들으니, 다행히 큰 문제는 아닌 것 같지만요.

그렇죠. 미디어로 전도한다고 미디어로만 끝내겠다는 게 아니니까요. 미디어는 하나의 접점이고, 미디어에서의 만남이 결국은 하나님과의 만남, 그리고 공동체와의 만남으로 이어집니다. 미디어를 통한 복음 전파에 다양한 장점 중 몇 가지만 같이 짚어 보죠.

먼저, 많은 사람에게 동시에 복음의 메시지를 전할 수 있다는 큰 장점이 있습니다. 오프라인에서 전도할 때는 시간과 장소라는 물리적인 한계가 있기에 만날 수 있는 사람의 수가 제한됩니다. 넓은 광장에 수많은 사람이 모여서 음향 시스템의 힘으로 증폭된 메시지를 전하지 않는 이상, 한 사람이 전하는 메시지가 많은 사람에게 닿을 수 없습니다. 그러나 미디어는 이러한 한계를 뛰어넘습니다. 구텐베르크에 의해 인쇄술이 발명되자 책과 문서

---

* 로잔 운동, 케이프타운 서약 신앙고백과 행동

가 복사·인쇄되어 정보와 메시지를 전달했고요, 라디오와 텔레비전이 등장하게 되자 수많은 사람에게 동시에 소리와 영상을 전달할 수 있는 매스미디어의 시대를 열었습니다. 더 나아가, 이제는 소셜 미디어와 다양한 뉴미디어를 통해 양방향 소통까지 가능한 시대가 되었습니다.

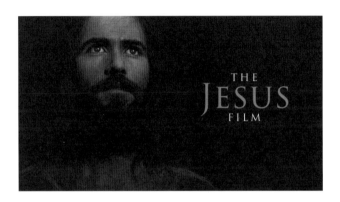

이처럼 미디어는 소수의 인원과 노력으로도 많은 사람에게 복음을 전하는 통로가 될 수 있습니다. 기록에 의하면 1979년 존 헤이만(John Heyman)이 제작한 영화 〈예수〉는 무려 2억 2천만 명이 그리스도를 영접하도록 인도했다고 합니다.* 또한 국내 한 목사님께서 운영하고 계시는 페이스북 페이지에는 무려 10만 명이 넘는 팔로워가 있는데요, 기독교인뿐 아니라, 비신자들도 힘과 위로를 받아 가는 좋은 콘텐츠들을 올려 자연스럽게 복음의 접점을 만들고 있습니다.**

게다가 코로나 팬데믹 이후로 미디어 전도는 더욱 중요한 역할을 맡고

---

\* Johannes Merz, "Translation and the Visual Predicament of the "JESUS" film in West Africa", in Missiology: An International Review, Volume XXXVIII, No. 2 (April 2010), 111. 정기묵, "뉴미디어 시대와 미디어 선교", 「선교와 신학 32」(2013), 84에서 재인용.

\*\* 페이스북 "도움닫기"

있습니다. 일단 사람을 만나야 복음을 전하든 말든 할 수 있는데, 사람을 만나는 것 자체가 쉽지 않아졌거든요. 코로나19로 인해 우리가 겪는 큰 사회적 부작용 중 하나는 낯선 사람에 대한 경

모바일 전도지 (출처: 그리심 홈페이지)

계심이 높아진 것입니다. 정부 시책의 사회적 거리두기도 원인이지만, 감염에 대한 염려와 불안 때문에 자발적으로 타인과의 접촉과 만남을 가급적 피하게 되었습니다. 그 결과 교회에서 전통적으로 많이 사용해 온 노방 전도나 일대일 전도가 거의 막힌 상황이 되어 버린 거죠. 이때 미디어 전도는 거의 유일한 전도의 방법이 되었습니다. 다행히 발 빠른 대처로 문자나 카카오톡, 그리고 다양한 소셜 미디어에 공유할 수 있는 모바일 전도지가 나오기도 했습니다.

저도 받아본 적이 있습니다. 굉장히 신선하다고 생각했어요! 저도 미디어로 복음을 전하는 것은 좋다고 생각합니다. 요즘은 거리두기가 풀렸지만, 코로나19가 유행하는 동안 사람들이 모일 수 있는 곳은 미디어 세상이 유일했었잖아요.

제가 하고 싶은 이야기가 바로 그 이야기입니다. 조금 더 설명해 볼게요. 조지 말로리(George Herbert Leigh Mallory)는 에베레스트산에 세계 최초로 도전한 유명한 산악인이었는데요, 1923년 3월 18일 뉴욕 타임스와의 인터뷰에서 기자가 그에게 "왜 에베레스트에 오르려고 하는 거죠?"(Why did you want to climb Mount Everest?)라고 묻자 다음과 같이 대답합니다. "그게 거기 있어서

요."(Because it is there.)

"그게 거기 있어서요"라고 대답한 것이, 미디어 전도와도 통하는 것 같습니다. 누군가 제게 미디어 전도를 왜 하느냐 묻는다면, 저도 똑같이 답하고 싶습니다. "사람들이 거기 있어서요", 즉 우리가 전할 복음의 대상이 미디어 세상에 많거든요.* 세상에 나가면 쉽게 접근하기도 어렵고 말 한 번 걸기도 어려운 사람들, 특히 청소년과 청년이 굉장히 무방비(?)하게 미디어에 빠져 있습니다. 우리가 복음을 전할 수 있는 좋은 미디어를 만든다면 소수의 사람, 최소의 노력만으로 많은 사람에게 그리스도의 복음을 전할 수 있습니다.

두 번째로 미디어 전도가 가지는 또 하나의 장점이 있습니다. 바로 전도의 방법으로서도 아주 효과적이며, 무엇보다도 이 시대에 잘 맞는 전도의 방법이라는 거예요. 『스타벅스 세대를 위한 전도』라는 책을 쓴 릭 리처드슨(Rick Richardson)은 이제는 전도의 방법이 바뀌어야 한다고 강조합니다. 이전에 우리가 해 왔던 전도의 방식이 생명력을 잃어 통하지 않기 때문에 사람들이 반응하지 않는 것입니다. 그러니 이제는 새로운 전도의 방법들이 필요합니다.**

특히 최근 젊은 층을 중심으로 많이 사용하는 소셜 미디어는 소통과 상호관계를 기반으로 합니다. 이런 문화에 익숙한 MZ세대***는 윗사람들이 아무리 좋은 이야기를 해도, 소통 방식이 일방적이라면, 그들을 '꼰대'라고

---

* 실제로 독일의 통계회사인 Statista의 2022년 1월 통계에 의하면 세계에서 가장 많은 사람이 이용하고 있는 소셜 미디어 서비스는 페이스북(facebook)으로, 사용자 수가 29억 명이 넘습니다.

** 릭 리처드슨, 『스타벅스 세대를 위한 전도 - 친구와 함께 떠나는 영적 여정』 노종문 역, (서울: IVP, 2008), 20-21.

*** MZ세대는 밀레니얼 세대와 Z세대를 통틀어 지칭하는 신조어로, 일반적으로 1981년부터 1996년까지 출생한 사람으로 정의한다. 위키백과, "MZ세대" 항목.

부르며 반감을 표시합니다. 이런 사람들에게 일방적인 선포형의 전도 방법을 사용한다면 과연 효과적일까요? 그렇지 않겠지요. 오히려 복음과 교회에 반감을 가질 수도 있습니다. 그렇기에 다양한 뉴미디어를 사용하는 자연스러운 전도가 더 효과적일 수 있는 겁니다.

혹시 이렇게 미디어를 사용해서 전도하는 좋은 예가 있을까요? 사실 아직도 설명만 들어서는 어떻게 해야 할지 감이 잘 안 오는 것 같습니다.

앞에서 모바일 전도지의 예를 들기도 했지만, 최근에 만들어진 사이트를 하나 소개해 보겠습니다. 이 사이트는 예수님과 기독교를 소개하기 위해 만들어진 사이트*인데요. 기본적으로 "만나다", "바뀌다", "더 알다", "배우

---

* 들어볼까, http://www.shallwelisten.org/

다", "정하다"의 5단계로 이루어져 있습니다. 그래서 이 사이트에 방문한 사람들은 우선 "만나다"의 내용을 통해 배우, 스포츠선수, 기업가, 시인, 가수 등의 다양한 셀럽들이 어떻게 하나님을 만나게 되었는지 실제 이야기를 들어보고요, "바뀌다"의 내용을 통해 그 셀럽이 하나님을 만나고 나서 바뀐 삶의 모습들을 접하게 됩니다. 그리고 "더 알다"는 기독교에 대해 평소에 궁금했던 것이나 불편했던 것에 대해 설명을 해 주고, "배우다"는 기독교의 기본 교리를 풀어 주는데요, 이 내용은 한국교회를 섬기시는, 바른 신학을 가지신 목사님들이 맡아 주십니다. 그리고 마지막 단계인 "정하다"에서는 마음

을 정하고 예수님을 영접하는 기도를 할 수 있도록 도와주고, 심지어 교회를 정하는 데 도움 줄 수 있도록 "교회찾기" 서비스까지 제공합니다. 정말 '복음을 전함'과 관련된 종합 서비스를 제공하고 있는 거죠. 안타깝게도 그동안 한국교회에는 이런 사이트가 없었습니다.

저도 이런 사이트가 있는지 처음 알았어요. 정말 전도를 위한 시스템이 잘 갖춰졌네요. 그동안은 왜 이런 사이트가 없었을까요?

한국교회에서 어느 정도 규모가 있는 교회는 모두 홈페이지를 운영합니다. 그런데 대부분 홈페이지 운영의 초점이 '복음'을 소개하는 것이라기보다 '교회'를 소개하는 것이었습니다. 교회의 담임목사와 사역자를 소개하

고, 예배 시간과 장소는 소개하죠. 그러나 정작 예수님이 어떤 분이신지, 기독교가 어떤 종교인지 설명하는 콘텐츠는 찾아보기 어려웠습니다.

비신자가 교회 홈페이지에 올라온 목사님의 설교 영상이나 예배 영상을 보고 교회를 찾는 경우는 굉장히 드물어요. 설교는 비신자를 위한 콘텐츠라기보다는 기존 성도와 새로 다닐 교회를 찾는 기신자를 위한 콘텐츠죠. 그렇기 때문에 이제는 각 교회가 조금 더 복음 전파를 위한 콘텐츠를 개발해야 한다고 생각해요.

이런 말을 해도 될지 모르겠는데요, 사실 저도 교회 홈페이지는 들어가지 않아요. 예배는 교회에서 드리고, 혹시 못 가는 경우에는 유튜브에 올려주는 영상을 보거든요. 교제는 소셜 미디어를 통해서 하고요. 굳이 교회 홈페이지에 접속할 필요를 못 느끼고 있어요.

맞습니다. 저도 여러 교회 홈페이지에 방문해 봤는데요, 대체로 비슷비슷합니다. 교회 이름만 다르지, 홈페이지 내용은 큰 차이가 없어요. 무엇보다 비신자가 예수님과 복음에 관심을 가질 만한 내용은 더더욱 없었고요.

홈페이지는 시대 상황 속에서 귀하게 사용될 복음 전파의 통로거든요. 교회가 왜 홈페이지를 만드는지, 어떤 내용을 어떻게 전달할 것인지 분명한 기획과 준비를 하면 좋겠습니다. 무엇보다 비신자들을 위한 복음의 메시지와 콘텐츠를 많이 담아내고, 꾸준히 업데이트도 하는 것이 중요함을 꼭 기억하셨으면 좋겠습니다.

이를 위해서는 한국교회가 미디어 전도에 대한 비전을 가지고 조금 더 적극적으로 노력할 필요가 있겠죠? 고린도전서 9장 19-22절에서 사도 바울은 고린도 교회의 성도에게 이렇게 말씀합니다. 조금 길지만 한번 읽어 줄래요?

내가 모든 사람에게서 자유로우나 스스로 모든 사람에게 종이 된 것은 더 많은 사람을 얻고자 함이라 유대인들에게 내가 유대인과 같이 된 것은 유대인들을 얻고자 함이요 율법 아래에 있는 자들에게는 내가 율법 아래에 있지 아니하나 율법 아래에 있는 자 같이 된 것은 율법 아래에 있는 자들을 얻고자 함이요 율법 없는 자에게는 내가 하나님께는 율법 없는 자가 아니요 도리어 그리스도의 율법 아래에 있는 자이나 율법 없는 자와 같이 된 것은 율법 없는 자들을 얻고자 함이라 약한 자들에게 내가 약한 자와 같이 된 것은 약한 자들을 얻고자 함이요 내가 여러 사람에게 여러 모습이 된 것은 아무쪼록 몇 사람이라도 구원하고자 함이니 (고전 9:19-22)

사도 바울은 몇 사람이라도 더 구원하기 위해 '여러 사람에게, 여러 모습이' 되었어요. 자기중심이 아니라 철저하게 복음을 들어야 하는 사람에게 맞춰서 자신을 변화시켰던 겁니다. 저는 이 말씀을 읽으면서 이런 생각을 해 봅니다. '만약 사도 바울이 이 시대에 온다면 어떤 모습일까?' 분명한 것은 인플루언서나 유튜버가 되시는 것도 충분히 가능할 것 같습니다. 사도 바울은 당시 로마 제국이 잘 닦아 둔 도로를 이용해 효과적으로 전도 여

행을 다녔거든요. 그렇다면 오늘날에도 잘 닦여진 미디어라는 통로를 그냥 두지 않으셨을 것 같아요. 이런 모습을 우리도 본받아야 하지 않을까요? 한 사람이라도 더 많은 사람을 구원해 내기 위해 끊임없이 노력했던 사도 바울처럼 우리도 편안함의 자리를 넘어 새로운 변화를 시도해야 해요.

유튜버 바울이라니 상상만 해도 너무 흥미롭네요. 설마 바울 선생님이 "구독과 좋아요 부탁해요!" 이런 멘트를 하지는 않겠지요?

그걸로 단 한 명이라도 더 구원받을 수만 있다면 하실 것 같은데요? 그만큼 복음 전하는 데 진심인 분이시니까요. 사도 바울 이야기를 하다 보니 자연스럽게 주제가 선교로 넘어가네요. 미디어 전도의 장점에 대해 이야기하고 있는데요, 전도의 방법으로 미디어가 잘 사용될 수 있는 영역이 바로 선교입니다. 조금 전에도 사람들에게 접근할 수 없을 때 미디어 전도가 유익하다는 이야기를 했는데요, 선교야말로 제약이 많지요.

우선 멀리 떨어진 나라에 가서 복음을 전하는 것은 쉬운 일이 아닌데요, 미디어는 물리적인 거리를 초월할 수 있습니다. 심지어 지구 반대편에 사는 사람과도 실시간으로 소통할 수 있고요, 우리나라의 어느 한 도시에서 제작한 미디어 콘텐츠가 수십 개 나라, 수백 개의 도시로 퍼져나갈 수도 있습니다. 게다가 이슬람 국가에는 선교사가 들어가기도 어려운 경우가 많거든요. 그러나 미디어는 들어갈 수 있습니다. 실제로 성경 애니메이션과 교재를 만들어 보급하는 '히즈쇼'에서는 선교를 위해 '히즈미션'*을 세우고 그동안 만들었던 성경 애니메이션을 다양한 선교지의 언어로 더빙하여 유튜브에 배포하는 사역

---

* 히즈미션, https://www.hismission.or.kr/

을 하고 있어요. 미디어가 없었다면 복음의 사각지대가 되었을 수많은 나라와 민족에 복음의 빛을 비추는 귀한 사역입니다.

조금 뜬금없는 이야기지만, 저는 예전부터 신앙에 관한 질문이 굉장히 많은 편이었어요. 그런 저에게 가장 큰 고민은 '하나님은 이슬람 국가나 북한처럼 복음이 전해질 수 없는 곳에 사는 사람도 복음이 전해지는 나라의 사람과 똑같이 심판하실까?'였습니다.

아! 저도 그건 정말 궁금하더라고요. 자기가 안 믿고 싶어서 안 믿은 것이 아니라 복음이 전해지지 않아서 못 믿은 건데, 하나님께서 똑같이 심판하신다면, 좀 많이 억울할 것 같거든요. 그리고 그것과 비슷한 질문으로 유산으로 죽은 어린아이나 너무 어린 나이에 죽어서 복음을 들을 수 없었던 아기들도 똑같이 심판을 받을까? 이런 고민을 하기도 했어요.

제 고민에 공감해 주어서 고맙습니다. 이 주제는 고려하고 고민할 요소가 많은데요, 아무튼 이번 수업이 교리나 조직신학은 수업은 아니니 자세하게 이야기하지는 못할 것 같고, 바로 결론부터 이야기해 보겠습니다. '웨스트민스터 신앙고백서'를 보면 이와 관련된 항목이 있습니다.

기본적으로 구원은 하나님의 절대적인 주권에 달려 있습니다. 그가 구원하기로 생각한 영혼은 시간과 장소와 방법에 제한을 받지 않으시고 "그리스도에 의하여, 성령을 통하여" 구원하십니다. 영혼이 유아일 때 죽거나,

이슬람 국가에 살아 복음을 접하기 힘들었어도 상관없습니다.

그렇군요. 그렇다면 약간의 여지는 있는 것 같은데요?

그렇습니다. 다시 한번 이야기하지만 구원은 절대적으로 하나님의 주권에 달려 있습니다. 그런데 제가 왜 이 이야기를 하냐면요, 복음의 메시지를 듣기 어려운 영혼을 구원하기 위해 성령께서 미디어를 사용하실 수 있겠다는 생각이 들기 때문입니다. 물론 하나님은 미디어가 없어도 기쁘신 뜻 가운데 신비하고 놀라운 방법으로 택하신 영혼을 구원하십니다. 그렇지만 오늘날과 같이 미디어가 발달한 시대에는 얼마든지 미디어를 사용하실 수도 있겠죠? 하나님이 언제, 어디에서 미디어를 통해 누군가의 영혼을 구원하실지 모르기 때문에, 미디어 선교는 오늘날 한국교회가 주목하고 역량을 집중해야 할 영역 중 하나입니다.

이번 주제를 마무리하면서 다시 한번 미디어의 의미를 생각해 봅시다. 미디어는 기본적으로 양쪽을 잇는 겁니다. 사람과 사람을 이어 주고, 생각과 생각을 연결해 주지요. 사람과 사람을 잇는 미디어가 하나님과 사람을 이어 주는 데도 쓰일 수 있습니다. 그리스도인들은 미디어를 통해 사회와 소통하고, 특히 세상의 비신자들과 귀한 복음의 진리를 소통하는 데 힘써야 합니다. 하나님께서 우리가 사용하는 미디어와 우리가 만들어 내는 모든 콘텐츠를 사용하셔서 많은 사람이 주님의 품으로 돌아오는 귀한 역사들이 나타나기를 간절히 소원합니다.

## 3. 하나님 나라에도 미디어가 있을까?

드디어 이번 주제가 마지막 주제입니다.

벌써 마지막인가요? 시원섭섭할 줄 알았는데, 아쉬운 마음이 커요. 마지막 주제는 뭔가요?

네, 마지막 주제는 미디어 리터러시의 사회적 소통 능력을 통해 우리가 이루고자 하는 궁극적 목적에 대해 이야기해 보겠습니다. 일단 질문을 하나 해 볼게요. 답을 생각해 봤으면 좋겠어요. "하나님 나라에도 미디어가 있을까요?"

하나님 나라에 미디어요? 흠, 재미있는 질문이네요. 생각해 본 적도 없어서 그런지 하나님 나라에는 안 어울리네요…. '하나님 나라'라고 하면, 하나님을 예배하고 편안하게 쉬는 느낌이거든요. 그리고 미디어 같은 거 없이도 잘 소통할 수 있지 않을까요?

저도 하나님 나라에 직접 갔다온 건 아니라서, 성경 말씀에 근거해서 추론해 볼 수밖에 없어요. 물론 지금 이야기한 것처럼 시공간의 제약이 있어서 미디어로 소통해야 하지는 않겠죠? 그런데 방금 답변 속에 많은 그리스 도인이 가진 하나님 나라에 대한 오해가 담겨 있네요.

많은 사람이 하나님 나라라고 하면, 먼 우주 공간 같은 곳에 영원히 살면서 흰옷을 입고 하나님을 찬양하며, 구름 사이를 날아다니는 모습을 상상하죠. 아무 일도 하지 않고 쉬거나 하루 종일 예배한다고 상상하기도 해요.*

그게 아닌가요? 교회에서 그렇게 배운 것 같은데 좀 놀랍네요.

하나님을 예배하고, 마음과 목숨과 뜻과 힘을 다해 사랑하는 것은 우리의 궁극적인 존재의 목적입니다. 하나님 나라에 예배가 없다는 이야기는 아니에요. 다만 그게 전부가 아니라는 겁니다. 이 수업이 조직신학의 종말론을 설명하는 시간이 아니기 때문에 길게 이야기할 수는 없지만요, 하나님이 인간이 타락하기 전에 주신 명령을 생각해 보면 알 수 있어요.

창세기 1장 28절을 보면, 하나님이 인간에게 이렇게 명령하십니다. 한번 읽어 주세요!

"하나님이 그들에게 복을 주시며 하나님이 그들에게 이르시되 생육하고 번성하여 땅에 충만하라, 땅을 정복하라, 바다의 물고기와 하늘의 새와 땅에 움직이는 모든 생물을 다스리라 하시니라."

우리가 보통 '문화명령'이라고 부르는 말씀인데요, 하나님이 세상을 창조하신 후에 인간을 하나님의 청지기로 세우셨어요. 세상을 관리하고, 돌보

---

* 앤서니 후크마, 『개혁주의 종말론』, 이용중 역, (서울: 부흥과개혁사, 2012), 382.

고, 무엇보다 문화적으로 발전시켜 나갈 것을 명령하셨습니다. 정말 너무나도 영광스러운 직분을 우리에게 맡기신 거예요. 이게 바로 하나님이 이 세상을 창조하시고 또 인간을 창조하실 때 가지셨던 계획입니다. 우리가 창조의 동역자로서 하나님이 만드신 세상을 잘 다스리고, 점점 더 좋은 곳으로 만들어 가기를 원하셨던 거예요. 그러니까 타락 전의 하나님 나라에서 하나님께서 인간에게 원하셨던 것은 '쉼'이 아니라 '일'이었던 거죠.

그런데 인간이 하나님을 떠나, 스스로 하나님이 되고자 한 이후로 모든 것이 망가져 버렸습니다. 인간의 죄로 말미암아 창조 세계에 저주가 선포되었고, 인간은 하나님의 영광이 아닌 자신의 유익을 위해 창조 세계를 착취하고 파괴하게 된 거죠. 그래서 하나님이 만드신 모든 "피조물이 다 이제까지 함께 탄식하며 함께 고통을 겪고 있는"(롬 8:22) 이런 상황이 되어 버렸습니다.

그러나 감사하게도 예수 그리스도의 구속 사역으로 모든 상황이 역전되었습니다. 예수님은 단순히 우리 인간만 죄에서 구원하시는 데 그치지 않으셨어요. 창조 세계 전체를 죄의 결과로부터 구원하시고 회복시키셨습니다.* 인간의 타락으로 망가진 세상도 새 하늘과 새 땅으로 변화되어(계 21:1-2) 하나님 나라 백성이 살아가는 영원한 하나님 나라의 영토가 될 것입니다.

그리고 새 하늘과 새 땅을 살아갈 하나님 나라의 백성에게는 처음에 하나님이 인간에게 주셨던 창세기 1장의 문화명령이 다시 주어집니다. 부활의 몸을 입고 죄의 저주로부터 영원히 자유하게 된 인간은 이제 드디어, 제대로 문화명령의 수행자로서 역할을 감당하게 될 거예요. 온 우주를 하나님의 뜻에 합당하게 다스리는 것은 물론이고요, 지금까지 일궈 온 모든 문화와 문명을 하나님의 영광을 위해 더욱 발전시킬 것입니다.** 이것이 바로 하나님이 자신의 백성에게 베푸시는 구원의 또 다른 의미이고요, 성경에서 인간이 하나님 형상을 회복해야 한다고 기록하고 있는 이유입니다. 인간이 바로 서야 창조 세계가 바로 세워지거든요.***

우와! 어마어마한 것이 기다리고 있는 것 같은 느낌입니다. 저도 곰곰이 생각해 보니, 하나님 나라에서 예배만 드리고, 찬양만 할 것 같지는 않아요. 갑자기 생각이 너무 많아지네요.

하하, 좋은 현상입니다. 그동안 생각을 너무 안 했던 것이 문제죠. 그렇다면 하나님 나라에서 어떤 모습으로 살아가야 할까요? 물론 쉬기를 원한다면 얼마든지 쉬고 안식을 할 수도 있을 겁니다. 그런데 하나님 나라에서 우리는 부활의 몸을 입고 살아갈 거예요. 이는 피로나 질병, 육체적 고통 등

---

\* 앤서니 후크마, 『개혁주의 종말론』, 이용중 역, 382.

\*\* 안환균, 『기독교 팩트체크』, (서울: 두란노, 2020), 162.

\*\*\* 톰라이트, 『시대가 묻고 성경이 답하다』, 안종희 역, (서울: IVP, 2016), 139-140.

에서 벗어나 자유로워진다는 의미죠. 그때는 쉼이 크게 중요할 것 같지 않습니다. 대신 하나님이 창세기 1장에서 본래 인간에게 요구하셨던 것을 이루기 위해서 조금 더 열심히 일하며 살아가지 않을까요?

물론 더 이상 하나님 나라에서 할 필요가 없는 일들도 있습니다. 예를 들면 범죄가 없으니 경찰이 필요 없고, 아픈 사람이 없으니 의사도 필요 없을 겁니다. 이렇게 하나님 나라에서 필요 없는 일이 아니라면, 그리고 하나님의 창조 세계를 다스리고 발전시키기 위해 여전히 필요한 일이라면, 그 일들을 열심히 하며 살아갈 것입니다. 유명한 조직신학자인 앤서니 후크마는 다음과 같이 말했어요. "새 땅에는 베토벤보다 더 나은 음악가들, 라파엘보다 더 나은 화가들, 지금보다 더 훌륭한 시와 드라마, 산문, 그리고 계속해서 기술 발전을 이룩할 과학자들이 있을 것이다."*

자 이렇게 우리가 하나님 나라에서 어떻게 살아갈지 생각해 봤는데요, 처음에 제가 던진 질문의 답을 다시 한번 생각해 봅시다. 과연 하나님 나라에 미디어가 있을까요?

---

* 안환균, 『기독교 팩트체크』 164 재인용.

흠, 그렇다면 있겠는데요! 우리가 이 땅에서 하는 일 중 어떤 일은 하나님 나라에서도 계속할 거라고 하셨잖아요. 아, 그런데 다시 생각해 보면 부활의 몸을 입고 있으니 필요가 없을 것 같기도 하고요. 하… 정말 어렵네요.

소통 수단으로서의 미디어는 필요 없지 않을까요? 이 땅에서도 하나님께 기도할 때 미디어가 필요하지 않잖아요. 기도를 통해 바로 하나님과 대화를 나눌 수 있죠. 그리고 하나님도 미디어를 통하지 않으시고도 얼마든지 우리에게 말씀하실 수 있거든요. 부활의 몸을 입었다면 미디어를 통하지 않고도 얼마든지 하나님, 다른 믿음의 공동체와 소통할 수 있을 것 같아요.

그러나 문화적 산물로서의 미디어 콘텐츠나 표현의 수단으로서의 미디어는 하나님 나라에도 있을 것 같습니다. 일단 우리가 확신할 수 있는 것은, 하나님 나라에도 이 땅이 낳은 문화와 예술의 가장 좋은 산물들이 있을 거라는 겁니다.* 하나님의 형상을 반영하고 있는, 그리고 하나님의 영광을 위해 만들어진 좋은 문화들은 하나님 나라에도 그 자리를 차지하고 새 하늘과 새 땅에서의 우리의 삶을 풍요롭게 만들 거고요. 그러니 좋은 미디어 콘텐츠는 하나님 나라에도 있겠죠. 그리고 우리가 하나님 나라에서 창조 세계를 계속 발전시켜 나가고 예술과 문화를 발전시켜 나갈 텐데, 그렇다면 예술과 문화를 표현해야 할 다양한 수단이 필요합니다. 그러한 표현의 수단으로서의 미디어는 존재하지 않을까 생각해요.

저는 개인적으로 이런 상상을 해 봅니다. '하나님 나라에 가면 난 뭘 할까?' 제가 이런 상상을 하는 데는 이유가 있어요. 사실 하나님 나라에서 가장 필요 없는 직업 중에 하나가 뭐냐 하면요, 바로 신학교 교수입니다. 하나

---

* 앤서니 후크마, 『개혁주의 종말론』, 397.

님 나라에서 신학교 교수가 뭐가 필요하겠어요, 그렇지 않나요? 지금은 다들 하나님을 희미하게 보고, 부분적으로 아니까 신학교의 가르침이 필요한 거지, 하나님 나라에 가면 다들 얼굴과 얼굴을 대하여 보고, 하나님께서 예수님을 아셨듯이 온전하게 알게 될 것(고전 13:12) 아닙니까? 그러니까 저는 하나님 나라에 가면 할 일이 없어집니다. 그래서 '뭘 할까…' 고민을 좀 해 봤는데요, 저는 하나님 나라에서 영화를 만들어 보고 싶어요.

갑자기 영화라고요?

하하, 놀랐지요? 제가 소설도 좋아하고, 영화도 좋아해서 영화감독을 했으면 좋았겠다고 생각해 본 적이 있는데요, 여러 가지 제약 때문에 이 땅에서는 그 꿈을 이룰 수 없었어요. 대신 하나님 나라에서는 어차피 신학교 교수도 못할 테니 진짜 제가 하고 싶은 걸 해 보려고요. 온 우주를 배경으로 하나님의 영광을 드러내는 멋진 영화를 찍어 보고 싶어요. 죄와 관계의 깨어짐도 없고, 부활의 몸을 입고 있어 피곤함도 없을 테니 모든 작업이 얼마나 재미있겠습니까? 저는 벌써 기대가 돼요.

이런 식으로 하나님 나라에서도 우리의 문화적 노력은 계속될 겁니다. 창조주 하나님의 형상인 우리에게 주어진 창조적인 능력을 최대치로 사용하면서, 온 우주에 숨어 있는 모든 잠재적인 가능성과 아름다움을 최고의 상태로 실현해 나가는 거죠.* 이 일에 미디어가 사용될 것 같아요. 그러니 표현의 수단이나 콘텐츠로서의 미디어는 하나님 나라에도 있지 않을까 생각해 봅니다. 이 주제가 나온 김에 한 가지 질문을 더 해 볼게요. 과연 하나

---

\* 앤디 크라우치, 『컬처 메이킹』 박지은 역, (서울: IVP, 2009), 231.

님 나라에 하나님을 믿지 않는 사람이 만든 미디어 콘텐츠가 존재할까요?

아, 그건 아니지 않나요? 구원받은 하나님의 백성이 만든 게 아니라면 하나님 나라에 없을 것 같아요.

하하! 그렇게 생각할 수도 있는데요, 대부분의 신학자는 신앙인이 만들고, 신앙인이 소비하는 문화만이 하나님 나라에 있을 것으로 생각하지 않고요, 비신자가 만들어 낸 문화도 '정화와 구속'의 단계를 거쳐 완전히 새로워진 상태로 하나님 나라에 자리할 것이라고 봅니다.[*] 각 문화 및 콘텐츠에는 목적과 용도가 있는데요, 그 목적과 용도가 완전히 변화되어 하나님의 영광과 하나님 나라의 풍성함을 위해 사용되는 것이죠. 이사야 2장 4절을 보면, "그가 열방 사이에 판단하시며 많은 백성을 판결하시리니 무리가 그들의 칼을 쳐서 보습을 만들고 그들의 창을 쳐서 낫을 만들 것이며"라고 기록되어 있습니다. 하나님 나라에서 전쟁의 도구인 칼이나 창은 필요 없거든요. 그러니 그 목적과 용도가 완전히 바뀔 수 있도록 칼을 보습으로, 창을 낫으로 만드시는 겁니다. 이런 모습을 실제로 볼 수 있는 예가 있어요.

영국 최대의 국립박물관인 대영박물관에 가면 'Tree of Life'(생명나무)라는 조각을 만나볼 수 있습니다. 이 작품은 모잠비크 기독교협의회에서 기획하고 대영박물관과 크리스천 에이드(Christian Aid)라는 자선단체의 지원을 받아 만들어졌는데요, 약 3.5m의 나무와 거북이, 도마뱀, 새로 이루어져 있습니다. 작품이 의미 있는 이유가 무엇이냐면, 나무와 동물 모두가 무기를 분해해서 만들었다는 겁니다. AK-47 소총의 부품, 총알, 마체테(machete)라

---

[*] 앤디 크라우치, 『컬처 메이킹』, 박지은 역, 222-227.

고 하는 벌채용 칼 등의 살인 무기입니다. 이사야 2장 4절의 칼을 쳐서 보습을 만들고, 창을 쳐서 낫을 만들 것이라는 약속의 말씀을 실제로 보여 주는 작품이라고 할 수 있습니다.*

이처럼 하나님을 믿지 않는 사람이 세속적인 목적을 위해 만들어 낸 것이라 할지라도 하나님의 은혜와 사랑을 표현하고, 하나님 나라 백성의 풍성한 삶을 위해 얼마든지 사용될 수 있습니다. 세상 사람들이 만들어 낸 미디어 콘텐츠도 이와 같습니다. 우리가 지금 미디어 세상에서 만날 수 있는 콘텐츠에는 폭력과 살인, 음란과 혐오 등 부정적인 내용이 가득하지요. 그런 콘텐츠는 하나님 나라에서 만날 수 없겠지만, 그리스도의

Tree of Life(생명나무) / 출처: 위키백과

구속과 변화의 은총을 통해 하나님 나라에서 볼 수 있는 것들도 있을 겁니다. 비신자가 만들었지만, 훈훈한 내용과 사랑의 메시지를 담고 있는 콘텐츠가 있다면 하나님 나라에서도 볼 수 있지 않을까요?

그렇군요. 아까 말씀하신 'Tree of Life'(생명나무)라는 작품은 꼭 한번 보고 싶습니다. 정말 의미 있는 작품이네요! 오히려 비신자가 만들었기 때문

---

* 톰 라이트, 『시대가 묻고 성경이 답하다』, 안종희 역, 308-309.

에 하나님 나라에서 더 의미 있게 자리할 작품도 있겠어요.

그렇습니다. 이제 좀 정리가 되나요? 자, 그럼 이번 주제에서 가장 중요한 이야기를 해 봐야겠네요. "이제 우리는 어떻게 살아야 할까요?" 특별히 하나님 나라에 표현의 수단이나 콘텐츠로서의 미디어는 얼마든지 있을 것 같다고 이야기했는데요, 이 사실이 우리가 지금 이 땅에서 미디어를 이용하고 만드는 데 어떤 영향을 줄까요?

일단 미디어에 대한 태도 자체가 바뀌지 않을까요? 우리가 만드는 미디어가 하나님 나라에 영원히 남을 수도 있다는 이야기잖아요. 조금 더 의미 있고 좋은 콘텐츠를 만들기 위해 노력해야겠어요.

사실 많은 그리스도인이 하나님 나라에 대해 오해하고 있었던 것들이 있어요. 하나님 나라에서 우리가 어떤 모습으로 살아갈지에 대해서 오해를 많이 했고요, 하나님 나라의 연속성과 관련한 문제에 대해서도 오해한 것들이 있습니다. 어려운 이야기처럼 들릴지 모르겠지만, 자세히 들여다보면 그렇게 어렵지는 않으니 잠깐 살펴봅시다.

예전에는 '하나님 나라'라고 하면, 우리가 사는 세상을 떠나서 완전히 다른 세상으로 옮겨지는 것으로 많이들 생각했어요. 우리가 사는 곳은 죄 많은 세상이기 때문에 나중에 불타버리리라 생각했고요. 하나님을 믿는 사람은 세상과 함께 멸망하지 않고 세상으로부터 구원받아 죄도 눈물도 없는 완전히 새로운 하나님 나라에 들어가 영원히 살 것이라고 믿기도 했습니다.

그러나 성경이 우리에게 보여 주는 하나님 나라는 전혀 다른 그림입니다. 온 우주가 다 불타 없어지고 우리가 비물질적인 '낙원'에 들어가는 것이 아니라, 오히려 모든 우주가 새로워지고 갱신됩니다.* 요한계시록 21장을 보면 인간이 세상에서 벗어나 하늘나라에 들어가는 대신 하늘나라가 물질세계로 내려와 하나가 되고, 그 속에 들어 있던 모든 깨어지고, 불완전한 부분은 완전히 씻기고 깨끗하게 되어 새 하늘과 새 땅이 열립니다.** 즉, 예수님이 세상에 오신 목적은 우리를 이 땅에서 벗어나게 하기 위함이 아니라, 하나님이 의도하신 대로 창조 세계를 갱신하고 회복하고*** 계속 발전시켜 나가는 데 있고요, 이 일에 예수님의 피로 값 주고 사신 우리를 사용하기 원하십니다.

우리가 지금 사는 이 땅과 앞으로 살아갈 새 땅에는 불연속성과 연속성이 공존합니다.**** 그러므로 지금 여기에 있는 물질세계의 일부나 어떤 문화들은 하나님 나라에도 이어지게 될 겁니다. 이 사실은 우리의 삶의 태도를 바꿔 줍니다. 한 예를 들어 볼게요. 자동차를 굉장히 오래 타서 일주일

---

\*       이정규, 『새가족반』, (서울: 복있는사람, 2018), 292.

\*\*      팀 켈러, 『팀 켈러, 하나님을 말하다』, 최종훈 역, (서울: 두란노, 2017), 72.

\*\*\*     팀 켈러, 『팀 켈러, 하나님을 말하다』, 최종훈 역, 342.

\*\*\*\*    앤서니 후크마, 『개혁주의 종말론』, 이용중 역, 398.

후 폐차하기로 했습니다. 그렇다면, 남은 일주일 동안 차를 어떻게 대할까요? 세차도 열심히 하고, 방향제도 넣고 열심히 차를 관리할까요? 그렇지 않겠죠. 일주일 뒤에 폐차할 차이니 신경 쓸 이유가 없어요. 더 나은 차로 바꾸려고 하는 노력은 1도 안 하게 될 겁니다. 그러나 신차를 구입했다면, 차를 어떻게 대하겠습니까? 긁히지 않게 잘 관리하고, 세차도 깨끗하게 해주고, 안팎으로 차를 열심히 관리할 것입니다.

세상에 대한 우리의 자세도 마찬가지예요. '이 세상은 소돔과 고모라처럼 결국 멸망해 버릴 것이고, 모든 것은 불타 없어질 것이다'라고 생각한다면 우리는 세상을 조금이라도 좋게 바꾸려고 노력할 필요가 없습니다. 이 세상에 속하지 않으려는 노력만 하면 돼요. 세상에 속해 있다가 멸망의 불구덩이에 휩쓸리는 것이 아니라, 이 세상으로부터 구원만 받으면 되는 겁니다.

그런데 성경이 말하는 하나님 나라는 완전히 달라요. 우리가 살아가는 이 세상이 없어지는 것이 아니라 새롭게 되는 거예요. 새 하늘과 새 땅이 되어 영원토록 하나님의 백성의 거처가 되는 겁니다. 그러므로 우리는 이 세상을 단 1g이라도 더 나은 세상으로 만들어가기 위해 노력해 나가야 합니다. 죄와 싸우고 사회적으로 제도를 개선해 나가며, 무엇보다 고귀한 기독교적 문화를 발전시키고 증진시켜야 해요. 이것은 지금을 위해서도 의미 있는 일이지만, 앞으로 다가올 세상을 위해서도 너무나 의미 있는 일이에요.*

그렇다면 미디어를 만드는 것도 마찬가지겠네요?

---

* 앤서니 후크마, 『개혁주의 종말론』, 이용중 역, 398-399.

그렇죠. 미디어를 만드는 것도 마찬가지입니다. 우리가 지금 소비하고 또 만들고 있는 여러 미디어 콘텐츠 중 일부는 하나님 나라에서도 계속 이어질 것입니다. 그렇기에 우리가 조금이라도 더 좋은 미디어 콘텐츠를 만들기 위해 애를 쓰고, 미디어 문화를 변화시키려고 노력하는 것은 다가올 새 하늘과 새 땅에서도 의미 있는 일입니다.

또한 이 사실은 우리 모두에게 새롭고 강력한 동기를 부여합니다. 우리는 이 땅에서 어떤 미디어 콘텐츠를 제작할 때, 여러 가지를 신경 써야 하는데, 중요한 것 중 하나는 '콘텐츠를 통해 어떤 경제적인 이익을 창출하는가?'입니다. 대박이 나서 많은 돈을 벌거나, 혹은 적은 수익이라도 이윤을 확보해 다음 콘텐츠를 만들 수 있는 자금을 회수하기를 바라지요. 그래서 기획 단계에서 어느 정도의 경제성을 확보하지 못할 경우, 제작이 무산되거나 아예 시작도 되지 않는 경우도 많아요.

그런데 하나님 나라의 연속성을 생각해 보면, 우리가 미디어 콘텐츠를 만들 때 경제적인 원리가 아닌 다른 원리에 의해서 작업해 나가야 함을 깨닫게 됩니다. 비록 수익이 많이 나고 대박을 치지 못하더라도, 하나님 나라에 자리할 만한 좋은 작품이라면 꼭 만들어야 하는 거죠. 콘텐츠가 미디어 세상의 문화를 바꾸고, 미디어 세상을 조금이라도 더 낫게 만드는 데 기여한다면, 우리 모두의 희생을 통해서라도 만들어져야 합니다.

이렇게 미디어 제작에서도 새로운 동기가 생기게 되는데요, 저는 이 일에 한국교회의 적극적인 투자가 있었으면 좋겠습니다. 개교회에서는 당장 눈에 보이는 결과가 목회와 사역에 나타나기를 바라는 경우가 많기 때문에 투자하기가 쉽지 않아요. 아예 이 땅에서는 결과가 나오지 않을 수도 있거든요. 하나님 나라가 이루어지는 그때가 되어서야 온전히 평가받을 수 있는 미디어 콘텐츠는 조금 더 긴 안목으로(아예 하나님 나라라고 하는 영원의 세계를 바라보며) 한국교회 전체가 함께 투자해야 한다고 봐요.

또한 저는 우리 그리스도인이 보다 적극적으로 좋은 미디어 콘텐츠를 많이 만들어 내야 한다고 생각합니다. 그래야 미디어 세상이 바뀔 수 있거든요. 『컬처 메이킹』의 저자 앤디 크라우치는 문화를 변혁하는 유일한 방법은 더 많은 문화를 창조하는 것이라고 설명합니다.*

문화를 많이 만들어 내는 것이 문화를 변혁하는 유일한 방법이라고요? 잘 이해가 안 되는데요.

문화가 잘못되었다고 비난하거나 신중하게 비평하고 분석한다고 문화에 변화가 일어날까요? 아니요, 그렇지 않습니다. 그런 식으로는 아무리 노력을 해도 다시 원래의 방식으로 돌아가게 되어 있습니다. 결국 문화의 변화는 어떻게 일어나느냐? 더 좋은 문화가 많이 생겨서 기존의 문화를 대체할 때 가능합니다.

미디어도 마찬가지예요. 아무리 비난하고 비평해도 소용없습니다. 심지어 특정 미디어 소비에 거부 운동(보이콧)을 할 수도 있어요. 그러나 결국은 대안이 필요합니다. 그리고 그 대안이 대세가 될 수 있을 만큼 만들어져야 해요. 그래야 변화가 일어납니다. 우리 그리스도인이 하나님 나라를 바라보며 좋은 미디어를 많이 생산해 내야 한다는 거예요. 지난 수업 때 기독 유튜브 크리에이터와 관련된 이야기를 하며 언급했었던 내용인데 기억나지요?

---

* 앤디 크라우치, 『컬처 메이킹』, 박지은 역, 85.

당연히 기억나지요. 결국 대안을 제시해야 바뀐다는 말씀이시잖아요.

이런 노력이 당장 눈에 보일 만큼 획기적인 변화를 일으키지 못할 수도 있습니다. 그러나 우리의 노력은 절대로 헛되지 않을 겁니다. 사도 바울은 고린도 교회에 보내는 편지에서 부활의 소망에 대해 길게 설명한 후 다음과 같이 결론을 내립니다. "그러므로 내 사랑하는 형제들아 견실하며 흔들리지 말고 항상 주의 일에 더욱 힘쓰는 자들이 되라 이는 너희 수고가 주 안에서 헛되지 않은 줄 앎이라"(고전 15:58).

부활의 소망을 가진 우리 그리스도인에게 흔들리지 말고 주의 일에 힘쓰라고 하십니다. 왜 그래야 할까요? 그 이유는, 우리의 모든 수고가 주 안에서 헛되지 않기 때문입니다. * 우리가 미디어를 만들면서 겪는 모든 수고와

---

* 이정규, 『새가족반』, 302-303.

노력도 마찬가지입니다. 비록 이 땅에서는 제대로 인정받지 못할 수도 있고, 많은 사람이 알아주지 않을 수도 있습니다. 그러나 중요한 것은 우리의 모든 수고가 절대로 헛되지 않다는 겁니다. 우리의 작업은 단순히 이 땅을 바라보며 하는 작업이 아니에요. 우리의 일은 영원이라는 시간 동안 이어질 하나님 나라를 바라보며 하는 일이거든요. 그렇기에 절대로 헛되지 않다는 소망이 있습니다.

사실 저는 미디어 리터러시의 마지막 역량인 사회적 소통 능력에 대해 배우면서 마음에 조금 답답함이 있었습니다. 현재 미디어 세상의 모습이나 지금 우리 삶의 여러 가지 상황을 볼 때 희망이 없어 보였거든요. 앞이 잘 보이지 않고, 상황이 답답할 때도 있기는 하지만, 하나님 나라의 소망을 가지고 미디어 세상을 변화시켜 나가기 위해 노력해야겠어요.

바로 그런 모습이 하나님께서 우리에게 기대하시는 모습이라고 생각해요. 그리고 지금 미디어 리터러시의 사회적 소통 능력에 대해 언급했는데요, 미디어 리터러시의 역량이 다 중요하고 의미 있지만, 특별히 사회적 소통 능력은 하나님 나라라는 주제를 생각할 때 더 중요합니다.

미디어의 사회적 소통 능력을 통해 우리는 사회에 공개적으로 의견을 표명할 수도 있고요, 사회 여론도 움직일 수 있습니다. 그리고 실제적인 변화를 끌어내는 데까지 나아갈 수 있어요. 미디어는 하나님 나라를 바라보며 세상을 하나님 나라로 변화시키고자 하는 오늘날의 그리스도인에게 정말 귀한 영적 도구입니다. 사람과 사람을 이어 주고, 사람과 하나님을 이어 줄 뿐만 아니라, 우리가 살아가는 세상을 나중에 완성될 하나님 나라와도 이어 주는 그런 도구거든요. 그러니 바라기는 이미(already) 시작되었으나(눅 17:20-21) 아직은 완성되지 않은(not yet) 하나님 나라를 바라보며, 오늘도 미디어 세상에 작은 사과나무 한 그루를 심는 우리가 되었으면 좋겠습니다.

자 이렇게 마지막 수업을 마무리하겠습니다. 그동안 함께 공부하느라 너무나 수고 많았습니다. 너무 길고 지루한 수업은 아니었는지 약간 걱정도 되고 미안한 마음도 있네요.

아닙니다. 교수님께서 가르치시느라 수고 많으셨어요. 생각보다 수업의 양이 많기는 했지만, 많은 것을 재미있게 배울 수 있었습니다. 그리고 의외로 미디어뿐만 아니라 신앙과 관련해서도 많이 배울 수 있어서 더욱 감사한 시간이었습니다. 혹시 또 가르쳐 주실 것은 없나요? 이런 수업이라면 얼마든지 더 배우고 싶습니다.

하하! 안 그래도 이번 수업 때 다 다루지 못한 내용이 많아요. 특히 미디어 사용에 대한 조금 더 구체적인 이야기나 중독과 관련된 내용은 자세히 다루지 못했거든요. 나중에 더 좋은 수업으로 돌아올 수 있도록 잘 준비해 보도록 하겠습니다. 이제 미디어 리터러시로 무장해 하나님의 최고의 미디어로 살아갈 여러분을 정말 사랑하고 축복합니다.

네! 배운 대로 승리하며 살아갈게요. 다음 수업도 기대하면서 기다리고 있겠습니다. 감사합니다.

## 토론 질문

1. 내가 사회에서 주된 관심을 가지고 있는 영역은 무엇인가요? 그리고 어떤 미디어를 통해 그러한 관심을 채우고 있나요?

2. 각자 자신이 공적으로 소통하는 능력이 얼마나 되는지 점수를 매겨 봅시다. 100점 만점을 기준으로 했을 때 몇 점인지, 그리고 왜 그런 점수를 줬는지 나눠 봅시다.

3. 최근의 한국 사회를 보면 심각한 갈등과 반목의 모습이 빈번히 나타납니다. 이러한 상황 가운데 사회적 소통과 화해를 위해 그리스도인으로서 할 수 있는 일이 있다면 무엇일까요? 그리고 교회가 함께할 수 있는 것은 무엇일까요?

4. 혹시 교회에서 사용하는 말 중에 이해하기 어려운 말은 없나요? 그동안 잘 모르고 있었으면서도 아는 척하면서 넘어갔던 것이 있었다면 이번 기회에 솔직하게 털어놔 봅시다.

5. 그리스도인이 코로나 팬데믹 기간에도 예배를 드려야 함을 비신자에게 어떻게 설명하고 설득할 수 있을까요? 성경을 모르고 신앙이 없는 사람도 알아들을 수 있는 말로 설명해 봅시다.




6. 요즘 세대에게 맞는 전도의 방법에는 무엇이 있을까요? 만약에 사도 바울이 오늘날 사역한다면 어떤 전도의 방법을 사용할지 상상하며 이야기해 봅시다.




7. 하나님 나라에 대해 상상하는 것을 나눠 봅시다. 그리고 앞으로 하나님 나라에서 영원히 살게 된다면 각자 어떤 일을 하고 싶은지 이야기해 봅시다.




8. 성경은 우리가 지금 살아가고 있는 이 땅과 장차 완성될 하나님 나라의 연속성을 이야기합니다. 이 개념은 우리의 삶과 신앙의 모습을 어떻게 바꿀 수 있을까요?

# 나가는 말

2019년 12월 중국 후베이성 우한시에서 처음 확인된 코로나 바이러스는 중국을 넘어 전 세계로 퍼져 나갔습니다. 그리고 2020년 3월 11일 세계보건기구는 '팬데믹', 즉 세계적으로 감염이 유행하는 상태임을 선언했습니다. 인류는 그동안 너무나 당연하게 생각했던 모든 것이 당연한 것이 아님을 알게 되었습니다. 그리고 원하든 원하지 않든 삶의 모습과 선택에 변화를 주어야 했습니다.* 힘들게 코로나 팬데믹을 넘기고 엔데믹(endemic)**의 시대로 접어드는 동안 소리소문도 없이 또 하나의 '-데믹'인 인포데믹(infodemic)이 찾아왔습니다.*** 인포데믹은 정보(information)와 전염병(endemic)의 합성어로, 정보전염병이라고도 하며 가짜 뉴스나 허위 정보, 악성루머 등 잘못된 정보가 미디어나 인터넷 등을 통해 전염병처럼 빠르게 확산하는 양상을 일컫습니다.

인포데믹은 엔데믹보다 더 심각한 문제가 될 수 있습니다. 우선 인포데믹은 백신이 없어 예방하기도 어렵고요, 감염자(잘못된 정보를 받아들인 사람)가 자각하기도 어려워 무차별적으로 퍼질 수 있습니다. 전염병은 악의가 있지 않은 이상, 감염자가 다른 사람에게 적극적으로 퍼뜨리지는 않는데요, 반면에 인포데믹은 감염자가 적극적으로 질병(잘못된 정보)을 사람에게 퍼뜨립니다. 이러한 이유로 오늘날 전 세계가 인포데믹의 바다에 빠져 허우적거

---

\* 이수인, "엔데믹 시대의 미디어 교육", 한국교회 교육 심포지엄 - 엔데믹 시대, 한국교회 교회교육의 회복과 방향 자료집, 20.

\*\* 팬데믹은 전염병이나 감염병이 전 지구적으로 유행하는 것을 의미하고, 엔데믹은 제한된 지역에 정착해 완전히 종식되지 않고 유행을 반복하는 질병, 즉 풍토병을 일컫습니다. 김용섭, 『라이프 트렌드 2022』, (서울: 부키, 2021), 7.

\*\*\* 두산백과 인터넷.

리고 있습니다.

인포데믹의 시대를 우리 그리스도인은 어떻게 바르게 분별하고 대처할 수 있을까요? 다른 방법이 없습니다. 하나님이 우리에게 주신 성경의 바른 관점, 그리고 비판적 사고 능력에 기초한 미디어 리터러시. 이 두 가지를 두 날개로 삼아, 험한 인포데믹의 바다를 건너가야 합니다. 이러한 시대적 요청에 응하고자 책을 기획하고 집필했습니다. 처음 시작할 때는 이렇게 긴 책이 될 것이라고는 생각하지 못했는데요, 책을 쓰는 가운데 마치 할 이야기가 쌓여 있었는데 오랜 시간 하지 못했던 사람과 같았습니다. 머릿속에서 책에 쓸 내용이 계속해서 떠오르는 신기한 경험을 했습니다. 부디 지루하지 않게 읽어 주셨으면 하는 작은 바람이 있습니다.

이 책의 저자에는 제 이름 석 자가 들어갑니다만, 가만 생각해 보니 이 책의 저자 자리에는 저뿐만 아니라 수많은 사람이 들어가야 하지 않나 싶습니다. 그동안 선배 교수님들, 목사님들, 그리고 여러 선생님을 통해 많은 것을 배웠습니다. 또한, 책에 주석이 180개 가까이 들어가 있는데요, 이를 통해 알 수 있듯이 수많은 사람을 통해서, 그리고 책을 통해서 깨달은 저의 생각이 녹아 있습니다. 이분들 역시 공동 저자라고 생각합니다. 제가 한 일은 그저 하나의 미디어가 되어 탁월한 학자와 전문가의 생각을 매개하고 이은 것뿐입니다.

책을 마무리하면서 그동안의 작업이 고되어 당분간은 원고를 쳐다보지도 않으리라 생각하고 있는데요, 재미있게도 머릿속에 다음 책에 대한 생각이 가득합니다. 이번 책을 쓰면서 미디어 리터러시에 집중하는 바람에,

우리가 실제로 다양한 미디어를 어떻게 사용하면 좋을지는 충분히 담아 내지 못했습니다. 많이 한 것 아니냐 생각하실 분도 계시겠지만, 중독의 문제나 게임, OTT, 웹툰과 광고, 책 등 여러 가지 중요한 미디어에 관한 내용은 제대로 다루지 못했습니다. 이 내용을 묶어 바른 미디어 사용을 놓고 고민하는 분들, 그리고 무엇보다 디지털 자녀를 키워야 하는 아날로그 부모에게 도움이 될 책을 집필해 보려고 합니다. 또한, 이 책의 내용에서 핵심만 골라 초등학생을 위한 미디어 리터러시 학습만화도 기획해 보고자 합니다. 이 책을 읽어 주신 것만으로도 감사드리지만, 이 책의 내용에 공감하시고 도움을 받으셨다면 다음에 나올 책들이 잘 진행되도록 응원 부탁드립니다.

책을 마무리하면서 감사 인사를 드리려 보니 감사를 드릴 분이 너무 많습니다. 잘 키워 주시고 길러 주신 부모님, 늘 바쁘게 지내는 아빠를 이해해 준 두 아들 나단이와 에단이, 그리고 최고의 격려자로 늘 함께해 주는 사랑하는 아내에게 감사와 사랑을 전하고 싶습니다.

또한 국내 최고의 신학교에서 '선교지향적 글로벌 리더 양성'에 힘쓰고 계신 아신대학교의 정홍열 총장님과 선배 교수님들, 그리고 존경하고 사랑하는 이숙경, 전병철, 유지윤 교수님께 감사드립니다. 귀한 배려로 연구년을 허락해 주신 덕분에 이 책이 탄생했습니다. 배려해 주시고 도와주신 교직원분들에게 머리 숙여 감사드립니다. 그리고 학교에서 부족한 제 수업을 들으며 함께 생각을 나눠 준 모든 학생에게도 감사한 마음을 표현하고 싶습니다. 함께 공부하고 토론하면서 책의 내용을 정리할 수 있었습니다.

그리고 세상에서 제일 멋지고 아끼는 제자라고 해 달라고(?) 조르는 사랑하는 제자 루니에게도 감사합니다. 책 내용에 딱 맞는 최고의 그림을 그려 주어서 이 책을 읽는 모든 사람에게 큰 도움이 되었습니다. "우울과 불안, 약간의 강박을 벗삼아 마음으로 그리는 루니툰(@ruuni_toon)도, 먼 훗날 동네에서 제일 귀여운 할머니가 되고 싶다는 너의 꿈도 응원한다!"

또한, 20년이 넘는 시간 동안 저를 영적 가족으로 받아들여 주시고, 함께 믿음의 길을 걸어가고 있는 석수교회의 교우들과 김찬곤 담임목사님에게 감사드립니다. 좋은 교회에서 최고의 성도와 함께 그리스도 안에서 자라갈 수 있었던 것은 제가 인생에서 만난 가장 큰 축복 중 하나입니다.

그리고 사단법인 꿈이 있는 미래 꿈미출판에서 이 책의 탄생을 위해 애써 주신 모든 분과 주경훈 목사님에게 감사드립니다. 한 권의 책이 나오기까지 얼마나 많은 분의 엄청난 수고가 필요한지 다시 한번 깨달을 수 있었습니다.

마지막으로 부족한 책을 먼저 읽어 주시고 추천사를 써 주신 귀한 교수님과 목사님, 그리고 국내 최고의 미디어 전문가에게 특별한 감사를 드립니다. 은혜를 가불 받았다고 생각하며 열심히 갚아 나가겠습니다. 그 외에도 수많은 분들에게 감사의 인사를 드려야 하지만 한정된 지면 탓에 다 적지 못함에 용서를 구합니다.

여기까지 책을 읽어 주시고 함께 시간과 생각을 나눠 주신 모든 독자 여러분에게 감사드립니다. 그리고 나를 제일 잘 아시는 하나님께 모든 영광을 돌립니다. 감사합니다!

# 참고문헌

## 단행본

1    구본권, 『뉴스를 보는 눈: 가짜 뉴스를 선별하는 미디어 리터러시』, 서울: 풀빛, 2019.

2    권혜령 외, 『슬기로운 미디어 생활』, 서울: 우리학교, 2018.

3    김광희, 김면수, 이선희, 정형근, 홍윤빈, 『미디어 리터러시 수업: Z세대를 위한 미디어 교육 길잡이』, 서울: 휴머니스트, 2019.

4    김난도 외, 『트렌드 코리아 2020』, 서울: 미래의창, 2019.

5    김병삼 외, 『올라인 교회』, 서울: 두란노, 2021.

6    김수아, 『안전하게 로그아웃』, 서울: 창비, 2021.

7    김양은, 『소셜 미디어 리터러시』, 서울: 커뮤니케이션북스, 2016.

8    김용섭, 『라이프 트렌드 2022』, 서울: 부키, 2021.

9    금준경, 『미디어 리터러시 쫌 아는 10대』, 서울: 풀빛, 2020.

10   노상헌, 『중독과의 이별: 뇌와 영성 그리고 중독』, 서울: 홍성사, 2021.

11   니콜라스 카, 『생각하지 않는 사람들: 인터넷이 우리의 뇌 구조를 바꾸고 있다』, 최지향 역, 서울: 청림출판, 2020.

12   더그 레모브, TLAC팀, 『최고의 교사는 온라인에서 어떻게 가르치는가』, 김은경 역, 서울: 해냄, 2021.

13   대니얼 카너먼, 『생각에 관한 생각생각』, 이창신 역, 서울: 김영사, 2018.

14   레너드 스윗, 『태블릿에서 테이블로』, 장택수 역, 서울: 예수전도단, 2015.

15   리사 이오띠, 『8초 인류: 산만함의 시대, 우리의 뇌가 8초밖에 집중하지 못하는 이유』, 이소영 역, 서울: 미래의창, 2022.

16   릭 리처드슨, 『스타벅스 세대를 위한 전도 - 친구와 함께 떠나는 영적 여정』, 노종문 역, 서울: IVP, 2008.

17   마이클 고힌, 크레이그 바르톨로뮤, 『세계관은 이야기다』, 윤종석 역, 서울: IVP, 2011.

18   박양규, 『인문학은 성경을 어떻게 만나는가』, 서울: 샘솟는기쁨, 2021.

19   박일준, 김묘은, 『디지털 & 미디어 리터러시』, 서울: 북스토리, 2019.

20   손석춘, 『선생님, 미디어가 뭐에요?』, 서울: 철수와영희, 2019.

21   손성찬, 『모두를 위한 기독교 교양』, 서울: 죠이북스, 2022.

22   스티븐 니콜스, 『세상을 바꾼 종교개혁 이야기』, 이용중 역, 서울: 부흥과개혁사, 2009.

23  안데르스 한센, 『인스타 브레인: 몰입을 빼앗긴 시대, 똑똑한 뇌 사용법』, 김아영 역, 서울: 동양북스, 2020.

24  안환균, 『기독교 팩트체크』, 서울: 두란노, 2020.

25  애덤 알터, 『멈추지 못하는 사람들』, 홍지수 역, 서울: 부키, 2019.

26  앤디 크라우치, 『컬처 메이킹』, 박지은 역, 서울: IVP, 2009.

27  앤서니 후크마, 『개혁주의 종말론』, 이용중 역, 서울: 부흥과개혁사, 2012.

28  오세욱, 박아란, 최진호, 『디지털 뉴스 리포트 2021 한국』, 서울: 한국언론진흥재단, 2021.

29  이도영, 『페어처치』, 서울: 새물결플러스, 2017.

30  이숙경, 전병철, 이수인, 서혜란, 『뉴노멀 교회교육 레포트』, 서울: 한국 NCD미디어, 2022.

31  이정규, 『새가족반』, 서울: 복있는사람, 2018.

32  전경란, 『미디어 리터러시의 이해』, 서울: 커뮤니케이션북스, 2015.

33  전숙경, 『미디어는 교육을 어떻게 바꾸었나』, 서울: 커뮤니케이션북스, 2017.

34  최민재, 김경환, 『유튜브 저널리즘 콘텐츠 이용과 특성』, 서울: 한국언론진흥재단, 2021.

35  최은창, 『가짜 뉴스의 고고학』, 서울: 동아시아, 2020.

36  최재붕, 『포노 사피엔스』, 서울: 쌤앤파커스, 2019.

37  카롤리네 쿨라, 『도대체 가짜 뉴스가 뭐야?』, 김완균 역, 서울: 비룡소, 2020.

38  케일런 오코너, 제임스 오언 웨더럴, 『가짜 뉴스의 시대: 잘못된 믿음은 어떻게 퍼져 나가는가』, 박경선 역, 서울: 반니, 2019.

39  크로스웨이 ESV 스터디 바이블 편찬팀, 『ESV 스터디 바이블』, 서울: 부흥과개혁사, 2014.

40  토니 라인키, 『스마트폰, 일상이 예배가 되다』, 오현미 역, 서울: CH북스, 2020.

41  톰 라이트, 『시대가 묻고 성경이 답하다』, 안종희 역, 서울: IVP, 2016.

42  팀 켈러, 『팀 켈러, 하나님을 말하다』, 최종훈 역, 서울: 두란노, 2017.

43  한병철, 『사물의 소멸』, 전대호 역, 서울: 김영사, 2022.

44  황치성, 『미디어리터러시와 비판적 사고』, 서울: 교육과학사, 2018.

45  황치성, 『세계는 왜 가짜 뉴스와 전면전을 선포했는가?』, 서울: Book Star, 2018.

46  홍재원, 『처음 읽는 미디어 리터러시』, 서울: 태학사, 2021.

47  Blaise Pascal, Thoughts, Letters and Minor Works, ed. Charles W. Eliot, trans. W. F. Trotter, M. L. Booth, and O. W. Wight (New York: P. F. Collier & Son, 1910.

48  Donna Wilson Marcus Conyers, 『교육신경과학을 활용한 효과적인 교수법』, 신재한, 신승훈, 이제영 역, 서울: ㈜신한출판미디어, 2021.

49 J. P. 모어랜드, 『그리스도인을 위한 지성 활용법』, 정진환, 임고은 역, 서울: 죠이북스, 2019.

50 Justin Reich, Failure to Disrupt: Why Technology Alone Can't Transform Education, Cambridge, MA: Harvard University Press, 2020.

51 Kathleen Scalise, Marie Felde, 『교육과 뇌과학: 교사를 위한 뇌기반 교수 설계 원리』, 김정희 역, 서울: 시그마프레스, 2018.


## 논문 및 단행본에 실린 글

1 강민희, 이승우, "멀티 페르소나의 사례와 의미 - '부캐'를 중심으로", 「한국문예창작」, 19(2020), 123-143.

2 김경년, 김재영, "『오마이뉴스』 독자의견 분석: '난장으로서의 공론장' 가능성 탐색", 한국방송학보 19(2005), 7-41.

3 김경희, 유수정, "노인들의 미디어 리터러시가 자기효능감과 삶의 만족도에 미치는 영향: 미디어에 대한 접근·통제능력과 사회적 소통능력을 중심으로 장년층과의 비교 연구", 「사이버커뮤니케이션학보」, 37(2020), 95-138.

4 김도일, "손양원의 삶으로 본 사회적 신앙에 대한 기독교교육적 고찰", 「장신논단」, 46(2014), 333-360.

5 김영동, "공적선교신학 형성의 모색과 방향", 「장신논단」, 46(2014), 297-322.

6 남윤재, "1인 미디어와 유튜브", 『유튜브의 이해와 활용』, 서울: 한울아카데미, 2021.

7 노경희, "불멸에 이르는 중독", 『인문잡지 한편 7. 중독』, 서울: 민음사, 2022.

8 류창기, "팬데믹이 가져온 학교의 변화", 『코로나 이후 학교의 미래』, 서울: 오브바이포, 2020.

9 박승호, "혐오표현의 개념과 규제방법", 「법학논총」, 31(2019), 45-88.

10 봉미선, "유튜브와 리터러시", 『유튜브의 이해와 활용』, 서울: 한울아카데미, 2021.

11 송소원, "자기표현향상 프로그램이 대학생의 우울, 대인관계, 자기표현에 미치는 영향", 청소년상담연구 16(2008), 103-117.

12 신승범, 이종민, "기독 청년들의 교회를 떠나고 싶은 이유에 관한 질적 연구", 「기독교교육논총」 66(2021), 273-307.

13 안병룡, 이지연, 김은지, 이동화, 임정하, "스마트미디어를 활용한 실버계층의 자기표현 능력 향상 프로그램 개발", 「학습과학연구」, 5(2011), 119-145.

14 안창덕, "세속성자 수요모임의 예배에서 드러난 신앙 공공성에 대한 연구", 「신학과 실

천」, 59(2018), 183-215.

15   양정애, "댓글 폐지, 실검 폐지에 대한 국민 인식", 「Media Issue」 5(2019).

16   윤성혜, "대학 교양교육으로서 디지털 시민교육(digital citizenship education)의 필요성과 방
     향", 「교양교육연구」, 11(2017), 35-62.

17   월터 브루거만, "분파주의적인 해석학의 타당성: 열왕기하 18~19", 『제자직과 시민직을
     위한 교육』, 서울: 한국장로교출판사, 1999.

18   이강석, "1인 미디어 시대의 영상 콘텐츠 산업의 현황과 발전 방안에 관한 연구", 「디지
     털콘텐츠학회논문지」, 23, 523-530.

19   이상일, "공적 신앙 형성과 회중찬송", 「신학과 실천」, 58(2018), 193-221.

20   이수인, 최솔, "코로나19 이후 비대면 교회교육 현황연구: 교회학교 교사들의 인식을 중
     심으로", 「신학과 실천」, 78(2022), 443-468.

21   이숙정, "미디어 리터러시는 무엇인가", 『디지털 미디어 리터러시』, 서울: 한울아카데미,
     2018.

22   이준우, "공공신학 관점에서 본 한국 교회 사회복지실천의 성격과 과제", 「한국기독교신
     학논총」, 104(2017), 333-366.

23   이창호, "뉴스 매체", 『청소년을 위한 매체 이야기』, 서울: 한울, 2020.

24   유승현, 정영주, "뉴스 유통의 변동과 지상파 뉴스 콘텐츠의 대응전략에 대한 탐색적 연
     구: 지상파방송 유튜브 채널을 중심으로", 「방송통신연구」, 111(2020), 68-109.

25   장신근, "교회의 민주시민교육 – 공교회와 공적 신앙의 관점에서", 「기독교교육논총」,
     21(2009), 109-152.

26   장형철, "코로나19 대유행으로 인해 시행된 비대면 예배에 대한 한국 개신교인들의 태
     도와 인식 그리고 온라인 예배의 가능성", 「종교와 사회」, 9(2021), 49-79.

27   정기묵, "뉴미디어 시대와 미디어 선교", 「선교와 신학 32」, (2013), 77-110.

28   정재영, "사적 신앙에서 공적 신앙으로", 『한국교회, 개혁의 길을 묻다』, 서울: 새물결플
     러스, 2013.

29   조진형, 김규정, "소셜미디어에서 에코챔버에 의한 필터버블 현상 개선 방안 연구", 「한
     국콘텐츠학회논문지」, 22(2022), 56-66.

30   최정민, "교육의 영역에서 교회의 공적 책임 회복을 위한 기독 학부모의 역할", 「선교와
     신학」, 40(2016), 479-506.

31   최재선, "자기 표현적 글쓰기가 대학생의 자아존중감과 심리적 안녕감에 미치는 영향",
     리터러시연구 10(2019), 125-162.

32   Cecilie S. Andreassen, Mark D. Griffiths, Ståle Pallesen, Robert M. Bilder, Torbjørn
     Torsheim and Elias Aboujaoude, "The Bergen Shopping Addiction Scale: Reliability
     and Validity of a Brief Screening Test", Frontiers in Psychology (2015), 1-11.

33   Johannes Merz, "Translation and the Visual Predicament of the "JESUS" film in West

Africa", in Missiology: An International Review, Volume XXXVIII, No. 2 (April 2010), 111-126.

34  Melissa G. Hunt, Rachel Marx, Courtney Lipson, and Jordyn Young, "No More FOMO: Limiting Social Media Decreases Loneliness and Depression", Journal of Social and Clinical Psychology 37(2018), 751-768.

35  Morten Tromholt, "The Facebook Experiment: Quitting Facebook Leads to Higher Levels of Well-being", Cyberpsychology, Behavior, and Social Networking 19(2016), 661-666.

36  Varoth Chotpitayasunondh & Karen M. Douglas, "The Effects of "Phubbing" on Social Interaction", Journal of Applied Social Psychology 48(6), 1-13.

37  Vosoughi S, Roy D, Aral S., "The Spread of True and False News Online", Science 359(2018), 1148-1149. doi: 10.1126/science.aap9559. PMID: 29590045.

38  Westen D., Blagov P. S., Harenski K., Kilts C., and Hamann S. "Neural Bases of Motivated Reasoning: An fMRI Study of Emotional Constraints on Partisan Political Judgment in the 2004 U.S. Presidential Election", Journal of Cognitive Neuroscience 18(2006), 1947-1958.

## 미출간 간행본 및 인터넷 참고자료

1  강상오, "집에서 돈 안 들이고 '음반 발매', 당신도 할 수 있습니다", 오마이뉴스 인터넷기사, 2018. 1. 28, http://star.ohmynews.com/NWS_Web/OhmyStar/at_pg.aspx?CNTN_CD=A0002399234.

2  고석용, "성인남녀 10명 중 6명 '유튜버 도전해보고파'", 머니투데이 인터넷 기사, 2019. 10. 21, https://news.mt.co.kr/mtview.php?no=2019102111173468883&VNC_T.

3  국가인권위원회, 「혐오표현에 대한 청소년 인식조사」, 2019. 5.

4  김나래, "SNS '긴급 기도 요청' 메시지, 알고보니 괴담?", 국민일보 인터넷 기사, 2016. 2. 2, http://news.kmib.co.kr/article/view.asp?arcid=0923416960.

5  김서연, "[키워드로 보는 2016] 있어빌리티 ① 나를 포장하는 '그럴싸함'", 한국일보 인터넷 기사, 2016. 2. 15, https://www.hankookilbo.com/News/Read/201602151734268426.

6  김소정, "'수원에 코로나 확진자' 가짜 뉴스 작성자는 '고등학생'", 이데일리 인터넷 기사, 2020. 1. 29, https://www.edaily.co.kr/news/read?newsId=03198006625642640&mediaCodeNo=257.

7  김영은, "의사, 초등생 장래 희망 2위로… 유튜버 4위", 데일리메디(Dailymedi) 인터넷 기사, 2021. 2. 24, https://www.dailymedi.com/news/news_view.php?wr_id=866610.

8  대학내일20대연구소, "밀레니얼, 그리고 Z세대가 말하는 유튜브의 모든 것:15-34세 유튜브 크리에이터 영상 이용형태 및 인식 연구 보고서".

9  들어볼까, http://www.shallwelisten.org/.

10  목회데이터 연구소, "유튜브, 최다 조회 수는 '찬양 콘텐츠!'", Numbers 제 53호.

11  문영중, "식품 불가리스가 코로나 억제 효과 있다고?", 후생일보 인터넷 기사, 2021. 4. 16, http://www.whosaeng.com/126380.

12  박인영, "콜린스 사전 올해의 단어는 '가짜 뉴스'… 트럼프가 일등공신", 연합뉴스 인터넷 기사, 2017. 11. 2, https://www.yna.co.kr/view/AKR20171102148000009.

13  방송통신위원회, "2021 사이버폭력 실태조사 결과 발표 보도자료", 2022. 4. 7.

14  배상률, 이창호, "청소년 미디어 이용 실태 및 대상별 정책대응방안 연구 I: 초등학생 - 기초분석보고서", 한국청소년정책연구원 연구보고서.

15  배성수, "박찬욱 '폰으로 영화 찍는 시대'…아이폰13 프로로 촬영한 '일장춘몽' 공개", 한경 인터넷 기사, 2022. 2. 18, https://www.hankyung.com/it/article/202202183863i.

16  백봉삼, "팟빵 듣는 콘텐츠 '팟캐스트', 새 대안 매체로 주목", ZDNet Korea 인터넷 기사, 2022. 3. 29, https://zdnet.co.kr/view/?no=20220329123653.

17  백상현, "요즘 부교역자 청빙 때 1순위 질문은… 미디어 사역할 수 있나요", 국민일보 인터넷 기사, 2021. 10. 21, http://news.kmib.co.kr/article/view.asp?arcid=0924214461&code=23111111&cp=nv.

18  성수영, "신원호 PD '악역 없이 흘러가는 드라마, 현실에 있을 법한 판타지죠'", 한경 인터넷 기사. 2021. 10. 10, https://www.hankyung.com/life/article/2021101079241.

19  우성규, "주일학교 사역, 코로나19 기간 사실상 중단됐다", 국민일보 인터넷 기사, 2020. 5. 7, https://m.kmib.co.kr/view.asp?arcid=0924136646.

20  이상렬, "'테이저건 빼앗거 쌌다' 경관 거짓말, 동영상이 밝혀내", 중앙일보 인터넷 기사, 2015. 4. 9, https://www.joongang.co.kr/article/17546805#home.

21  이수인, "엔데믹 시대의 미디어 교육", 한국교회 교육 심포지엄 - 엔데믹 시대, 한국교회 교회교육의 회복과 방향 자료집(2022).

22  이은비, "한국인 가장 많이 쓰는 앱 '카톡'… 유튜브 가장 오래 사용", YTN 인터넷 기사, 2021. 10. 19, https://www.ytn.co.kr/_ln/0103_202110191630016732.

23  이현종, "담배 끊었더니, 이번엔 보조제 니코틴 껌 중독…", 서울신문 인터넷기사, 2016. 1. 10, https://www.seoul.co.kr/news/newsView.php?id=20160111023005.

24  임선영, 권혁재, "'있어빌리티' 욕구…30대 유부남, 돈 많은 총각 의사인 척", 중앙일보 인터넷 기사, 2016. 5. 21, https://www.joongang.co.kr/article/20058361#home.

25  정지훈, "거의 모든 인터넷의 역사(47) - 페이스북 창업자 마크 주커버그", 2015. 3. 24, https://www.venturesquare.net/577992.

26  정철운, "한국 뉴스신뢰도 30%, 불신매체 1위 TV조선", 미디어오늘 인터넷 기사, 2022.

6. 15, http://www.mediatoday.co.kr/news/articleView.html?idxno=304484.

27  정형권, "[기자수첩] 우리가 분열의 원흉?", 기독신문 인터넷 기사, 2022. 3. 14, https://
    www.kidok.com/news/articleView.html?idxno=214787.

28  조혜정, "4문제 이상 맞히면 당신도 추리왕!", 한겨레 인터넷 기사, 2016. 2. 3, https://
    www.hani.co.kr/arti/specialsection/esc_section/729263.html.

29  최샘찬, "카톡교, 공포와 혐오의 재확산", 한국기독공보 인터넷 기사, 2021. 4. 26, http://
    www.pckworld.com/article.php?aid=8906289838.

30  "케이프타운 서약 신앙고백과 행동", https://lausanne.org/ko/content-ko/ctc-ko/
    ctcommitment-ko#p2-1.

31  페이스북 "도움닫기" 페이지, https://www.facebook.com/RUNUPTODAY/?ref=page_
    internal.

32  한국언론진흥재단, 『2019 10대 청소년 미디어 이용 조사』, 서울: 한국언론진흥재단,
    2019.

33  한국언론진흥재단, 『2021 소셜 미디어 이용자 조사』, 서울: 한국언론진흥재단, 2021.

34  한국언론진흥재단, 『2021 언론 수용자 조사』, 서울: 한국언론진흥재단, 2021.

35  한국콘텐츠진흥원, 「개인 미디어 콘텐츠 크리에이터 실태조사」, 2021. 12.

36  한영혜, "유튜버 첫 소득신고…상위 1% 27명, 평균 6억7000만원 벌어", 중앙일보 인터넷
    기사, 2021. 2. 14, https://www.joongang.co.kr/article/23991333#home.

37  황예정, "당신의 삶은 인스타그래머블 하신가요?", 대학신문 인터넷 기사, 2020. 4. 12,
    http://www.snunews.com/news/articleView.html?idxno=21087.

38  히즈미션, https://www.hismission.or.kr/.

39  Dscout, "Mobile Touches: Dscout's Inaugural Study on Humans and Their Tech", 2016.

40  Lori Lewis, "Infographic: What Happens In An Internet Minute 2021", All

41  Access, https://www.allaccess.com/merge/archive/32972/infographic-what-happens-
    in-an-internet-minute.

42  Statista, "Most popular social networks worldwide as of January 2022, ranked by
    number of monthly active users", https://www.statista.com/statistics/272014/global-
    social-networks- ranked-by-number-of- users/.

# 미디어 리터러시 수업

**초판 1쇄 발행일** 2023년 2월 13일
**초판 2쇄 발행일** 2023년 7월 18일

**지은이** 이수인

**발행인** 김은호
**편집인** 주경훈
**책임 편집** 김나예
**편집** 황평화 박선규 권수민
**삽화** 이루니
**디자인** 황예나

**발행처 도서출판 꿈미**
등록 제2014-000035호(2014년 7월 18일)
주소 서울시 강동구 양재대로81길 39, 202호
전화 070-4352-4143, 02-6413-4896
팩스 02-470-1397
홈페이지 http://www.coommi.org
쇼핑몰 http://www.coommimall.com
메일 book@coommimall.com
인스타그램 @coommi_books

ISBN 979-11-90862-81-3 03230

도서출판 꿈미는 가정과 교회가 연합하여 다음세대를 일으키는 대안적 크리스천 교육기관인 사단법인 꿈이 있는 미래의 사역을 돕기 위해 월간지와 교재, 각종 도서를 출간합니다.